日本に住む多文化の子どもと教育

ことばと文化のはざまで生きる

増補版

Culturally diverse children and education in Japan:
Between languages and cultures <enlarged edition>

 宮崎 幸江／編
Sachie Miyazaki

【執筆者】
宮崎幸江
坂本光代
カルタビアーノ宮本百合子
モラレス松原礼子
川上郁雄
杉村美紀
山西優二
杉村美佳
松田デレク

Sophia University Press
上智大学出版

まえがき

　国境を越えてあらゆるものが容易かつ頻繁に移動するグローバル化は、私たちの日常生活を豊かにするだけでなく、気づかぬ間に日本社会の在り方にまで影響を与えてきている。しかし、「グローバル化に対応する人材の育成」が語られる時、依然として日本人が外国へ出ていく「外への国際化」にばかり焦点があてられているのはなぜだろうか。海外へ行かなくても「文化的多様性」は我々のすぐ身近に存在する。ブラジル移民を研究してきた三田千代子（2009）は、ブラジル人が集住する地域における「内なる国際化」は教育や地方行政に影響を与えただけでなく、日本人の視野を広げ文化的な豊かさをもたらしたという。日本国内の多文化を持つ人々の言語や文化の「資源」としての価値（中島 2010、江原 2011）にも目を向け、彼らと協働する力を育てることもグローバル人材の育成なのではないだろうか。

　1990 年の「出入国管理及び難民認定法」改正以来、日本に住む外国人は増加を続け 2005 年には 200 万人を超えた。ニューカマーと呼ばれる人々の中でも、就業の制限のない南米からの日系人の増加は著しく、親に伴われて来日する学齢期の子どもや日本生まれの子どもたちの存在は日本の教育現場にかつてない言語文化的多様性をもたらした。教育現場では日本語が十分にできない子どもの教育の経験も支援体制もない状態から始まり、過去 30 年あまりの間に多くの外国につながる子どもたちがすでに成人し、第二世代が親になりはじめている。

　母国で学校教育を受けてから来日するバイリンガルの子どもたちや、日本で生まれ育った言語文化的多様性を持つ子ども（以下、「多文化の子ども」）たちは、日本でどのように成長するのだろうか。母語・母文化と日本語・日本文化のはざまで生きる多文化の子どもたちを育てるために、保護者はどのような困難に遭遇し、どう対処してきたのだろうか。多文化の子どもの「生」は、日本の学校という文脈の中で語られることはあっても、家庭や彼らの側から語られることはそれほど多くない。

　世界では、移民の子どもの学力と国の教育政策、社会的背景、家庭言語と

i

の関係に対する詳細なデータがある。移民の子どもと母語話者の子どもの学力の差が大きい国々や逆に小さい国、教育政策の比較など詳細な分析がなされている（OECD 2007）。一方、日本ではようやく多文化の子どもたちの学習言語の発達について認識されるようになったが、彼らの教科別学力はおろか高校進学状況さえも国レベルで正確には把握されていない。もし、多文化の子どもたちを将来日本社会に統合していくのなら、他の国々ですでに蓄積されているデータから何を学ぶべきかが見えてくるはずだ。

【本書の目的】

本書の目的は、日本で育つ多文化の子どもたちの持つ「ことばの力」と、彼らの「多文化アイデンティティ」の形成をどう支えていくべきか読者と一緒に考えることだ。そこで、次の二つの観点から多文化の子どもについて問題の所在やその解決方法を考える際の基礎的な知識と方向性を示したいと考えている。

(1)　日本で育つ多文化の子どもの「生」
　　ことばと認知的発達・子育て・多文化アイデンティティ・母語・母文化・継承語・ことばとアイデンティティ
(2)　多文化の子どもを取り巻く社会と教育環境
　　社会と権力構造・社会文化理論・教育政策・多文化共生と国際理解・エンパワメント

本書は一般図書として、また短大や大学、専門学校等で教科書として使用されることを前提として編まれている。この本を読んだ人々に、「ことばと文化のはざまで生きる」ことを当事者の視点から考えてみてほしい。

【「多文化の子ども」という用語について】

本書では、日本に住む「多文化の子ども」「多文化家庭」「多文化の保護者」など「多文化」という用語を用いている。「多文化の子ども」を「家庭内に学校やコミュニティとは異なる言語や文化が存在する中で生活した経験を持

つ子どもたち」と定義し、それぞれの言語の能力や国籍は問題とはしない。本書の多文化の子どもの事例は、主に外国籍の親とともに日本に住むニューカマーの子どもであるが、片親が日本人又は両親とも日本以外の国籍の国際結婚家庭の子どもや、海外在住経験を持つ帰国子女や海外子女、オールドカマーの子どもも含む。多言語・多文化としなかったのは、言語的多様性をすでに失っている子どもたちや失いつつある子どもたちを含みたいという意図による。

多文化の子どもたちは、これまで「外国人児童生徒」、「外国につながる子ども」、「外国にルーツを持つ子ども」、「文化間移動をする子ども」、「在日日系ブラジル人」など、国籍や血統により様々な名前で呼ばれてきた。定住者、移民、難民、マイノリティ、ニューカマーなども、多くは来日経緯や親の社会経済的ステイタスによる分類である。いずれも国家という枠組みの中で、政策や教育を考える上で有効な用語であるには違いないが、人格を持つ一人の人間として子どもの「生」を捉えるのにはどれも一長一短で適当なものがないと考える。本書ではあえて、「多文化の子ども」に関する用語の統一は行わなかったが、どの表現を用いるかは各章の論考の分析の視点の違いを表すものなので、こちらも合わせて味わっていただきたい。

また、文中に、「文化」という言葉が繰り返し出てくるが、その際の「文化」は「日本（人）は〜である」といった文化本質主義的なアプローチではなく、関係性によって作られる文化構築主義的な意味で用いている。松尾（2011）は、文化を「言葉、技術、社会関係、価値・態度など学習を通してある集団の構成員によって共有される意味の体系」と定義し、その特徴として、ダイナミズム（変容）とハイブリディティ（混成）と集団内の多様性を挙げている。多文化の子どもたちは、家庭では親の文化を、学校では日本の文化を学習する。複数の言語と文化に接触した子どもたちは、自分自身の中で親とも日本人とも異なる新たな文化、ハイブリディティを持つ固有の文化を持つ存在であると考えている。

【本書の構成】

日本に住む多文化の子どもの教育の概説書としてみると、本書の構成は一般的なものとは少々異なると感じられる方もいるかもしれない。なぜなら、

この種のテーマを扱う書籍では、通常国の教育政策などマクロな視点から入り、徐々に視点をミクロレベルのエスノグラフィーや教育実践へと移していくものが多いようだ。しかし、今回は意図的に逆のアプローチをとり、当事者に先にスポットを当てた。それは、この本を手に取る読者に、多文化の子どもや家族の日常を疑似体験してほしいと考えたからだ。多文化化が進んでいるとはいえ、一般の人々が日常生活の中で多文化の子どもや家族にじかに接する機会は多くはないだろう。たとえ、あったとしても、彼らの子育てや自らのアイデンティティに対する生の声を聞くことは稀ではないだろうか。第1部の記述は、できるだけ子どもや保護者の声を忠実に再現することを心掛けている。ぜひ、読者自身の問題意識と照らし合わせて読んでほしい。また、先にマクロレベルから述べることにより日本社会の権力構造のフィルターを読者にかけてしまうことを避けたかったことも事実である。読者の皆さんには、日本で育ちつつある「多文化の子ども」とそれを支える家族の視点から出発していただけたらと思う。恐らく問題を理解するには、様々な背景知識が必要になるはずだ。できるだけ、読者の皆さんの疑問にお答えできるように第2部、第3部を構成した。

【各章の内容】

各章の内容は次の通りだ。

〈第1部　子どもの母語とアイデンティティ〉

第1部では、多文化の子どもの母語とアイデンティティの問題に焦点をあてる。多文化環境で育つ子どもの発達と生を理解し深く「共感」できるように、前半は日本に住む多文化家庭のバイリンガリズムを親の立場と子どもの立場から分析した事例で構成した。後半は、海外に目を向けてブラジルの日系人の言語とメンタリティが歴史とともにどのように変遷してきたかを述べ、第5章では複数言語環境で成長する人々のことばとアイデンティティについて、かつて子どもだった人の事例から考える。

第1章（「文化間移動とこどもの言語発達」坂本光代）では、母語とは何かからはじまり、バイリンガル（二言語話者）二言語の運用面での違いや二言語の能力、バイリンガルの言語発達のしくみなどについて応用言語学に基づく

理論を紹介する。また、言語を「言語資産」とする考え方や、英語以外の言語の価値と母語保持の関係についても言及し、多文化の子どものことばの力をどう見るべきかについて示唆する。

第2章（「日本に住む多文化家庭のバイリンガリズム」坂本光代・宮崎幸江）では、神奈川県で子育てをするペルーとベトナム生まれの保護者の立場から見た家庭における言語と教育の問題を考察する。一方、第3章（「子どものアイデンティティ交渉」カルタビアーノ宮本百合子）では同じ地域で育つ多文化の子どもたちが日々の生活の中でどのようにアイデンティティを表しているのか、また彼らのアイデンティティが年齢とともに変化していく事例を紹介する。一部の子どもたちは第2章の家庭の子どもである。多文化家庭における母語母文化の継承がどのように行われているか、子どもの成長に伴う子育ての問題、子どもたちが日々の生活の中でどのように言葉を用いて自己を表現しているかが描かれている。2章と3章はペルー、ベトナム、カンボジアの家庭の親と子の、約5年の変化を追っていく。子どもや保護者等当事者を中心に据えて、家庭・学校・地域との係わりや外国人コミュニティとの関係など重層的に構成される人間関係をできるだけ詳細に描き出すことにより、多文化家庭のバイリンガリズムを記述した。子どもたちのアイデンティティ交渉と同時に日本人とは何かについても疑問を投げかける。

第4章（「ブラジルの日系人と在日ブラジル人」モラレス松原礼子）は、日本にも多く在住する日系ブラジル人と呼ばれる人々の文化とアイデンティティについて、ブラジルにおける日本語教育と日系コミュニティの歴史に沿って考察していく。100余年前に日本から「出稼ぎ」に渡ったブラジル移民が、再び日本に「デカセギ」として戻ってくるようになって四半世紀になる。ブラジルの日系人にとって、日本語はどのような意味を持つのであろうか。母語から継承語、そして外国語へと変化しつつある「日本語」、日系人にとってのことばとアイデンティティの関係を、時代ごとに分析する。

第5章（「ことばとアイデンティティ」川上郁雄）では、幼少期より複数言語環境で成長した記憶と経験を基礎としたアイデンティティ構築が成人してからも引き継がれていく過程を、一青妙『私の箱子（シャンズ）』という自己エスノグラフィーをもとに「移動する子ども」という分析概念を用いて紐解

いていく。「移動する子ども」という概念の中心には言語能力、言語能力意識、経験と記憶があり、さらにことばの力は「主体性と動態性」を持っている。「移動する子ども」自身が、それらに向き合いどう意味付けるかが「ことばと文化の間で生きる」ということであることを、「移動するこども」と家族のストーリーとして読んでいただきたい。

〈第2部　多文化共生と教育〉

　第2部のテーマは多文化共生と教育だ。本書の中心は多文化の子どもなので、彼らの目から見た多文化共生社会の教育の在り方について考察する。

　第6章（「多文化共生社会の実現に向けて」坂本光代）では社会と権力について考える。多文化の子どもにとって避けては通れない学校は、決して中立ではなくむしろ社会の権力構造を色濃く反映している。社会的に権力があるマジョリティ側の生徒に有利な学校文化の中で学ぶマイノリティ生徒は、自己の文化や言語に価値が見いだされない環境で自尊心を奪われ、その結果母語母文化をもはく奪されてしまいかねない。本章では、日本人と多文化の人々の相互理解とマイノリティのエンパワメントにつながるような改革教育アプローチを紹介する。多文化共生は、マジョリティのみによってなされるのではなく、批判的に社会権力を読み解く「意識化」を経たマイノリティ自身から起こるべきである。マジョリティは、協力的権力関係の構築のためにファシリテーターに徹し、マイノリティの声を拾うことが大切であると、民主的な多文化共生の在り方を説く。

　第7章（「多様化する外国籍の子どもと多文化教育の変容」杉村美紀）は、グローバル化に対応する形で独自の発展をしつつある日本国内の外国人学校について述べる。例えば、大阪のコリア学園や中華学校では、母語、日本語、英語の複言語の習得をめざし、外の世界に開かれた新たな文化創造をもとめる動きが出てきている。母語教育に関しても、「資産としての言語」としての意義を強く打ち出すようになっている。日本社会の中で「動かない存在」であったマイノリティに対する補償教育の意味合いの強かった従来の多文化教育とは異なり、これからの多文化教育は、対象そのものが国を越え越境する存在であり、文化変容をする存在であるということを踏まえた教育へと変わっていかなければならないと指摘する。

まえがき

　第8章（「文化・ことばと国際理解教育」山西優二）は、グローバル社会にお
いて、文化・ことばが急速に変容していく現代社会の様相を指摘し、その中
で文化を創造する主体としての人間の教育はどうあるべきかを問いかける。
文化を「集団によって共有されている生活様式・行動様式・価値などの一連
のもの」と定義した上で、文化は理解の「対象」ではなく、生活の中で変容
していく動的なものであると述べる。グローバル社会では、複数の文化・こ
とばの中で生きる人々が急増し、人々の文化的言語的アイデンティティ形成
の過程が多様かつ流動的になっていく。多文化社会に求められるのは、文化
の人間的役割を、①受容的共感的に理解し、②文化の多様性や対立を批判的
に読み解き、③公正で平和な文化の創造に協働的に参加する力、すなわち「文
化力」であるという。国際理解教育を「文化力」育成という教育課題から捉
え直す必要を主張する。

　第9章（「教師の多文化の子どもに対する意識と国際理解教育の実践」杉村美佳）
は、多文化の子どもが多く在籍する公立小中学校における国際理解教育がど
のように実践されているか、また教師の多文化の子どもに対する意識が国際
理解教育の実践にどのような関係があるかを調査した論考である。国際理解
教育の実施状況を小学校と中学校で比較し、小学校の方が実施率が高いこと
や、実施するか否かは教師の多文化の子どもへの意識や経験が影響している
ことなどが明らかになった。多文化の子どもの母語や母文化を取り入れた内
容の実践を行う教師も見られ、マイノリティの多文化の子どもたちのエンパ
ワメントにつながる国際理解教育の実践方法を、現場の教師も模索している
こともわかった。

　第10章（「多文化家庭、学校、地域社会の連携とエンパワメント」宮崎幸江）は、
多文化の子どもをエンパワーするために、多文化家庭、学校、地域が連携す
る事例を紹介する。多文化共生は、本来マイノリティ自身が社会の権力関係
に対して声を上げていくべきもので、その際にマジョリティはファシリテー
ターとして協働することが重要である（第6章）。地域日本語教室は、多文
化の保護者にとっても子どもにとっても、単に日本語を学ぶ場所ではなく日
本人と一緒に社会参加をする「場」として機能する時、彼らをエンパワメン
トすることができる。大学が市と協働し、多文化の子どもや保護者と学校・

vii

行政をつなぐ試みを紹介する。

　第1部と第2部には、全部で8つのコラムが入っている。そのうち、4つは小学生の頃に来日した日系ペルー人の青年の実体験に基づくコラムとなっている。それぞれのコラムは、各章の内容に関連したものを埋め込む形で配置した。執筆者の個人的な体験や多文化の人々との交流のエピソードであるが、論考とは違う角度から本書のテーマへの興味を喚起できることを期待している。第3部は、本書の執筆者との対談と座談会の記録である。第1部と第2部の内容を統合し理解を深めていただければと思う。

　すべての子どもにとって、今現在住んでいる場所の文化や学校教育は最も大きな影響力がある。日本に住む多文化の子どもたちが、自分の能力や個性を活かし日本社会で活躍できるような社会とは、すなわち多文化環境で育つ子どもが多文化（ハイブリッドな）アイデンティティを表現できる世の中ではないだろうか。本書が、多文化の子どもと家族を取り巻く教育環境の現状と課題を認識し、読者自身の考え方や行動に少しでも変化を起こすことの役に立てばこの上ない喜びである。

　最後に、未熟な編者を根気強くサポートしてくださったSUP事務局、株式会社ぎょうせいの皆さん、調査に協力してくださった保護者と子どもたち、先生方にも心より厚くお礼を申しあげる。

2013年11月　　編者

　初版から10年、本書に登場する子どもたちの中には祖国に帰った子どももいるが、ほとんどが日本にしっかり根を張って生きている。少子高齢化の勢いは止まらず、政府は約30年ぶりに出入国管理法を改正し、いよいよ移民を受け入れる方向に舵を切った。在日外国人についても日本語教育推進基本法や、高校生への日本語支援の整備が進む一方で、多文化の子どもを取り巻く教育環境の地域差は広がっているようにも思える。過去30年間の経験が少しでも生かされ、誰一人取り残さない公正な社会の基盤ができていくことを祈るばかりである。

2023年2月

<目　次>

まえがき　………　*i*

第1部　子どもの母語とアイデンティティ

第1章　文化間移動と子どもの言語発達　　　*3*

坂本　光代

はじめに　………　*4*

1　バイリンガルの定義　………　*4*

(1) 様々な定義　*4*／(2) バイリンガルは多元能力所有者　*6*

2　バイリンガリズムに関する仮説　………　*6*

(1) 最大エクスポージャー仮説　*6*／(2) 言語不適合仮説　*7*／

(3) 二言語相互依存説　*8*

3　バイリンガルの言語発達の仕組み　………　*9*

4　社会における言語価値　………　*12*

Column　多文化家庭に育って　その1
　　　　―様々な言語が飛び交う中で―　　　　　　松田デレク

第2章　日本に住む多文化家庭のバイリンガリズム　　*17*

坂本　光代・宮崎　幸江

はじめに　………　*18*

1　日本における多文化の子どもの教育　………　*19*

2　ペルーとベトナムの多文化家庭　………　*20*

3　バイリンガル子育ての状況　………　*22*

(1) 日系ペルー家庭　*23*／(2) ベトナム系家庭　*28*

ix

4 考　察 ……… *41*

5 おわりに ……… *46*

> **Column** 多文化家庭に育って　その2
> ―日本での高校進学―
> 　　　　　　　　　　　　　　　松田デレク

第3章　子どものアイデンティティ交渉　　　　　*49*

カルタビアーノ宮本百合子

はじめに ……… *50*

1 多民族化が進む日本 ……… *50*

　(1) 多民族国家「ニッポン」*50*／

　(2) 単一民族国家「ニッポン」*51*／

　(3) 多民族国家？　単一民族国家？　*51*／

　(4) 子どもたちの多言語 *53*／(5) 子どもたちの多文化 *53*

2 多文化を持つ子どもたちの言語とアイデンティティ ……… *54*

　(1) 言語とアイデンティティを考察する意義 *54*／

　(2)「日本人」の再定義 *55*

3 アイデンティティ研究の方法と先行研究 ……… *56*

　(1) アイデンティティに関する先行研究 *56*／

　(2) Ｓ市の子どもたちのアイデンティティ　*61*

4 日系ペルー人のR君のケース ……… *62*

　(1) 僕はペルー人 *63*／(2) 僕は日本人 *65*／

　(3) 僕はペルーに行っても日本人 *66*／

　(4) 俺ペルー人？　日本人なの？　*68*

> **Column** 多文化家庭に育って　その3
> ―ペルーと日本：二つの文化の狭間で―
> 　　　　　　　　　　　　　　　松田デレク

5 ベトナムの女の子たち ……… *72*

　(1) ベトナム語、話すの恥ずかしい *72*／

　(2) ベトナム語、話すの恥ずかしくない *74*／

　(3) 日本名！　ベトナム名！　*75*／(4) 将来の夢は？　*76*

目　次

6　カンボジアの少年Ｔ君　………　*77*

（1）カンボジア語、話したくない　*78*／

（2）カンボジア語、話したい　*79*／

（3）カンボジア語、忘れちゃう　*81*／

（4）カンボジア語で何て言うかわかんない　*82*

7　外国につながる子どもたちの多様なアイデンティティ　………　*83*

Column　多文化アイデンティティを育てるには
　　　　　—北米の多文化教育を例に—　　　カルタビアーノ宮本百合子

第4章　ブラジルの日系人と在日ブラジル人
—言語・メンタリティ—　　　　　　　　　　　　　　　　　　*89*

モラレス松原礼子

はじめに　………　*90*

1　ブラジルにおける日系小史　………　*91*

（1）移民言語としての「日本語」　*91*／（2）移民言語への抑圧　*92*／

（3）帰国から定住へ　*94*／（4）日本人会と日系コミュニティ　*96*

2　日系人の言語とアイデンティフィケーション　………　*97*

（1）日本語のバリエーション　*97*／（2）日本語教科書問題　*97*／

（3）「母語」から「継承語」へ　*99*／

（4）日系にとっての日本語とメンタリティ　*100*／

（5）アイデンティティ形成と日本語学校　*102*／

（6）日系人の日本語学校離れと教育戦略　*103*／

（7）日系人の言語能力とメンタリティ　*105*

3　在日ブラジル人の言語とアイデンティティ　………　*107*

（1）日本に住む日系の子どもの言語教育環境　*107*／

（2）在日ブラジル人のアイデンティティ　*109*

4　おわりに　………　*111*

Column　異文化適応力はバイリンガルの生活の知恵
　　　　　　　　　　　　　　　　　　　　モラレス松原礼子

xi

第5章　ことばとアイデンティティ
　　　―複数言語環境で成長する子どもたちの生を考える―　　　*117*

川上　郁雄

はじめに―「移動する子ども」と一青妙―　……… *118*

1　研究の視座―なぜ「移動する子ども」なのか―　……… *119*

　(1) 先行研究レビュー　*119*／

　(2) 分析概念としての「移動する子ども」　*126*

2　「移動する子ども」という家族の物語

　―　一青妙の自己エスノグラフィーをもとに―　……… *129*

　(1) 一青妙著『私の箱子』(2012) の概要　*129*／(2) 分　　析　*131*

3　考察―「移動する子ども」という視点から見えてくるものは何か―

　　　　　　　　　　　　　　　　　　　　　　　　　　……… *139*

4　結語―複数言語環境で成長する子どもたちの生をどう捉えるか―

　　　　　　　　　　　　　　　　　　　　　　　　　　……… *142*

Column　「ベトナム難民」二世を、私たちはいつまで
　　　　　　「ベトナム人の子ども」と呼ぶのだろうか　　　川上　郁雄

第2部　多文化共生と教育

第6章　多文化共生社会の実現にむけて　　　　　*149*

坂本　光代

はじめに　……… *150*

1　学校教育のマイノリティへの影響　……… *150*

2　新しいアイデンティティ形成にむけて　……… *152*

3　言語と権力　……… *155*

4　言語習得と活動モデル　……… *156*

5　外国籍の人々をエンパワーするために　……… *160*

目　次

6　おわりに　………　*162*

Column　多文化家庭に育って　その4
　　　　―大学生活の現実と将来の夢―　　　　　　松田デレク

第7章　多様化する外国籍の子どもと多文化教育の変容　*167*

杉村　美紀

はじめに　………　*168*

1　「外国籍の子どもたち」の立ち位置　………　*168*

（1）多様化する「外国籍の子どもたち」　*168*／

（2）国境を越えて「移動する子どもたち」　*171*

2　外国籍の子どもたちの不就学・不登校問題と教育行政の対応
　　　　　　　　　　　　　　　　　　　　　　　　………　*172*

（1）不就学・不登校問題　*172*／（2）行政の施策　*173*／

（3）行政の取り組みと特徴　*176*

3　「定住する外国籍の子ども」から、「移動する外国籍の子ども」へ
　　　　　　　　　　　　　　　　　　　　　　　　………　*177*

（1）越境が生み出す新たな学びの空間：外国人学校の意義　*177*／

（2）多様化に伴う母語教育の意義とその変容　*179*

4　「多文化教育」概念の問い直し　………　*181*

（1）「多文化主義」概念の枠組みの変容　*181*／

（2）「多文化教育」の新たな観点　*183*

5　まとめ　………　*184*

第8章　文化・ことばと国際理解教育
　　　　―文化力形成の視点から―　　　　　　　　　　　*185*

山西　優二

はじめに―問題意識とねらい―　………　*186*

1　文化・ことばを取り巻く状況　………　*187*

xiii

（1）文化とは、ことばとは　*187*／

（2）文化・ことばを取り巻く状況　*188*

2　文化・ことばの状況に即した教育課題　………　*190*

（1）三つの教育課題　*191*／

（2）文化力形成に向けてのことばの教育　*193*／

（3）多文化共生とは　*195*

3　国際理解教育のあり様　………　*196*

（1）これまでの国際理解教育　*196*／

（2）文化力形成の視点から見る国際理解教育―個別化への対応―　*198*

（3）文化力形成の視点と国際理解教育―「関係性」の再構築に向けて―　*200*

4　おわりに　………　*202*

第9章　教師の多文化の子どもに対する意識と国際理解教育の実践　*205*

杉村　美佳

はじめに　………　*206*

1　先行研究レビュー　………　*207*

2　アンケート調査の手順と分析の視点　………　*209*

（1）アンケート調査の手順　*209*／

（2）アンケート調査結果の分析の視点　*209*

3　小中学校教師の外国籍児童生徒に対する認識　………　*210*

（1）外国籍児童生徒に対する指導経験と印象　*210*／

（2）担当した児童生徒の指導で苦労したこと・工夫したこと　*211*／

（3）外国籍児童生徒が他の児童生徒に及ぼす影響　*212*

4　S市における国際理解教育の現状　………　*213*

（1）小中学校教員の国際理解教育に対する認識　*213*／

（2）小中学校における国際理解教育の現状　*215*／

（3）国際理解教育の授業実践例―母語・母文化の導入に注目して―　*217*

5　おわりに　………　*221*

目　次

第10章　多文化家庭、学校、地域の連携とエンパワメント　*225*

宮崎　幸江

はじめに ……… *226*

1　学校、行政、地域との連携 ……… *226*

　　(1) なぜ連携が必要か　*226*／(2) 地域リソースの活用　*228*／

　　(3) 地域日本語教室の役割　*229*

2　大学、行政、学校の連携 ……… *230*

　　(1) サービスラーニングの概要　*230*／

　　(2) 多文化の子どもと保護者のエンパワメント　*232*／

　　(3) 連携の利点　*233*

3　エンパワメントの実態 ……… *235*

　　(1) 多文化社会型居場所感尺度　*235*／

　　(2) コミュニティフレンド参加者の居場所感　*236*

4　エンパワメントを推進するための課題 ……… *236*

5　おわりに ……… *238*

Column　「居場所」とエンパワメント
　　　　　　―ボランティア学生の振り返りから―　　　　　宮崎　幸江

第3部　執筆者との対話

対談　多文化の子どものことばとアイデンティティ　　　　　　*243*

座談会　多文化共生に必要な「文化力」を国際理解教育で育てる　*255*

参考文献 ……… *265*

あとがき ……… *278*

編者・執筆者紹介 ……… *280*

索　　引 ……… *283*

xv

第1部

子どもの母語とアイデンティティ

第1章

文化間移動と子どもの言語発達

坂本　光代

要　旨

　バイリンガルの定義は、バイリンガルの特徴として、二言語の発達の順序や言語のどの能力に焦点を当てるのかなどで諸説ある。バイリンガルの二つの言語の力には共通の部分があり、片方の言語で得た能力（例：読み書き能力）は、もう片方の言語に転移すると言われる（二言語相互依存説）。しかし、そのためには両言語が一定のレベルに達している必要がある（敷居説）。また、バイリンガルの二言語は全く同じ様に発達する訳ではなく、ドメイン（場面）ごとにふさわしい語彙や文法を経験によって身につけていく。

　言語にはそれぞれ言語資本としての価値があるが、英語帝国主義が進む現代社会において、他の言語の資本としての価値づけは難しい。子どもの母語が社会の支配的な言語（学校言語）に置き換わった場合、家族間のコミュニケーションへの影響は大きい。

キーワード◆加算的バイリンガル、ドメイン、二言語相互依存説、母語保持、
　　　　　資本

第1部　子どもの母語とアイデンティティ

はじめに

「バイリンガル」とはどんな人たちなのか？　よく耳にするのは「二カ国語話せる人」という定義であるが、バイリンガルと言っても様々なタイプのバイリンガルがある。この章ではバイリンガルの定義、二言語習得の仕組みや特徴、実証例について解説したい。

1　バイリンガルの定義

(1)　様々な定義

　二言語「できる」ということは、果たしてどういうことなのか。二言語とも、それぞれネイティブスピーカーの基準を満たしている人のことを「理想的なバイリンガル」(ideal bilingual) と呼ぶ (Skutnabb-Kangas, 1984)。この「ネイティブスピーカー並み」とは、話す、聞く、読む、書く、と4技能全てのことを指す。これが誰もが目指す「バイリンガル」と言えよう。その反面、どちらの言語も不完全なバイリンガルを「セミリンガル」(semilingual) と呼ぶ。大半のバイリンガルは、理想的バイリンガルほど完成された二言語を操るまでにはいかないまでも、セミリンガルのようにどちらもできないという人も稀であろう。

　また、母語 (L1) と第二言語 (L2) を同時に習得し始めるバイリンガルを「同時型バイリンガル」(simultaneous bilingual)、L1 を習得後に L2 を習得するバイリンガルを「順次型バイリンガル」(sequential bilingual) と呼ぶ。子どもが生まれた時から家庭で片親が一言語、もう片方が別の言語で子どもに接する場合は同時型、まず家庭で母語を確立させ、その後に他言語を学び始める場合は順次型となる。

　こうして説明すると、あたかも二言語は言語が違うだけで、似たプロセスを経て発達していくような錯覚に陥る。しかし、実際はそうではない。Grosjean (1989, 2008) によると、言語はドメイン（場面）別に発達するゆえ、二言語が同じ進化を遂げることはまずない。例えば場面場面によって適切な言語使用域（レジスター）があり、それによって、必要となる語彙なども変わってくる。堪能な言語ではその場に相応しい語彙、構文を使い分ける能力

があるが、発達が不完全な言語ではこの使い分けができないのだ。例えば日本国外で暮らす日本人の子どもたち、海外子女は敬語が使えない、漢字の読み書きが苦手だとよく聞く。それは、敬語や漢字が必要な場面に遭遇する機会が日本国内と比べ著しく限られているからであるが、結果としてその部分の日本語の発達が促されないのである。人間だれしも全く同じ境遇を言語別に与えられている訳ではない。例えば、学校では学校に相応しい言葉遣い、家庭では家庭での言葉遣いなどがある訳で、その場面場面で必要な語彙や構文などが変わる。

　海外に居住する保護者は、まずその国での子どもの成功を願う。そのためには現地校で勉学に励み、学歴を得て、良い企業に就職し、不自由のない暮らしができることを優先する。とすれば、現地校での成績に拘るのは当然で、その結果、よほどの事が無い限り現地の言葉の習得を優先させることになる。家庭内で L1 の話す・聞く能力はある程度保持できたとしても、読み書きは普段親子間では行わない。逆に学校では現地の言葉による学校教育特有の言語使用が認められるため、結果的に L1 と L2 発達には大きな隔たりが生じる（Sakamoto, 2006）。また、一番顕著なパターンとして、L1 で話しかける親に対し、子どもは L2 で答えるというものがある。ヒアリングはできるものの、発話、作文ができない場合は受容的（receptive）バイリンガル、発話も作文もできるバイリンガルのことを生産的（productive）バイリンガルと言う（Dopke, 1992）。

　ただ、部分的にしろ、ある程度母語保持できている場合はまだいい。バイリンガルの言語習得には減算的（subtractive）と言うものもあり、加算的（additive）と区別している。減算的言語習得とは、第二言語は習得するものの、それによって母語が喪失してしまう現象を指す。逆に加算的言語習得は、L1 を失う事なく第二言語も習得することを言う。家庭外で母語が使用されない場合、この減算的言語習得のパターンに陥るのはいとも簡単である。ある研究によれば（Wong Fillmore, 1991, 2000）、現地生まれの子どもは、母語を話す親と隔絶された関係になりがちだと言う。母語を疎ましく思い、拒絶するようになるのだ。親子間の断絶は言葉だけの問題ではない。子どものアイデンティティや親子間の絆までも侵害し、その結果短期的だけでなく

第1部　子どもの母語とアイデンティティ

長期的なスパンでの問題が浮上しがちになる。

(2)　バイリンガルは多元能力所有者

　また、「バイリンガル＝言語学的・認知的全てにおいてモノリンガルよりも優れている」という短絡的な解釈は間違いである。英語・スペイン語バイリンガルとモノリンガルの受容的・生産的語彙数と概念を調べたところ、総合的にはバイリンガルの子どもの方が語彙数が多いという結果ではあったが、言語別に調査すると、第二言語はモノリンガルよりも語彙数が少なかった（Pearson, Fernández & Oller, 1993）。また、バイリンガルとモノリンガルの言語処理に要する時間を調べたところ、バイリンガルはL1、L2ともにモノリンガルよりも遅かったという報告がある（Ardal et al., 1990）。これはL1とL2が概念などを共有しているため、言語処理の際L1とL2を同時にふるいにかけているからだとされる。単純にバイリンガル＝優勢と考えるよりは、バイリンガルはモノリンガルとは全く異質な、多元能力（multicompetence）所有者と理解するべきである（Cook, 2002）。

2　バイリンガリズムに関する仮説

(1)　最大エクスポージャー仮説

　バイリンガルの二言語の能力や発達についてよく知られている仮説を紹介する。子どもの教育に熱心なあまり、仮説を信じて言語方針を定める親もいるが、これはとても危険なことである。

　まず挙げられるのが、最大エクスポージャー仮説（maximum exposure hypothesis; time-on-task hypothesis とも言う）である（Cummins, 2001; p. 43）。接する時間に比例して言語が発達するという考えである。接する時間が長ければ長いほど発達し、少ないほど発達が遅れる。しかしこの仮説は実証されるどころか、否定する研究結果が報告されている。

　例えば Thomas & Collier（1997, 2002）によると、調査した 42,317 人の生徒のうち、成績優秀者は二言語で授業を受けた生徒で、一番できなかった生徒はほぼ第二言語のみで授業を受けていた生徒だという。Ricciardelli（1992,

6

第1章　文化間移動と子どもの言語発達

1993) も英語・イタリア語バイリンガルの能力を、オーストラリアの英語モ
ノリンガル、イタリアの伊語モノリンガルとそれぞれ比較したところ、バイ
リンガルの子どもの方が創造性、メタ言語意識、言語能力／非言語能力とも
秀でているという結果に至った。メタ言語意識とは、言葉を客観的に捉える
意識である。Ben-Zeev（1977）はバイリンガルとモノリンガルの子どもた
ちのメタ言語意識を調べるために、言葉とその言葉の意味を引き離させる実
験をした。例えば "We are good children" と言うところ、"We" を全く文
脈を成さない別の言葉（この実験では "Spaghetti"）に置き換えて言わせた
のである。バイリンガルの子どもはラベリングと意味を引き離して考えるこ
とができたが、モノリンガルの子どもにとって言葉と意味は引き離せないも
のであった。バイリンガルの子どもの方が言語を客観的に捉え分析する能力
に長けていると言えよう（Bialystok, 2001）。

(2)　言語不適合仮説

　最大エクスポージャー仮説同様、よく信じられているのが言語不適合仮説
（linguistic mismatch hypothesis）である（Cummins, 2001; p. 43, p. 158）。
この仮説によると、学校と家庭での使用言語が異なると、子どもの学校での
学習が妨げられるという。この仮説を信じるとすれば、学校で使用されてい
る言語が優先されることになり、その結果家庭でも親が必死に拙い外国語に
切り替えるということになる。そうなった場合、簡単なことであれば、第二
言語でも意思の疎通はできようが、複雑なことになると困難を極める。こう
して家族間の溝がどんどん深まっていくと言えよう（Wong Fillmore, 1991,
2000）。

　「接している時間が長ければ長いほど、言語発達が期待できる」「家庭で使
用されている言語が学校と違えば、その子の言語発達に支障をきたす」とい
う訴えは、一見常識的でさえあろう。しかしバイリンガリズムに関する研究
報告によると、これら仮説は全く立証されていない。

7

(3) 二言語相互依存説

二言語習得は言語発達にも認知発達にも有益であると長年唱えているのがCummins（1989, 2000, 2001）である。実際、彼は二言語間に相互作用発達が認められるとした。彼のこの仮説を二言語相互依存説（linguistic interdependence hypothesis）と言う。その形状から、「氷山説」とも呼ばれる。

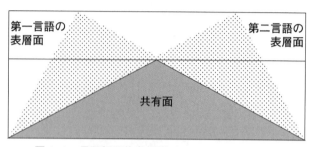

図1-1　言語相互依存仮説（Cummins, 2001; p. 174）

表面的に全く異質の言語（L1とL2）でも、実は認知的に共有している面（共通基底能力 common underlying proficiency；略してCUP）を持っているとされる。この共有される能力は観念的なものであるとし、読み書き能力などにおいてL1-L2間の相互作用が認められると言う。例えば、母語である語彙の概念を把握すれば、L2において新たにその概念を学ぶ必要はない。母語の概念をL2に当てはめ、新しいL2の「ラベリング」をすれば良いのである。

しかし相互作用は必ずしも約束されたものではない。相互作用が期待できるのは学習者の学力や認知力がある程度発達してから、とされている。これがカミンズの「敷居仮説」（threshold hypothesis）である（Cummins, 1976, 1981, 2000）。これによってバイリンガルの学力遅滞はL2が確立されていないからという従来の概念から、L1での学力発達が不十分であり、相互作用が起こらないからという説明に転じさせた。

3 バイリンガルの言語発達の仕組み

「言語能力」と一言で言っても、実は二種類あるとカミンズは指摘する。一つは認知・学力言語能力（cognitive academic language proficiency; 略してCALP）と、伝達言語能力（basic interpersonal language skills; 略してBICS）である。一般的にBICSの方が日常的に頻繁に使われ、深い思考力も必要とされないことから、学校教育の場面のみで推奨され、抽象的・分析的思考が求められるCALPよりも習得が速いとされている（図1-2）。ある報告によるとCALP習得には5年から7年、BICSは2年程度が必要と記されている（Thomas & Collier, 1997, 2002）。

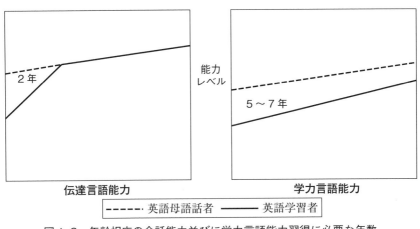

図1-2　年齢相応の会話能力並びに学力言語能力習得に必要な年数
(Cummins, 2001; p. 75)

L1とL2の相互作用が認められるとすれば、加算的なバイリンガリズムは十分可能で、望ましい。しかし、まだL2が発達途上であるとすれば、L1を保持しつつもL2サポートが期待できる指導法とはどういうものになろうか。バイリンガルのL1による認知発達を唱えるカミンズは、その認知発達を最大限に活用した指導が好ましいとしている。ただしL2が未発達な学習

者には、言語サポート以外のサポートを提供する必要がある。カミンズは教室内での言語指導は下記の4通りあるとした。

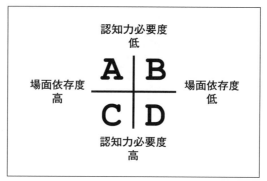

図1-3　言語タスクと活動における場面支援と認知関与域
(Cummins, 2001; p. 67)

　この4区分は「場面への依存・非依存」(context-embedded／context reduced)、「認知力必要度の高低」(cognitively demanding／undemanding) という二軸によって分けられている。「場面への依存が高い」とは、地図やジェスチャー、写真やグラフ、レアリアなど言語以外のサポートがある環境を言う。逆に非依存とは、言語しか依存できるものがない環境を指す。認知力必要度が高い環境は、学習者の認知能力を引き伸ばすような、困難ではあるもののやりがいのある教室環境である。その反面認知力必要度が低いクラスは、学習者のモチベーションを損ねかねない。あまりにも無意味でつまらない授業は認知力必要度が低い授業と言えよう。

　そこでカミンズが提唱するのが、Cの「認知力必要度は高いが、場面依存度も高い」クラスである。第二言語学習者は、L1による認知発達が確立している。その場合、内容は易しくする必要はない反面、言語学習者ゆえに言語以外のサポートを要する。Cに該当する授業は、認知発達を促しながら言語発達をも促進する。このような指導が最も有益とされる。

　しかし、同時にカミンズは他区分について苦言を呈している訳ではない。目的によっては他の区分に代表されるような指導も必要であろう。日常会話を練習したり（区分A）、パターンドリルで形を習得したり、ノートを取っ

たり（区分B）、作文したり（区分D）、とその時々で相応しい指導がある。しかし比重としては、L2を習得中の学習者にとって最も有益であるのは、区分Cとしている。

　言語能力と一言で言ってもBICSとCALPが存在し、比較的安易に習得されるBICSに対しCALPを習得するのは時間がかかり困難であるとされ、カミンズはそれを補うべく、高認知度で高場面依存度な教育環境が望ましいと唱えた。同様に、「語彙」と言っても二種類あると言及したのがCorson（1985）である。英語において、語彙はアングロサクソン系（Anglo-Saxon）とグレコ・ラテン系（Graeco-Latin）の二種があるとされ、アングロサクソン系は日常会話などにも頻出する慣れ親しんだ言葉である。その反面、グレコ・ラテン系は会話などで使用されることはほとんどない。子どもが幼いうちはアングロサクソン系語彙で十分なのであるが、子どもが大きくなるにつれ教育場面ではグレコ・ラテン系の需要が高まってくる。このグレコ・ラテン系語彙は書物でしか遭遇することがないため、リテラシー能力向上とグレコ・ラテン系語彙習得は相互作用にある。会話ができる＝言語ができる、と過信していると、グレコ・ラテン系語彙ないしCALPの習得が実現しない。

　日本語にも同様のことが言えるのではないだろうか。例えば、漢字に触れるのは書物などでしかない。幼いうちは平仮名で事足りていても、進級するにつれ習得しなければならない漢字の数は増加する。この点を踏まえず、「日本語（会話）ができるから」と言って、「日本語ができる」と思い込んでいると後々子どもの言語習得・学力発達に大きな支障をきたすことになる。

　しかしカミンズは言語相互依存説をもとに、二言語習得の可能性、有益性を唱えた。そのための望ましい指導法についても言及し、母語保持そしてL1習得に対し積極的に論じている。しかし実際は、バイリンガル子育てを実践している人はそう多くはない。それには、言語理論以外の、社会的仕組みが大きく関与していると考える。

第1部　子どもの母語とアイデンティティ

4　社会における言語価値

　英語に日本語、中国語にスペイン語……。様々な言語が存在する中、どの言語も「同格」と言えるだろうか。昨今のグローバル化を考えてみても、国際化に伴って一番望まれているのは英語能力と言えよう。社会において「価値ある言語」として、英語が国際語として君臨してきた。実際、英語能力はあらゆる権力に通じている、と唱えている者もいる（Honey, 1983, 1997）。そこまで極論でないにしろ、多様化する社会において、英語プラス多言語が共存する世界観を打ち出している者もいる（Crystal, 1997）。こうして社会は英語帝国主義が定着してしまっている（Phillipson, 1992, 2009）。

　そんな英語崇拝主義の中、母語をわざわざ学び保持するにはよっぽどの理由が必要だ。Sakamoto（2006）によると、あえて英語圏で日本語を保持する家庭は、親子間の絆の確立を一番の理由に挙げていた。子どもと言葉の壁を感じずに意思疎通を図りたいと願うのはもっともである。しかし裏を返せば、意思の疎通がL2を介して可能であるのであれば、わざわざ母語に固執する必要がなくなる。よって、バイリンガルに育つ二世は、自分が親になった場合、あえてL1を選択して子育てする必要がなくなる。そのため3世代目でL1が喪失する可能性は高くなるのだ。

　個人が持ち備えた価値ある能力をBourdieu（1991）は「資本」（capital）と呼んでいる。この概念に当てはめるとすれば、言語資本、文化資本など個人が所有しうる資本が浮上する。社会において需要が高い言語能力は資本として認められ、そうでなければ価値あるものとはみなされない。この社会需要に言語方針が左右されがちである。

　また、言語を習得するというプロセスはその言語に対する「投資」（investment）であると説く学者もいる（Norton Pierce, 1995）。L2を習得することで享受する恩恵、もしくは差別など、どの言語に投資するかで、自分の社会におけるアイデンティティも変容する。

　社会の需要の関連として、Sakamoto（2012）は、現存の日本における言語教育を左右する社会インフラを検証した。日本における民族学校は、一条

第1章　文化間移動と子どもの言語発達

校ではなく各種学校という位置づけのために、進学に大きな支障がある。民族学校の卒業生は、日本国が定める義務教育を受けたとみなされないからである。よってせっかくL1（中国語）、L2（日本語）、L3（英語）習得が軌道にのりつつも、子どもの進学を案じて高学年になると一条校に転校させてしまう保護者が多い。

　一般的な公立校では、外国籍子女の日本語習得には取り組んでいるが、母語保持指導までには及んでいない。現存の外国籍子女の言語教育は、とにかく日本語を優先的に教え、習得させ、日本社会に馴染めるようにするのが狙いだ。しかし、カミンズによるとL1による認知発達がL2習得ないし学力向上に大きく貢献している。よって、母語を蔑ろにし、L2学習のみに焦点を当てていては、敷居仮説にあるように、十分な認知的発達が実現せず、結果L1もL2習得も中途半端で、学力的にも遅滞した状況になる危険性は十分にある。

　英語帝国主義が世界的に蔓延している、と書いたが、日本に居住する非日本語話者にとって、母語保持においてまず脅威となる言語は日本語（L2）である。家庭外では全て日本語の環境であれば、日本語による干渉の度合いは大きい。学校で日本語を話すだけでなく読み書きなど全て日本語なので、友達も日本人、テレビをつけても日本語の番組……。こうなれば日本語習得に偏重することになっても不思議ではなかろう。こうした「誘惑」に負けず、母語をしっかりと確立させ、それと連携してL2習得に励むことが言語的、認知的、学力的にも望ましいとすれば、バイリンガリズムに関連した正しい知識を社会に広める緊急性が認められる（Fishman, 1991, 2001）。同時に、L2だけでなく母語保持を支援する社会的インフラの整備と充実（Sakamoto, 2006, 2012）が、今後の緊急課題であろう。

13

第1部　子どもの母語とアイデンティティ

Column

多文化家庭に育って　その1
―様々な言語が飛び交う中で―

松田デレク

　私の母は日系三世、父は四世のペルー人である。父は私が生まれて間もなく1990年に来日した。当時、ペルーの経済状況は悪化し、多くの日系南米人の若者世代が来日し始めていた。私が2歳半になると、母は私を連れて来日したが、言葉の通じない環境に慣れず半年ほどで帰国した。それ以来、父が定期的に帰国しては、すぐに仕事のために日本に帰ってきての繰り返しだった。1998年3月、その後生まれた妹、弟と一緒に、日本で家族5人での生活が実現した。しかし、日本での生活は「祖先の地」とはいえ、母にとっても私たち兄弟にとっても「異国」の生活そのものだった。

●日本語の壁

　来日後すぐに、私は公立小学校へ、妹と弟は私立保育園に入園した。しかし、日本語は全く話せない状態だったので、学校では意思疎通ができなかった。そのために、私はペルーであれば小学校4年生に進級するはずが、小学校3年生のクラスに入ることとなった。ペルーでは留年制度はあるものの留年に対して悪いイメージを持っていた私には、とても屈辱的なことだった。勉強でそれ以上の遅れを出さないために、私は父の力も借りて毎日、日本語の勉強に励んだ。3か月後には、なんとか友人や先生の言っていることがわかるようになった。漢字の勉強も一生懸命にし、小学校4年生の頃には授業にもついていけるようになった。

●家庭言語の変化

　妹（5歳）と弟（2歳）は保育園に入るとすぐに日本語を話せるようになり、家でも日本語を話すようになった。来日して1年ほど経つと私は妹、弟には日本語、両親にはスペイン語で話すようになっていった。2年くらいして、家族でブラジル人の方が多く通っていた教会に行くようになった。週末のほとんどは教会の友人と出かける事が多くなった事から両親はポルトガル語とスペイン語の間「Português + Español = Portuñol」を話すようになり、家の中はスペイン語、日本語、ポルトガル語の混ぜ言葉になった。両親は家ではスペイン語で話すように私たちを教育しようとしたが、妹と弟はスペイン語で話すことに抵抗を持つようになり、内容は理解できても返答はいつも日本語になっていった。

第 1 章　文化間移動と子どもの言語発達

●スペイン語保持

　一方、私はできるだけスペイン語に触れるようにした。例えば、辞書を読んだり、たまに父が持って帰ってきていたスペイン語の雑誌を読んだり、ペルーから持ってきていたスペイン語のビデオを観たり、両親や親戚とは絶対にスペイン語を使って会話をして忘れないようにした。しかし、私の文法や語彙力は小学校 3 年生レベルのままだったので、高校に入ってからはインターネットでスペイン語の新聞の記事を読むことや、国際公務員になりたいという夢を持っていたので国連の報告書等をスペイン語で読むようにしていた。またできるだけ日本語⇔スペイン語のやり取りがスムーズにできるようにと思い、ボランティアとして通訳の仕事もしていた。これらの小さな積み重ねが、今の私のスペイン語の基礎となって、現在も伸び続けている。

●親との言葉の溝

　子どもが大きくなるにつれ、小さな言葉のニュアンスの違いから両親と妹、弟の間では溝ができることがよくあった。その葛藤は来日して 15 年経った今でも起きることがある。たとえ家族であっても言葉が通じなくなると、理解しあうことはできない。私が 15 年間様々な言葉が飛び交う家庭で暮らしていて思ったことは、最終的に両者が歩み寄らない限り、その壁はもっともっと高くなり乗り越えることができなくなるかもしれないということだ。互いが歩み寄るためには、子どもがスペイン語を維持することが一番だろうが、もしそれができなくても親の文化を理解しようとすること、そして両親も日本語や日本の文化を学び、子どもの世界を理解しようとする姿勢が大切だと思う。

15

第2章

日本に住む多文化家庭のバイリンガリズム

坂本　光代・宮崎　幸江

要　旨

　日本で生活する多文化家庭において、保護者は子どものしつけや言語選択、進路、将来等についてどのように考え、子育てをしているのだろうか。神奈川県在住のペルーとベトナム出身の母親たちを調査したところ、両家庭とも基本的に家庭内言語は（親の）母語を使用し、将来的には子どもがマルチリンガル（母語＋日英）になることを望んではいることがわかった。しかし、現実には子どもは成長とともに母語を喪失するか、受容型バイリンガルになりつつあり、親の関心は子どもの成長とともに、バイリンガル教育より学力に重点が移り、高校受験は親子にとって試練となる。多文化の子どもと保護者に対する日本の学校の対応にも課題が残る。

キーワード◆バイリンガル子育て、母語、言語選択、親子の絆、受験

第1部　子どもの母語とアイデンティティ

はじめに

　国際化が進む中、日本国内においてもニューカマーと呼ばれる外国籍居住者が増加し、親に帯同して来日する就学年齢の児童生徒の数も増加してきた。現在1.3億人とされる日本の人口の、1.7％が外国籍の人々であるとされるが、その人口構成は地域によって、比率だけでなく出身国の内訳が大きく異なる。例えば、第1部の事例で取り上げる神奈川県在住の日系ペルー人やベトナム人の人口は、過去10年の間に1万人以上増加している一方で、群馬、愛知、静岡県などではブラジル人の人口の伸びが著しい（法務省2009）。

　日本に住む多文化の家庭では、一体どのような家庭生活が営まれているのであろうか。そして、親たちはどのような子育てをしているのであろうか。外国籍の保護者たちは、日本社会において可視化されることが少ない存在である。特に日本の教育現場において、保護者の意思は十分に学校に届いていると言えるのだろうか。日本語力の問題や教育観の相違等の理由から、日本の教育システムになじむことが難しいことは容易に想像できる。しかし、子どもの発達、人格形成を考える上で家庭が重要な役割を担っている以上、保護者の役割が重要であることは言うまでもない。

　多文化の子どもたちは、通常学校では日本語と日本文化、家庭では親の言語と文化という二つの異なる言語文化に接するバイリンガル・バイカルチュラルな環境で生活している。日本で育つ子どもが、成長するにつれて、二つの言語文化のはざまでどのように自己を形成していくかを理解する上で、家庭の言語文化環境と保護者の教育に関する考えは重要な鍵を握る。

　本章では、神奈川県S市在住のペルー人とベトナム人の保護者の事例をもとに、多文化家庭の子育てにおける、家庭言語の問題や保護者による家庭教育や外国での教育の難しさ等について分析する。また外国籍保護者と現地校（日本の公立校）の関係や、教師及び社会からのサポートの内容や在り方について、保護者の立場から検証する。

1 日本における多文化の子どもの教育

　多文化の子どもの教育に関する政策は、2013年現在、文部科学省初等中等教育局国際教育課において、海外子女教育とともに、帰国子女・外国人児童生徒教育を対象とした施策の一部として取り扱われている。佐藤（2009）によれば、過去20年日本の外国人児童生徒に対する施策は教育現場からの要望に応える形で対症療法的な施策が展開されてきたが、ようやく外国人の子どもの教育保障という「統合的視点」がみられるようになってきたという。教育政策の概要については、第7章に詳しく述べられているのでここでは省略し、現時点での教育的課題に絞って述べる。

　まず、日本語教育をはじめとする外国人児童生徒に対する教育支援全般について言えば、制度としても内容としてもまだまだ十分とは言い難い（江原2011）。例えば、1992年より1校に5人以上日本語サポートが必要な子どもがいれば、国際教室などに教員1人の加配がつき、15人以上で2人となることが制度化されてはいる（文科省2010）。しかし、外国人児童生徒が集中している学校は少なくむしろ分散傾向にあるため、80％もの学校は外国人児童生徒数が5人に満たず、その結果専門教員は配置されない。また児童生徒の条件に外国籍という条件が伴うため、すでに日本国籍を取得している児童生徒や、国際結婚の家庭の子ども、帰国子女などは対象から除外されてしまうなど現実との乖離があった。

　日本語教育の内容に関しては、初期教育に重きが置かれ長期的な展望に欠ける。そして、そのことが、多文化の子どもの進路や学力保障にも大きな影響を依然として与えている。なぜなら、バイリンガル理論によると、認知・学力言語能力（CALP）習得には一般的に5年から7年かかるとされる（Cummins, 2001）（CALPとBICSについては第1章参照）。伝達言語能力（BICS）が2年で習得されようとも、受験に必要なCALPは3年では到底習得できない。高校入試における外国人特別枠等の定める来日「3年以内」という恣意的な措置は、言語習得理論に基づいた適正なものではないのは明白であり、バイリンガリズムはおろか、減算的言語習得さえ約束されるもの

第1部　子どもの母語とアイデンティティ

ではないからである。

　学力保障のためには、日本語指導と教科指導の統合をめざして開発された
JSL カリキュラム（齋藤 2009a）が有効だと考えられる。しかし、JSL カリキュ
ラムを指導に活かせる現場の教師養成が必要だ。そして、JSL カリキュラム
だけでなく、多文化の子どもの発達と教育に精通した教員を育成し（石井
2009, 齋藤・佐藤 2009）、全教科学習の中で日本語支援が必要な児童生徒の
学びを支える教育方法の転換（川上他 2009）が必要であると考えられている。

　さらに、日本の学校文化そのものの問題も指摘されている。ニューカマー
の子どもの教育環境を研究した太田晴雄（2000）は、日本の学校文化は、外
国人児童生徒に対して「日本人児童生徒と同様の扱いとする」ことを前提と
して、日本語教育と適応教育に重点が置かれ、その結果日本社会へ同化を促
す「日本人化教育」の域を出ていないと指摘する。多文化の子どもたちにとっ
て、学校文化は彼らのアイデンティティ形成に多大な影響を与えることから、
子どもたちの学びを支える教育の在り方が見直されている。

　しかし、ようやく近年外国人児童生徒教育に大きな変化が訪れようとして
いる。文部科学省は、2012 年（平成 24 年）に「日本語指導が必要な児童生
徒を対象とした指導の在り方に関する検討会議」を設置し、学校現場への調
査と検討が行われた。その結果、日本語指導が必要な児童生徒に対する指導
のために、「特別の教育課程」を設け学校教育の一環として日本語教育を行
うことになった。日本語教育の質の担保と日本語の能力にかかわらず外国人
児童生徒の学びが保障されることになった。

　いずれにしても、新しい試みが教育現場に浸透し、多文化の子どもたちの
教育環境が改善されるには時差があるのも事実だろう。このような日本の教
育システムは外国籍の保護者にとってどのように理解され、それぞれの家庭
の教育的ニーズにどの程度応えることができているのか疑問が残る。

2　ペルーとベトナムの多文化家庭

　筆者らは 2009 年から 2010 年にかけて、神奈川県 S 市在住の日系ペルー
人（以下、パトリシア（仮名））並びにベトナム人（以下、ベラ（仮名））の

母親にインタビューを実施した。2人の略歴は以下のとおりである。

パトリシアは、1991年（平成3年）にペルーより、当時婚約者であった現在の夫と共に20代で来日し、S市に住んだ。現在までずっとS市に在住し、日本生まれの長男（インタビュー時17歳）と長女（当時8歳）がいる。この家族は2回の里帰りを除いて長期的にペルーへ帰ったことはない。夫は日系ペルー人である。ベラは、ベトナム南部で生まれ、13歳の時に難民として入国し20年になる（インタビュー時）。20歳の時にベトナム籍の男性と結婚し、インタビュー時には10歳と9歳の子どもがいた。

パトリシアとベラを調査の対象に選んだ理由は、以下のとおりである。まず、後で述べるS市の外国籍の人々の中で南米出身の日系家族とインドシナ系住民は大きなエスニックグループであるということと、第二に、二人の来日の時期や滞在期間と家族構成が類似していることである。そして、最も重要なのは次章で述べる子どものアイデンティティ形成に関する参与観察の対象家庭（一部）の母親たちという理由である。次章では子どもと支援者という立場での相互作用に見られた子どものアイデンティティの表れ方を、エスノグラフィーの方法で解明するが、本章ではそれらの子どもの家庭で母親たちが何を考え、どのように子育てを行っているのかを説明する。

パトリシアのインタビューは日・西・英トリリンガルの通訳者を介して、ベラとは一対一で日本語で行われた。会話は全て録音されテープ起こしの後、質的データ分析ソフトウェアNVivo7を使って分析した。さて、分析に入る前に、パトリシアとベラの住むS市の外国籍市民の状況について述べておこう。

S市の外国籍市民とその子ども

S市は神奈川県西部に位置し市内に工業団地を多く抱える地域である。S市の人口は、2013年現在169,540人と約17万人のうち、外国籍市民は2%を超える。この比率は2005年以降若干の増減はあるものの、一定範囲で推移している。1980年代後半以降、インドシナ系の住民の移住をはじめとし、90年代になってブラジルやペルーなどの南米出身の人々が急速に増加し定住傾向にある。

第1部　子どもの母語とアイデンティティ

　S市内の小中学校に在籍する外国人児童生徒の数は、286人（2011年度）、児童生徒の出身国は21カ国に上り、このうち164人・約58％が、日本語サポートを要すると診断された子どもたちである。国籍別に見るとブラジル（79人）、ペルー（58人）、ベトナム（43人）、ボリビア（30人）、ラオス（17人）が上位6国籍である。日系定住外国人であるブラジル・ペルーとインドシナ難民系のベトナム住民が上位3カ国となっている。

　日本語指導が必要な児童生徒のうち81人（48％）が小学校の低学年であるが、その数は学年が上がるにつれ減少する。日本語指導が必要な児童生徒の数は、1994年には21人にすぎなかったが2004年には121人に増加し、この数年は160人から180人の間を推移している。

　S市内における外国人児童生徒の教育は、国際教室の設置や日本語指導協力者の派遣、地域のボランティアの活用など多面的な支援が行われている（地域ボランティアについては第2部第10章参照）。しかし、定住化が進むとともに子どもの年齢も高くなり、義務教育を終えた日本生まれや日本育ちの子どもをいかに日本社会に包摂するかという次段階に進みつつある。S市内の中学校に通う生徒とその進路（2009年度）は、卒業生の54％が全日制高校、25％が定時制高校、就職その他が21％であった（S市教育委員会資料）。日本における外国籍生徒の高校進学率は50％程度（山田2004）に留まるという報告と比較すると、S市の多文化の中学生の高校進学状況は悪くはないように見える。しかし、高校入学後に関して調査が成されていないため中途退学などの実態はつかみきれていないのが現状だ。

3　バイリンガル子育ての状況

　これから、南米ペルーとベトナム出身の多文化家庭の子育ての現状を見ていく。一世代目の多文化家庭は、祖国とのつながりや同国人のネットワークも強いため、家庭には多言語・多文化環境が存在する。通常子育ては親の母語で行われ、言語や文化の教育を含み、次の世代に比べると母語を基盤とした保護者の言語観や価値観が色濃く反映される。本書では多言語・多文化の背景を持つ家庭における子育て実践をバイリンガル子育てと定義する。バイ

リンガル子育ては、二つの言語に限定するものではなく、家庭の状況によっては複数言語文化に接する家庭もあるが、モノリンガル・モノカルチュラルな状況に対する概念としてバイリンガル子育てと呼ぶ。

(1) 日系ペルー家庭

家族の状況

日系ペルー人の夫が日本に移住し、働くというので、パトリシア自身も結婚後に移住し、子ども2人は日本生まれである。ペルーに帰国する予定はなく、すでにS市に一戸建てを購入し、家族4人で暮らしている。夫妻は日本で暮らすにあたり、子どもたちには正しい日本語を身につけ、大学に進学し、立派な仕事に就いてもらいたいと考える反面、ペルー人のアイデンティティを保持し、母語も喪失して欲しくない、と考えている。そのため、日本の学校における勉強は奨励しており、J大主催の日本語教室にも親子で参加するなど、子どもの教育に積極的に取り組んできた。その一方、スペイン語学校が最寄りにないことから、家庭での母語使用を推奨し、子どもたちには母語で話しかけるようにしている。また、ペルーの親戚や、同じく日本在住の夫の親戚などと電話などを介して頻繁に交流するようにしている。ケーブルテレビにも加入し、スペイン語の番組や、ビデオを見たりと母語にできるだけ接触できる環境を整えている。

家庭における言語選択と言語使用

パトリシアは、言語習得を加算的に捉えている。日本語を学ぶからと言って、母語が失われる、という認識はない。しかし家庭外では日本語に接触する場面が多いことから、家庭での母語使用は徹底して実践してきた。そうすることで子どもたちが日本語、スペイン語ともに流暢になると考えているからだ。日西両語堪能なバイリンガルに育てば、日本でも成功し、同時にペルー人としてのアイデンティティも損なわれることがないと考える。実際、在日の姪が日本語もスペイン語も習得し、日本の大学へ進学できたのが大きな励みとなっている。パトリシアにとって、子どもの日本での学業がまず最優先事項であり、子どもたちの進級、進学は大切な課題である。子どもが有名校

第1部　子どもの母語とアイデンティティ

に進学し、教養を身につけ、日本社会、そしてペルー人社会に大きく貢献で
きるような人材になることを望んでいるのである。

　バイリンガル教育方針を実践している家庭でよく見られる光景が、親が母
語（L1）で話しかけ、子どもが第二言語（L2）で答える、また兄弟間では
L2でやり取りされる、という言語使用パターンである。パトリシアは、長
男のL2使用は日本生まれであることが大きいと指摘する。

> T（通訳）：だからそのりゅういち（仮名）君は、あの、やっぱりここで生ま
> 　　れて育って意識として日本人と言うね、まあ家族は、あの、たまたまペ
> 　　ルーっていうようなことなんだけれども、彼は、彼はやっぱり、その日
> 　　本人として意識持っている、ただそれは（国籍に関する）書類が、あの
> 　　ペルーなんですね。それがあの、まあ自分が大人になったら、その日本
> 　　国籍を
> P（パトリシア）：取る
> T：取りたいということですね。

　両親や自分が外国籍であっても、日本生まれの子どもは日本人としてのア
イデンティティを確立しており、言語使用もそれに即したものとなっている。
それだけ居住国の影響が大きい。こうなると周りの人間がかなり強靭な姿勢
で母語や祖国の文化の大切さを訴えていかないと、減算的言語習得に繋がる
ばかりである。

学習言語要求

　兄妹間でも日本語でやりとりする長男であるが、学校で要求される学習能
力に関して言えば、日本語における学校教育が必ずしもうまくいっていると
は言えない。小学生の頃は国語が得意な長男であったが、進級するにつれ、
国語はどんどん難しくなっていった。特に漢字習得が苦手だという。

> S：Ah...What happened to his interest in 国語？
> P：Ah...eh...ya se fueron complicando los *kanjis*, ¿no? Sí, sí.（笑）

第 2 章　日本に住む多文化家庭のバイリンガリズム

T：¡Ah!

P：Ese es el principal problema. El *imi* que ya no lo entendía muy bien, ¿no?

T：Bien...

P：Eso es lo que a mí me parece.

〔日本語訳〕

S：あ、彼の国語に対する興味はどうなったんですか？

P：あ、えー、漢字が難しくなってきて（笑）

T：ああ！

P：それが問題で。意味がわからなくなってきて、ね。

T：そう。

P：そういう感じなんです。

　学校で必要とされる語彙や構文は家庭での会話の際使用される語彙などとは異質なものである。言語習得は場面別であり（Grosjean, 1989, 2008）、また言語能力に伝達言語能力（BICS）と学力言語能力（CALP）があるとすれば（Cummins, 2000, 2001）、BICS だけで満足せず、積極的に CALP を伸ばすような学びが必要であろう。漢字学習はリテラシー特有の能力を必要とし、ただ日常生活を送っているだけでは習得しにくい。

　パトリシアは母語保持のために積極的に母国に帰国したり、ペルーの番組が視聴できるケーブルテレビなどのサービスにも加入しているが、それだけでは学校教育で求められる CALP 習得には繋がらない。また S 市にはスペイン語で礼拝などを行う教会があり、ペルー人はじめ南米の人々が集い、母語を使用できる場を提供しているが、会話だけの交流では敷居仮説が呈する、言語相互依存説にあるような相互作用に必要とされる最低限の認知発達は期待できない。L2 習得、そして日本の学校での学力を上げるためにも、CALP の発達を促す母語教育が必要なのである。

家庭と学校の教育哲学の差異

　パトリシアは、日本の学校と自分たち保護者との間に、子どもの教育に関

25

第1部　子どもの母語とアイデンティティ

して温度差も感じていた。なぜなら、加算的バイリンガリズムを目標とし、子どもの日本語とスペイン語両語の習得と保持に励み、学校とも連携を図ろうとしたが、現地校の教員はただただ「大丈夫です」と言うだけだったという。

> T：¿Y tú pudiste hablar con los profesores y decirle, pues eso, la preocu-
>   pación que tenías?
> P：Pero lo que siempre encontré es que "*daijobudesu*"
> 〔日本語訳〕
> T：それでお持ちだった不安とかを先生に相談されたんでしょう？
> P：でもいつもただ「大丈夫です」って。

　パトリシアにとって、日本の学校における子どもの学習は最優先事項であるにもかかわらず、日本人教員は、詳細は説明せず、彼女の懸念を「大丈夫」の一言で一蹴するだけであった。

　ペルーと違い、落第制度がない日本の義務教育に対しパトリシアは実際子どもの学力がどれだけなのか不安に思っていた。その不安に直面させられたのが長男の高校受験の時であった。時既に遅しで、公立高校を受験するだけの学力が認められず、私立高校への進学となった。もっと早い段階で事態を把握していれば、もっと良い所に進学できたのでは、と後悔している。バイリンガル子育てを懸命に実践しようとしているパトリシアに対し、日本人教員は母語保持に関して全く関心を持っていない。「日本の学校教育」は、「母語教育・保持」を全く視野にいれていないのである。こうなると母語と日本語教育を両立させようとしている外国籍保護者と教員とで、それぞれが目指すゴール（バイリンガル教育対日本語教育）が自ずと変わってきてしまう。

　ここで日本人教員は一個人の基準でパトリシアの息子りゅういち君は「大丈夫」と説明するが、何がどう「大丈夫」なのか説明は無かった。その後りゅういち君は志望校に進学できなかったことからわかるように、決して「大丈夫」な状況であった訳ではない。このような無責任な発言は教員側のバイリンガル教育に対する理解や協力の欠如であると同時に、多文化の子どもに対

する期待の低さを表している。外国籍保護者は「そこそこ」の学力を子ども
に求めているのではない。異国での子育てに不安はあるものの、子どもの将
来に対する期待に満ちあふれているのだ。保護者は、彼らの不安を汲み取り、
状況についての詳細で丁寧な説明や、適切な判断ができ、積極的に連携が図
れる教員を求めている。

　パトリシアのようなケースを未然に防ぐために教師は何をすべきだろう
か。まず、教員は保護者とは綿密に連絡を取り、子どもの学力ないし日本語
（L2）の発達状況を詳細に伝えることが望まれる。また、L2 教育のみに焦
点を置くのではなく、L1 と L2 の相互作用を正しく踏まえた指導が好まし
い。すなわち JSL カリキュラムに代表される日本語教育はもちろん大切で
必須であるが、同様に母語保持の大切さ、また母語における CALP をも発
達させるような社会インフラの整備が望まれる。その一環として母語保持プ
ログラム（継承語教育；heritage language program とも言う）を公教育に
取り入れるようなカリキュラム開発や、言語指導に精通した専門家の育成な
どが挙げられる。

パトリシアの子育てからわかったこと

　子どもがまだ幼いうちは、学校においても CALP の需要度は低く、また
どんな言語においても BICS は習得し易いという理由から、子どもの言語発
達は比較的問題が少ない。しかしその現状に甘んじて将来的な対策を打たな
ければ、子どもが大きくなるにつれ CALP の発達の遅れ、学力への悪影響
など様々な試練が待ち受けている。

　この実情を把握しないまま、あまりにも情報が不足しているために右往左
往している親は少なくない。また、犠牲になるのは子どもである。せっかく
バイリンガルの芽が育ちつつある中、周囲の理解、そしてそれに即したサポー
トが無ければ減算的はおろか、セミリンガルに育ってしまうことも十分あり
得るのだ。既存の日本の教育システムが母語保持を蔑ろにし、日本語教育に
終始してしまっていること、そしてバイリンガルの言語発達過程に十分な認
識を持たないことからバイリンガルの未来を台無しにしてしまっている。日
本人社会から排他的に扱われるような、悲惨な未来を回避するためにも早い

第1部　子どもの母語とアイデンティティ

段階から教育者並びに保護者に母語保持の必要性を訴え、それをサポートする社会的仕組みを構築していくのが肝要であろう。

(2)　ベトナム系家庭

　次に取り上げるのは、隣の学区に住むベトナム人の家族の事例である。ベラ、当時33歳（2009年）は、日本生まれの2人の子ども（小4長女と小3長男）と夫と共にS市内にある県営住宅に住む。

　ベラの家を初めて訪問したのは、2009年の10月終わりの土曜日の昼であった。ベラ一家は、1998年からJ大学の学生ボランティアが毎週家庭訪問をし、日本語の支援を行ってきた関係上、J大学の教員である筆者を初対面ではあったが打ち解けた雰囲気で迎えてくれた。研究への参加を快く承諾してくれ、日頃日本語を話す機会がないので日本語でインタビューに応じたいという本人の希望により、インタビューは通訳を交えず日本語で行うことになった。

　この節では、5回のインタビューでのベラの語りを中心に、一部ベラの夫の語りも交えながら、この家庭のバイリンガル子育ての状況を概観する。インタビューは2010年3月に終了したが、その後も子どもたちがJ大学の主催する地域日本語教室に継続して参加している関係で、彼らには定期的に会う機会がある。中学に進級した長女と小学校最終学年に達した長男の状況も合わせて述べていく。

家族の状況

　ベラはベトナム南部の出身であるが、夫はベトナム北部の出身である。2人は日本で出会い結婚した。ベラは、1990年母方の叔父家族とベラの兄と共にボートでベトナムを出国した。長崎（大村）、品川の定住センターを経て日本での生活が始まるまでに2年半を要した結果、在留資格を得た時すでに15歳になっていたため日本での就学経験はない。ベラの家族のうち、出国したのはベラと6歳上の兄だけであった。ベラは叔父家族の養女となり在留資格を得たが、兄は在留資格が得られず帰国させられた。

　ベラは、15歳から自立して生活をしていたという。ベトナム人の夫と結

婚後、1997年からS市公営住宅に住むようになった。現在は、同じ団地の別の階に、2004年にODP（注1）により呼び寄せられたベラの両親と2人の妹と弟も住んでいる。ベラは当時二つの仕事を掛け持ちし22時過ぎまで仕事をしていたので、子どもはたいてい夕食を祖父母の家族と一緒にとり、3世代が日常的に行き来する形で生活していた。

S市のベトナムコミュニティ

　ベラ一家が住む公営住宅は、戸数460戸、棟数にして14棟の中規模の県営住宅であるが、近年老朽化が進み、高齢化も目立つ。全世帯に占める外国籍の世帯は2013年現在推定46世帯（筆者の調査）と、約10％を占める。ベトナム系の住人はインタビュー当時（2009年）20世帯程度いたという。ベラも自治会の役員を務めていたことから、外国籍住民もコミュニティの一員として役割を担っているようだ。外国籍世帯の出身はベトナム系住民に次いでラオス系の住民が約20世帯を占め、南米出身者はほとんどいない。

　ある日、筆者が約束の時間にベラ宅を訪問したところ、留守だった。そこでいったん1階まで下りて、近所を一巡していた。ある棟からにぎやかな声が聞こえてきたので、なんとなくその家に行き、あいている玄関から声をかけてみたところ、ベラはそこにいた。近所のベトナム家庭の誕生日会に招かれていたらしい。

　休みの日には、女性たちが数人で立ち話をしている光景をよく見かける。このように、コミュニティの中でベトナム人は、同国人同士で親しく交流している。ベラによれば、平日はみな仕事をしているので会わないことも多いが、週末には数家族が一緒にエスニック食品を扱う店に車ででかけるなど、行動を共にすることも多いらしい。またこの団地のベトナム人主婦は、夕方から数時間同じ製菓工場でパートをしているらしく、生活の情報や子どものことなどもその行き帰りなどで情報交換を行っていると思われる。ベラは、比較的長くS市に住んでおり、日本語もある程度堪能なことから、筆者が見るにベトナム人コミュニティの女性たちの中では頼られる立場にあると推察した。

第1部　子どもの母語とアイデンティティ

夫婦間の文化の違いと教育観

　ベラの家は教育に関して夫婦間で話し合うが、ベトナムの北部出身の夫と南部出身のベラでは、家庭の文化や教育観がかなり異なるという。例えば、北の人は家長を敬い礼儀にも厳しいそうだ。北ベトナム出身の夫の実家に訪ねた時のことをこのように語った。

> 　T：北の人の方がちょっと丁寧。いつでもね、あのーなんだろう。あいさつ
> 　　　とかね。いつでもね、あいさつとか。例えば、南の人でしょ。ご飯に持っ
> 　　　てたら、みんな一緒にご飯食べて、それ食べるんですけど、北の人とかね、
> 　　　みんなに集まって。日本と同じですよ。「いただきます」じゃなくて、「お
> 　　　父さんご飯どうぞ」、「お母さんご飯どうぞ」とか、一人ずつにあいさつ
> 　　　するのが違う。

　また、彼女の分析によれば、北の人は経済観念がしっかりしており、生活は質素で倹約をしながらも、家族を大切にし子どもの教育に対して非常に熱心であるという。北部から南部に移ってきた人々は、最初はお金がなくても徐々に財産を蓄え、その子どもには高い教育を受けさせるため高学歴で、社会的にも経済的にも成功しているそうだ。

> 　T：南の方の人が、例えば、働いているでしょ。10円働いているですけど、1
> 　　　日10円使って終わる人いるからね。北の人の方が1日働いて10円です
> 　　　けど、2円だけ貯めてあと残りの8円。頭の方が良いし。そいで、学校、
> 　　　むこう行っても、北の方の人頭良いし。だから今、ベトナムで…でもほ
> 　　　とんど北の人ばかり。南の人ほとんどいない。…北の人の方がよく頑張
> 　　　る！頑張るだから。だから、どうやっても、南に入ってもお金ないです
> 　　　けど、全然ないですけど、自分で頑張って働いてお金貯めて、後で北の
> 　　　人の方がお金ないけど、北の人の方が結構だんだん、なんかお金持ちに
> 　　　なる。
> 　M：そうなの、なんでそうなんだと思う。
> 　T：だからね、北の人の方が頭いいしね、ケチ。ケチ何かね、例えば南の人

の方がお金あればね、全部おいしいもの食べたり。そうそう。だからね、すぐ終わっちゃう。北の人の方がほとんどないね。結構自分の方から子どもを大事にして、ある程度ね自分の方から、頑張って働いて奥さん子どもと親の方が一番大事だから。

そのような北部出身のベラさんの夫も勤勉で教育熱心だということらしい。

子どもの教育は夫婦で

この家庭では子どものことは両親の責任だと考えていることは前述したとおりだが、ベラの夫は学校のことも母親任せにはせず、自分も学校の行事等に積極的に参加するという。

> T：学校の面談。小さい事でも、大きいことでも行く。例えば、先生がお父さんとお母さん来なくてもいいって言っても行く。うちの旦那さん、ダメ、大事って、小さいことでも大きいことでも大事って。だから、結構学校行く。

筆者もある小学校の参観日に行ったことがある。国際教室で数名の外国人児童の親が授業参観を行っていた。国際教室担当教員は、授業参観のあとの面談のために2ヵ国語の通訳を手配していた。ところが、面談に残った家族は一家族だけであった。面談に通訳が用意されていることが伝わっていなかったために残らなかったのか、相談する必要を感じていないのか、理由はさだかではないが、学校関係者からすると、せっかく用意した機会が十分活用できず、残念だったのではないだろうか。ベラの家族のように夫婦で参加する態度は、学校側にも好印象を与えるだろう。教師が子どもに対して次のようにコメントしたらしい。

> T：学校の方も（ほかの家は）お父さん来ないけど、うちの旦那さん行く。お母さんも来る。先生（が）、（子どもに）お話する。T君のおうちは違うね。お父さん来るって、なんか、忙しくなかったら、お父さんも来る。

第1部　子どもの母語とアイデンティティ

　一般に、学校の行事に関しても外国籍保護者の関心は低いと言われる。次の談話は近所の同胞が運動会などの学校行事にどのように参加しているかを物語っている。普通は母親だけが運動会を見に行くが、ベラと夫は仕事を休んで2人で見に行っていた。すると他のベトナムの家族も同じように行くようになり、朝から席取りに並んで、ベトナム料理のお弁当を持って皆で行くようになったらしい。

> T：ここの人ほとんど、お母さんだけ（しか運動会に行かない）。あたしの家
> 　　だけ（お父さんも行く）、子どもの運動会でしょ。つまらないじゃん。子
> 　　どもの方から、送って帰る。だから、毎年仕事行っても、ほとんどやめ
> 　　て行ってる（仕事を休んでいくという意味）。
> M：お休みして行くの？　子ども、寂しいって？
> T：外国人の人、外国人の人はほとんどお母さんだけ。
> M：日本人は両方行くでしょ？
> T：そうだね。私たちがそういう事やったでしょ。皆見ても、夫婦で行くよ
> 　　うになった。

　学校の行事に参加しない理由は、よく指摘されるように学校教育に対する「関心の薄さ」や「放任」のせいだけではなく、保護者にとって、自国の学校文化と異なるためどのようにふるまっていいのか、何が期待されているのかが単にわからないことによるのかもしれない。ベラの住む地域は、ある程度まとまった大きさのエスニックグループが長年存在するため、学校とも良好な関係を築いているようだ。保護者の学校教育に対する関与は、子どもの学校生活にも大きな影響を与えていると思う。

幼児期の家庭の言語環境

　さてこの家庭の言語環境を見てみよう。ベラは、長女を22歳で出産したが、続けて第2子を妊娠したため第2子出産後10か月まで家庭に留まった。その後1歳半になった長女と生後半年の長男を公立保育園に預け、仕事を始めた。幼児期、家庭ではベトナム語を使用し、ベトナムからビデオを送っても

32

らうなど家庭内の母語の環境を整えようとしていたことがインタビューから
うかがえる。

　　V：ベトナム語のビデオテープあれに毎日ね、音楽聞かしてたの。…だからね、
　　　　ずっと小さいから大きくまでビデオのテープの中にベトナムの子どもの
　　　　歌を歌ったり、それ聞くからね。

　　V：ビデオもあった。ベトナムからお願いして送ってくれた…おばあちゃん
　　　　じゃない。旦那さんの親。

　ベラの子どもは、日本で生活していてもベトナム語の童謡に親しめる環境
があったと考えられるが、ベトナムに住む夫の両親がビデオを送ってくれた
という記述は、先の教育熱心な北部の人というベラの証言とも一致する。さ
て、では幼児期日本語は家庭ではどのように使われていたのであろうか。筆
者が、「子どもたちの日本語はどうでしたか」と尋ねた質問にベラさんは次
のように答えた。

　　V：ううん。でも日本のテレビもあるから。3組（チャンネル）で、つけて、
　　　　だからほとんど平気じゃない？　日本語の言葉あるから。毎日朝と4時
　　　　になったら日本のテレビつけて日本語の勉強したらいいじゃない。…今
　　　　まで、日本（語）のへたくそとか先生に言われたこと無い。

　この発話からわかるように、2人の子どもが幼い頃、母語であるベトナム
語の童謡を聞かせベトナム語の環境を作る努力をしながら、日本語に関して
はテレビの幼児番組を見せて子どもと一緒に日本語の勉強をしていた。また、
1998年からJ大学のボランティア学生が週に1回家庭を訪問し日本語の支
援を行っていた記録が残っている。もしかしたら、ベラは育児中のこの時期
に自分の日本語の勉強に力を入れていた可能性もある。
　さて、子どもは18か月と10か月から保育園に入園する。そこでも日本
語の発達のことで先生に注意されたことはないと言う。筆者はベラの家庭の

33

第1部　子どもの母語とアイデンティティ

当時の言語使用について尋ねた。

　　　M：子どもたちは？　日本語とベトナム語と、どっちの方が多く使いますか？
　　　V：日本語ばかり。
　　　M：日本語ばっかり？
　　　V：ベトナム語もわかるけど、全部わからない。ちょっとだけ。かんたんの
　　　　　意味だけ。聞くのがうまいけど、返事のほう、ちょっとへたじゃない？
　　　M：で、その時に、えっと何歳くらいまでは、ベトナム語で言ってベトナム
　　　　　語で答えた？
　　　V：うーん、保育園の時にね。1歳ちょっと。2歳か。普通のこと。例えばご
　　　　　はんとか、何か普通の事ね。それぐらいになったら、2歳ぐらいか。
　　　M：ああ、2歳ぐらいまでは、ベトナム語だったら、ベトナム語で返してた？

　この談話からわかるのは、幼児期は家庭でベトナム語を使用し夫婦間だけ
でなく子どもにもベトナム語で話しかけるようにしてきたにもかかわらず、
子どもがベトナム語で返すのは2歳くらいまでのことだった。その後は親が
ベトナム語で話しかけても日本語で返事をするようになる。つまり、ごく早
い時期から日本語が優勢な言語になっていた可能性が高い。言語形成期の初
期は3歳くらいまでとされ、複数言語を同時に習得することはもちろん可能
であるが、接触量の問題で同じようには習得できない。可能であれば、母語
は母親の母語である方が望ましい。ところが、言語形成期の初期においてす
でに日本語の方が優勢な言語となっていたとしたら、ベトナム語を土台とし
た言語と認知的発達はこの家庭の場合難しかったことがわかる。

　　　V：私の方が、できれば両方覚えたほうがいいと思ったけど、でもいらない。
　　　　　ベトナム語いらないって。

　幼児期に母語を発達させるには、接触量と質が問題となるが、この時期に
ベラの子どもはすでに保育園に通っていたため日本語での生活の時間の方が
圧倒的に長くなっていた。また、現在は毎日祖父母と過ごす時間があるが、

34

祖父母が来日するのは2004年のことなので、長女が5歳になるまでは核家族で生活していた。これらの状況が、ベラの子どもの母語離れが早かった主な原因だろう。

　ベラによれば、ベトナム人の親たちは、日本の保育園入園の時期と就学後の母語離れに関係があると経験的に考えているそうだ。確かに母親たちの観察はある意味正しいが、保育を誰が行うのかという現実的な問題を考えると親たちに選択肢はほとんどない。もし、祖父母らが子どもの乳幼児期に来日しており保育をしていたら、あるいは保育園ではなく幼稚園から日本語の接触量が増えていたとしたら、ベラの子どもはベトナム語を保持していた可能性もある。

　　V：小さい（時）から練習しなきゃいけないね。大人になったら入りにくくなっちゃうもん。（私は日本語）使わないけど、返事のとき日本語ばかり。…聞くのは、わかるけどね。返事の方は、ちょっとダメですね。

母語に対する心的態度の変化

　多文化の子どもはモノリンガルとは異なり複数の言語と文化の間を行き来して生活する。母語が弱くなると子どもたちは日本語を通して自分の属するエスニックグループを見るようになる。子どもたちは日本特有のモノリンガル的なものの見方の影響を受け、自分の中にある日本人との差異を肯定的に捉えにくくなるかもしれない。さらに、子どもは日本社会で母語や母文化がどのような地位にあるかを敏感に察知し、それが社会的に弱い立場にあると感じた場合、母語や母文化に対する関心や学習動機へも影響を与える（Landry & Allard, 1991）。子どもの母語母文化に対する心的な態度は、社会だけでなく子どもが接する人々の態度や価値観にも影響され、変化していくことが予測できる。子どもたちが成長するにつれ、ベトナム語に対する心的態度の変化を物語るのが次の談話だ。

　　V：うーん、そうだね。でも小学校からね、外出ても私たちの方がベトナム語話したらね、シーとか…バスに乗るときとかね、電車に乗るときとかね、

第1部　子どもの母語とアイデンティティ

絶対何かベトナム語の話さないでねって。

公共の場で、母語を話すのを見られるのを嫌がるのは、多文化の子どもに見られる一般的な態度だろう。外では嫌がったとしても心理的には母語に親近感を持つ子どもはいる。ベラの子どもの場合はどうだろうか。ベラは娘と息子のベトナム語を嫌う態度を次のように分析している。

　　Ｖ：お姉ちゃんの方が、ほとんど友達、日本人ばかりだから。だってさ、ベ
　　　　トナム語の方ね、あまり話したくない。…下の子の方がね、結構優しい
　　　　から、両方勉強したらって。…日本語で返事したら、あのー、おばあちゃ
　　　　んたち意味がわからないじゃん。だからベトナム語の返事する。

同じ家庭に育っても、子どもによって心的態度は異なるのだろうか。一歳違いの子どもなので年齢による差とは考えにくい。男女差や本人の性格も関係するだろうが、やはり子どもを取り巻く外の環境的要因が大きく作用していると想像できる。

家庭の言語方針

インタビューは母親を対象に行ってきたが、一度だけ日ごろはあいさつ程度しか顔を出さないベラの夫が話に加わったことがある。彼はその日は近所で集まりがあり少々お酒も飲んでいたためか、色々なことを話してくれた。彼の話す日本語を聞いたのはその時が初めてであったが、ベラよりも夫の方が日本語の語彙も豊富で流暢だと知った。

彼は、ベラとは違い日本に来る前にタイの難民キャンプで数年を過ごしたらしい。その時にタイ語、カンボジア語、ラオス語と英語を勉強していたそうだ。英語を学ぶのがかねてからの夢だったそうだ。彼の日本語力からも、語学のセンスもよく頭のいい人であることがうかがわれた。大変教育熱心ではあるが、子どもに厳しいわけではなく、むしろとても甘いらしい。

第2章　日本に住む多文化家庭のバイリンガリズム

ベトナム語の保持　（括弧内は筆者の解釈）

ＴＨ：まあ僕も自分の子も、そうしたい（自分の子にベトナム語を勉強して
　　　ほしい）けどね。でも子どもたちはね、今は逆に、まあ日本人になり
　　　たい可能性もあるけど（日本人になりたいのかもしれないけれど）、自
　　　分の言葉も忘れたくないけどね（自分の言葉を忘れてほしくない）。

　　　　まあ、どんな事言っても、まあ

Ｍ：聞いてくれない？

ＴＨ：聞いてくれる時もあるけど、まあ、自分怒ったらね、今までね、僕はね、
　　　本当はね、ちっちゃい時から11歳まで、一回、叩いたことありません
　　　から。一度も。

ＴＨ：だから、ベトナム（語）は一番いいけどね。でも、子どもたちにはもっ
　　　と、知らせたいのね。（中略）あのどこ行ってもわかるようにね。あの
　　　英語できれば、一番いいと思うけどね。どこいっても生活いけると、
　　　言葉も、あのーお互いに何か、何かあるね。僕の感じが本当は、本当は、
　　　わからなくても、行っても3か月か1年くらいはね、一生懸命勉強す
　　　れば、絶対できるから。

　ベラも夫も難民として祖国を10代で離れたため、中等教育を終えられず
に社会に出ることになった。しかし、筆者は彼らと接する中で、どちらも学
ぶことに対する意欲がある人たちだと感じている。それは、難民認定に時間
がかかり2年半も結果を待ってセンターで暮らした日々の中でも、なんとか
日本語を学びたいと教科書を手に入れ、施設の警備員に尋ねながら言葉を勉
強したという話や、ボランティアの日本語支援を10数年にわたり受けてい
ることからも明らかだろう。

　ところが、母語保持に関してはすでにあきらめているように見える。それ
は彼らが難民として日本に生活しており、祖国に帰る可能性が小さいこと
も関係しているのだろうか。将来的に日本国籍をとり日本人になるとしたら、
ベトナム語は日本社会での価値はそれほど高くはないということか。さらに、
タイの難民キャンプで過ごした日々に彼が感じた人生哲学、語学の重要性、

37

第1部　子どもの母語とアイデンティティ

また英語の価値というものから、ベトナム語に対していわゆる道具としての意味もないと考えているからなのだろうか。

それにしても、いまや両親の日本語の力では彼らの伝えたいことを子どもたちに100％伝えることは難しい。父親が子どもを愛おしく思う気持ちと同様に彼のもどかしい気持ちを感じ、母語を喪失しつつある子どもたちが失うものの大きさを思い残念な気持ちになった。

いじめに対する不安

子どもの母語や母文化の問題はいつも親にとって重要ではあるが、日々の生活の中でその時その時で大切なものの取捨選択を迫られながら子育てをしているのではないだろうか。当時、ベラの子どもたちは、小学4年生と3年生であったため、勉強についての心配はあまり聞いたことはない。通常、勉強が難しくなるのは小学校高学年になってからで、それまでは日本人の子どもと同じ程度にやっていっているように見える子どもは多い。当時のベラは子どもの学校のことでの悩みというのは特になかったようだ。

それよりも学校での「いじめ」について、外国籍の母親たちの間で話題になることが多いようであった。折しも2010年に群馬県でフィリピン人の母親を持つ女子中学生がいじめを苦に自殺するという悲惨な事件があった。それまで、ベラからニュースの話題について話を持ちかけたことはなかったことから考えると、外国籍の親たちにとってこのニュースはかなり大きな影響を与えていたことがうかがえる。

> T：でも、友達のほうがね、娘がいるけど、高校生行って、いじめにあった。…けど、2年生だけで辞めちゃった。…2年にいじめにあってたんですけど、お母さんとお父さんは知らなかったから。うん、それで学校辞めて、お母さんとお父さん、子ども1人だけの（一人っ子）。
>
> 　何かあったら心配してたから。去年辞めたばかりかな？　去年じゃない。もういっこ（1年）か。19‥　2008年かな？…ねえ、そういうことがあったら、どうしようかな？　先生に言っても先生も何か、だめでしょ？

第2章　日本に住む多文化家庭のバイリンガリズム

T：それで、もう一つ、友達の娘のほうね。娘じゃない、息子。中学生。中
　　学生、何かH中のほうね。うん、今のほうね。2年前ね、入ったの、中学
　　2年生。それで、トイレ掃除しなさいとかね、みんななれるでしょ？トイ
　　レの掃除。1週間何人ぐらいが掃除して……何かね、いじめしてね。なん
　　かトイレに座っているところで、

M：うんうん、便器。

T：便器に頭を

M：入れたの？

T：そうよ、それでその子ね、怖くなって家に帰って、親のほうに言わなかっ
　　たの。でもね、毎日ね、お母さん、平気と思って、うん、安心して、向
　　こうも大きくなったからね。何かね、その時お母さんも仕事いかないよ
　　うになって、弱ってね。それでなんかまた家に帰るじゃん。何か家の中
　　にいたの。なんでとかね。それで、次の日も…でも、お母さん、いつぐ
　　らい休みとか、いつまで学校行くとか、はっきりわからないの。でも、
　　もう行きたくない。それで、お母さんとお父さんのほうからね、と一緒
　　に行って、何回ぐらい行って、それでいじめの人ね、何か顔にばって塗っ
　　たのね。先生も言ったけど、先生も言っても意味なかったって。…それ
　　でね、私のほうがね、もし学校行ったらね、何かあったらちゃんとお母
　　さんに話してねとか、うん。…でもそういう、いじめだけ、怖いよね。

　多文化の子どもに限らず日本の学校において、いじめの問題は根が深い。
多文化の子どもは様々な意味で異質性を持つため、いじめの対象になりやす
く、現に子どもの多くがいじめを経験していると清水（2006）は述べている。
子どもの多くは親には言わないまま、大人になることもあるらしく、いじめ
に対するサバイバルは子どもに委ねられている。
　日本の学校を経験していない外国籍の保護者にとって、その不安は大きい
だろう。いじめに巻き込まれたわが子をどう守るか、日本語が不自由な保護
者に学校や教師に自ら訴えることも大変な困難なため、不安は増すばかりだ。
子どもの立場からすると、外国につながることがいじめの根底にあるとすれ
ば、保護者が学校の場面に登場すること自体を受け入れられないかもしれな

39

い。

　日本の学校は外国人児童生徒を日本の学校文化に適応させるために様々な支援を行っている。しかし、いじめに対する対処法や注意を外国籍の親たちに公に教えてくれる学校も教員もいないのが現状だろう。日本人の子どもと異なる特性を持つ多文化の子どもの親にこそ、いじめに対するガイダンスや支援が必要なのではないだろうか。

家庭の教育力

　志水・清水（2001）は日本に在住するインドシナ系住民の教育方針について、日本の教育を信頼し「学校任せ」な一面があると指摘している。さらにインドシナ3国の中で、ベトナムは最も教育年数が長く識字率も他の国々に比べ47％と高いことから、一般的に教育熱心な傾向があると分析している。ベラの北部出身の夫の例の話にもあるように、この家庭もそのようなベトナムの家庭の特徴を持っているのだろうか。

　ベラとベラの夫の子どもの教育に関して弱点があるとしたら、やはり2人の受けた教育の短さだと考える。2人は共に10代で難民として祖国を離れたため、国にいれば受けられたであろう教育年数を終えられなかった。ベラの場合、13歳で国を出たが難民認定を受け日本で生活できるまでの2年半を大村と品川のセンターで過ごしたため、中学校での就学機会を逃してしまった。

　　　Ｔ：それで、中学校も行けなかった。だから1992年の12月になったら丁度
　　　　　15歳になったから。
　　　Ｍ：これで、15歳か…そっか…。
　　　Ｔ：その時はもう、中学校終わりじゃない？　だから、入れなかった。おば
　　　　　あちゃん（叔母さんのこと）は、面倒してくれなかったから…。

　当時は学年を下げて中学を卒業することもあるいは可能だったかもしれないが、母方の伯父夫婦の養子として難民認定を受けた彼女に将来を考えて就学させることを助言してくれる人は誰もいなかったことがうかがえる。この

第2章　日本に住む多文化家庭のバイリンガリズム

ことについて、ベラはこれ以上語らなかったが、残念な気持ちを推察できる。ベラの夫もタイの難民キャンプで数年過ごしたということから、ベラと同様な経験をしていると思う。

　言語の壁と、国とは異なる教育制度、そして親自身の受けた教育は、家庭が日本生まれの第二世代の子どもたちに十分な教育資源として機能するかどうかに大きな影響を与える。ベラの夫は子どもに甘いと述べたが、日本語しか話さなくなっている子どもを説き伏せる共通の言語がないだけでなく、学歴のない親の立場の弱さがそうさせているのかもしれない。このような親たちの家庭の教育力をサポートするには、親たちに幼児期からの子育てへの助言を与えたり、学校や地域社会が協働して彼らをエンパワーすることが必要だと思う。

4　考　察

　さて、ここまでS市に在住するペルーとベトナムの家庭に焦点を当てて保護者（主として母親）たちのバイリンガル子育ての状況を見てきた。先にも述べたように、どちらの家庭もそれぞれのエスニックグループの中では珍しくないごく一般的な家庭だと思う。

　両家庭とも基本的に家庭内言語は（親の）母語を使用しており、マルチリンガル（母語＋日英）に育てることを望んではいるが、明らかに母語保持の状況は家庭により異なる。パトリシアは、当時は母語のリテラシーは教育しておらず成長とともに受容型バイリンガルになりつつあった。ベラの子どもたちはパトリシアの家庭に比べ、幼児期の母語の発達が阻害されていた可能性があり、すでに親子の会話の大部分は日本語でしか成立しない。

　教育に関する困難は、高校受験が一つの山になるようで、親の関心は年齢とともにバイリンガル教育より学力に重点が移っていくようだ。上の子どもが大きいパトリシアは、高校受験では子どもの成績の解釈や教師の対応の文化的な違いによる誤解がストレスとなったらしい。小学生の子を持つベラは、インタビューの時点では教育上大きな問題には遭遇しておらず、子どもがマルチリンガルになり大学に進学することを漠然と考えている状況だった。し

41

かし、ニューカマーの子どもの超えなければならない学力の壁にぶつかるのも時間の問題だと思う。

　ここであらためて、外国籍の親たちが子育ての場で遭遇する困難について、親の期待と日本の学校が提供できる（しなければならない）こととのギャップについて考えてみる。

日本の学校における「やれている」の意味

　そもそも日本の学校は多文化の子どもの扱いをどう考えているのか。先にも述べたように、これまで、外国人児童生徒の支援は「日本語支援」と「適応指導」を中心に考えられてきた。1990年以来、日本語指導が必要な児童生徒数は毎年更新され、その数によって加配などの措置が取られてきた。日本語が必要とされるか否かの判断は現場の教師に任されており、教室での活動に支障をきたさなくなった時点で「やれている」とみなされ、他の子どもと全く同じように扱われる。

　清水（2006）によれば、日本の学校文化はみんな同じ、「平等」に扱うということが大前提になっているという。しかし、「やれている」とみなされたが最後、自力で乗り切っていかなければならない。学力の低迷に関しては個人の能力や怠慢と考える教師も依然としている。

　パトリシアのインタビューでも、長男の学業成績について公立高校を受験できるレベルに達してないということを彼女が本当に知るのは受験の間際だったことがわかった。それまで教師によって親に言われ続けてきた「大丈夫です」という意味は、学校生活について「やれている」というもので、学力についての見解は含んでいなかったというのだろうか。確かに教師から見れば、パトリシアの長男が日本生まれで一見したところ日本語には問題ないように見え、社交性もあり部活にも精を出し、反社会的行動で問題を起こすこともなく、問題の少ないという意味で「大丈夫」な生徒だったのだろう。

　多言語環境にある子どもの学力は、日本語の会話能力や学校生活で「やれている」かどうかのレベルでのみ判断できないことは理論でも実証されている上、教員ならある程度経験からわかっているはずだ。その部分に関する説明こそ保護者に伝えるべき事柄であり、アドバイスをするべきところなので

はないだろうか。ベラの場合、まだ子どもの学力について厳しい現実と向き合う時は来ていないのかもしれないが、程度の差こそあれ外国籍の保護者への教師の対応は同じような性格を帯びていると考えられる。ベラもインタビューで、教師から子どもの日本語も勉強も心配ないと言われていると答えていたが、日本語力に関する客観的な指標は示されていない。

　さて、もう一つの教育目標である適応指導であるが、外国籍児童生徒の持つ文化的多様性をはぎとり日本の学校教育へ同化を促す過程である（太田2000）と考える研究者もいる。意図的な悪意やネグレクトが存在するか否かは定かではないし、それを追求することは本章の意図するところではない。しかし、一つ確かなことは、バイリンガルという特殊な言語環境に育つ子どもに対してモノリンガルの子どもと全く同じ視点で教育に取り込むこと自体に問題がある。なぜなら、マイノリティに対して公平に接するということは、一見正しい行為のように見えるが、それは決して平等（公正）な結果を生むことはないからだ。

「移動する子ども」の「ことばの力」

　川上（2009b）は、本書で扱う多文化の子どもを、「移動する子ども」という分析概念を用いて説明し、彼らの「ことばの力」の特徴としてその動態性を挙げている。つまり、複数の言語に触れながら成長する子どもや人々の「ことばの力」は、決して静的なものではなく、場面や相手、生活や仕事によって絶えず変化していく。したがって、複数の言語での生活体験が積み重なるとともに、「移動する子ども」の言語意識も時とともに変化していく。その過程は人によって様々であるとしても、子ども自身が主体性を持った営みであるべきで、「自分の中にある複数の言語についての意識と向き合うことは自分自身と向き合うことを意味するようになる」（川上 2012; p. 17）。川上は多言語環境で成長し成人した人々の言語習得と言語能力観の特徴を以下のように分析する。

　　①　子どもは社会的な関係性の中で言語を習得する。
　　②　子どもは主体的な学びの中で言語を習得する。
　　③　複数言語能力及び複数言語使用についての意識は成長過程によって

第1部　子どもの母語とアイデンティティ

変化する。

④　成人するにつれて、複数言語についての意識と向き合うことが自分自身と向き合うことになり、その後の生活設計に影響する。

⑤　ただし、複数言語能力についての不安感は場面に応じて継続的に出現する。

保護者は、基本的には「移動する子ども」と複数言語での生活体験を共有することはできない。親にできることは「移動する子ども」の言語文化環境の土台の部分でいかに関わっていくかということで、あとは「移動する子ども」自身の主体的な営みということになろうか。

ところで、日本で外国人児童生徒に関わる教員は、「移動する子ども」の「ことばの力」をどのように捉えているのだろうか。保護者が本当に求めているのは、モノリンガルの日本人の子どもとは違うわが子の発達をどう支えていくかについての、情報と助言、励ましだろう。日本では教育現場で「移動する子ども」を持った経験が浅いという状況を考慮したとしても、バイリンガル環境にある子どもの言語習得や言語能力観について、教師が保護者に伝えられる知見を持ち長期的視野に立って子どもを導くことができれば、保護者にとっても子どもにとっても一番幸せなことだ。

日本でバイリンガルに育つことの限界

前項では、多言語環境で成長する子どもの言語意識について、その特徴と教育上の配慮について見てきた。多言語・多文化環境に育つ「移動する子ども」がどのようなタイプのバイリンガルに育つかどうかは、最終的には本人の主体性が最も重要であり、バイリンガルの言語意識は生涯にわたり変化していく（Grosjean, 1989）。

バイリンガルの言語意識を作る最初の場面は家庭である。「移動する子ども」の「ことばの力」に対する家庭の役割は依然として大きい。言語文化の多様性が少ない環境でのバイリンガル子育ては家庭の意志に委ねられている（Sato, 2004, Sakamoto, 2006）と言われているが、日本で子育てをする多文化家庭のバイリンガル子育ても、現状では保護者次第ということになる。一方で、幼児期に母語の土台づくりをしたとしても、家庭だけで母語を育てる

ことには限界がある。結局、祖国である年齢まで教育を受けた場合を除いて、日本で加算的バイリンガルを育てることは不可能なのだろうか。

祖国に軸足のある第一世代の場合、子ども世代が母語を失い母文化への帰属意識を持てない減算的バイリンガルに育つことで、親子の絆やコミュニケーションに様々な問題を及ぼすだけでなく、子どもたちのアイデンティティ形成に大きな影響を与える。

インタビューから4年後の子どもたちの様子

パトリシアの長男は現在私立大学に進学し3年生になった。高校時代はサッカー部の主将を務め、大学へは推薦入学で進学した。大学に入ってからは、週に数日はアルバイトをしつつ勉学と仕事の両立を見事にやっているようだ。大学1年生の頃は、時々母と妹が参加する日本語教室にも顔を出していた。高校時代に将来の夢はと聞かれ、多国籍料理の料理人と答えていたが、大学に入った頃は観光学科で学び将来日本語とスペイン語と英語を使って仕事をしたいと言っていた。

パトリシアの長女は現在小学校6年生になり、バレーボールに精を出している。パトリシアは、2009年のインタビュー以来、通信教育を利用して家庭でのスペイン語のリテラシー教育を行っているようだ。この家庭では、親子の間はスペイン語で話すように努力し、子どもたちは母語や母文化に対し概ね肯定的な態度を示しており、少なくとも日本語教室では大学生たちに聞かれて恥ずかしがる様子は全くない。どちらも自己肯定感も強いように見受けられる。パトリシアの希望であったバイリンガル子育てはまだこれからも続くが、子どもたちは親とは異なるハイブリッドなアイデンティティを持つ第二世代に成長していきつつあるように見える。

一方、ベラの長女は現在中学2年生になった。筆者が中学入学当初の4月に会った時、新しい生活に不安と期待を込めている様子がうかがえたが、中学では部活に精を出していた。彼女は高校に進学し大学へも行きたいと自分の進路についての希望を語るまでに成長していた。また英語の塾に行きたいけれど、お金がかかるので行かせてもらえないということも話していた。自分の将来について現実的に考え、そのための手段として塾通いについて親と

第1部　子どもの母語とアイデンティティ

交渉するまでに成長していた。弟の方も中学1年生になったが、最近日本語教室に顔を出さなくなってきた。思春期に近づき彼も成長し変化しつつあるということだろうか。

　長女が中学生に入った頃、高校に進学したいという希望を語る傍で、同じくベトナム人の同級生が「自分は高校へ行かない」と答えたのが印象的だった。あとで聞いたところによれば、その子には年長の兄がおり、高校を中退したそうだ。彼女は高校進学という壁とその向こうにある困難をすでに兄の姿を通して知っているのだろうか。

5　おわりに

　慣れない国での子育ては想像を絶する苦難の連続だ。そんな親たちの試行錯誤の裏で、第二世代の子どもたちは日々確実に成長している。パトリシアとベラもそれぞれ限られた情報の中で必死に子育てを行い、子どものために最善を尽くしている。本章で取り上げた事例は、ペルーとベトナムの二つの家族の個別の事例にすぎず、多文化家庭の状況を一般化することを目的としたものではない。大切なのは個々の家族には家族固有の事情や状況があり、家族の数だけ異なるストーリーが存在するということだろう。そして、多文化家庭のバイリンガリズムは、親にとっても子にとっても生きている限り終わりはない。次章では、同じS市に育つ子どものアイデンティティに焦点を当て、子どもたちが日々の生活の中でどのように自分自身を表現しアイデンティティ交渉を行っているかを分析する。

【注】
(1)　ODP：Orderly Departure Program の略、家族再会を目的とする合法出国計画でベトナム脱出時に離散した家族を呼び寄せることができた。（平成16年3月末終了）

第2章　日本に住む多文化家庭のバイリンガリズム

Column

多文化家庭に育って　その2
―日本での高校進学―

松田デレク

●転校の影響

　日本の公立学校に転入した小学校3年生以来、私は日本で教育を受けてきた。ペルーでは規律と勉強の厳しい私立の学校に通っていたが、日本では高校までは公立、大学と大学院は私立に通っている。小学校と中学校時代、父親の仕事の関係で2度引っ越し転校した。2度目の引っ越しは中学校3年生の2学期の終わり頃だった。たぶん普通の日本人の家庭なら、受験を2か月後に控えた時期に市外へ転校することはまずないのだろうと思うが、両親が日本の受験事情をよくわかってなかったために引っ越しをしてしまった。

●高校受験

　新しく転校した中学校では、教科書だけでなく学習範囲も前の中学校とは異なっていた。その上、受験に必要とされる内申点も前の中学校の点数が100パーセント反映されることはなかった。受験にはとても不利な状態だと担任の先生に言われ、目の前が真っ暗になった。だが、不思議とこの時は引っ越しをした事で両親を恨む事はなく、ひたすらどこかに進学しなければ行く場所がないと焦って勉強に励んだ。私の影響で今まで受験モードになかなか入れなかった学級の雰囲気がかわり、放課後や休み時間に教室で受験勉強をする生徒が増えたと担任の先生が教えてくれた。結局、新しくできた公立校で比較的進学率のいい高校を勧められ受験した。内申点は前の中学校よりも低かったので、当日の試験に賭けることにした。

　入学試験の際には、各教科10分間の延長を申請し、外国人の生徒への優遇措置を受けた。その頃の私は日本語が理解できないということはなかったが、せっかくのメリットなので使うことにした。結局、時間は余ったが、そのおかげで気が済むまで見直しもでき、無事合格できた。合格できた時は知り合ってから2、3か月しか経ってない中学校の先生方に感謝の気持ちでいっぱいだった。また外国人の僕でも頑張れば、行きたい高校に行けるのだという自信も湧いてきた。

●将来の夢

　高校受験を機に、私は勉強が好きなのだと気づくことができた。また自分は誰よりも頑張らなければならないという事を知った。周りの日本人の友達

第1部 子どもの母語とアイデンティティ

が80％頑張っているのであれば、私は120％頑張らなければ彼らと同じ土台には立てないということを痛感した。高校では、国際公務員を目指し特に英語の習得に専念した。英語の担当の先生はとても厳しく、課題も多く大変だったが、おかげでゼロに等しかった英語力は伸び続け、英語を武器に大学受験に挑めた。日本の大学には、様々な入学試験の種類があって、自分にあった試験を選ぶことができ、自分の「強み」を活かすチャンスを与えてくれる。第一志望校に合格することができた時は、ようやく夢へ一歩近づいた気がした。

第3章

子どものアイデンティティ交渉

カルタビアーノ宮本百合子

要　旨

　本章では前章で述べられた神奈川県Ｓ市近隣に育つ子どものアイデンティティに焦点を当て、子どもたちが日々の生活の中でどのように自分自身を表現しアイデンティティ交渉を行っているかを理解することを目的とする。本章のペルー、ベトナム、カンボジアにつながる子どもたちは必要に応じて家庭の言語を使用し、多様なアイデンティティを表現している。しかし、場合によっては他者に自分がイメージする自己像とは違った位置づけをされ、言葉を使ってアイデンティティを交渉しなくてはいけなくなる。それは心の葛藤ともなりうるが、子どもたちは社会との関わりの中で言語を使用しアイデンティティを交渉することを学んでいる。本章では子どもたちのアイデンティティが時とともに変化し形成されていく過程を考察する。

キーワード◆アイデンティティ交渉、多言語多文化アイデンティティ、
　　　　　　位置づけ

第1部　子どもの母語とアイデンティティ

はじめに

　今まで単一民族の国だと考えられてきた日本に外国の人々が急速に増えて
きた。しかし、外国の人々が増えた結果、日本は多民族国家になったと言え
るだろうか？　まずは、筆者の現在と過去の経験を紹介し、人々のイデオロ
ギーが作り上げる国のイメージや言葉の使用と選択について考察したい。

1　多民族化が進む日本

(1)　多民族国家「ニッポン」

　「ここは一体どこだろうか」。子どもと勉強した後で、カンボジア料理でいっ
ぱいのテーブルを囲んで床の上に座っていた。新鮮なもやし、きゅうり、長
ネギ、ミント、赤いカレーソースがかかった麺、においのきつい焼き魚とすっ
ぱい漬物、野菜炒め……。テレビでは、カンボジアのカラオケ音楽に合わせ
てたくさんの若者が踊っていた。壁には、アンコールワットの写真やカンボ
ジアの田舎の畑の絵がかかっていた。食事中の会話は、全てカンボジア語で
行われていた。前の日には、ペルーのグリルチキンがのっている食卓に座っ
ていた。そのチキンは、ベランダに置いてある父親が作ったグリルで焼かれ
たものだった。黄色くてガムのような味がするペルーのソーダ「インカコー
ラ」が出された。少ししょっぱいチキンを食べ風邪薬のようなインカコーラ
を飲んでいると、父親がスペイン語でペルーの歴史を語り始めた。その前の
日には、別の子どものアパートへ向かって歩いていた。そのアパートの前に
は、日本語を含む5言語で書かれた掲示板が置かれていた。アパートに着く
と、3人のベトナムの子どもが待っていた。皆で床の上に座り小さいテーブ
ルを囲み、薄切りの肉と麺が入ったベトナムのスープ「フォー」を食べた。
子どもはフォーを作ってくれたおばさんとベトナム語で話していた。

　「ここは一体どこだろうか」。現在どこにいるのか全くわからない感覚に
なっていた。こんなに短い間に、これだけ多様な文化を経験したのは初めて
だった。ここは、大都会東京の近隣の町だった。

50

第3章　子どものアイデンティティ交渉

(2)　単一民族国家「ニッポン」

　「ここは数十年前の日本と同じ場所だろうか」。数十年前、中学の英語の授業のことだった。日本語と英語のバイリンガルの帰国子女にとって英語の授業はいやな時間だった。英語ができることを友達や英語が話せない英語の先生から隠さなくてはいけなかったからだ。クラスにはもう一人帰国子女の男子生徒がいたが、周りの生徒とは行動も見かけも少し違いクラスになじめず避けられていた。他の生徒と比べると、彼の髪の毛は茶色っぽく肌の色は白かった。その日、英語の先生から前の日にあった試験が返された。周りの生徒に気づかれないように、その男子生徒とどちらの方がいい点が取れたか見比べるのが習慣となっていた。2人とも海外生活で英語を習得して会話力があるにもかかわらず、日本の英文法を知らなかったため決して満点が取れなかった。試験が返される時以外は、友達に嫌われたりいじめられたりするのが怖くてなるべくこの男子生徒に関わらないようにしていた。集団思考で調和を重視する社会では、個性は軽視され出る杭は打たれてしまう。数十年前の日本は、帰国子女のように多様性を持つ子どもは単一民族意識の強い社会に合わせてその多様性を隠さなくてはならなかった。

(3)　多民族国家？　単一民族国家？

　帰国子女が社会に受け入れられなかったあの頃から数十年が過ぎた現在、外国からの人々が急速に増加し、表面的には日本は多民族社会に変容したようにも見える。電車に乗れば隣に座っているのが外国からの人々であったり、近所のお隣さんが外国からの家庭であることはもう珍しいことではない。しかし、外国からの人々をそのまま自分たちと同等に受け入れられるかどうかは完全に別問題だ。外国からの人々の中には、職場で平等に扱ってもらえるように国籍を日本に変え日本名を使用する人々がいる。子どもたちの中には、学校でうまくやっていくために急に家庭の言語を忘れ日本語を習得する子がいる。日本は単一民族国家であるというイデオロギーにしがみつき続けるのか、あるいは多民族国家として将来の展望が持てるのか、今その狭間に立たされている。

　しかし、日本が多民族国家であるという事実はそう簡単に受け入れられる

51

第1部　子どもの母語とアイデンティティ

ものではない。日本という国家は、海外の人々にも単一言語を話す単一民族の国だとみなされ論じられてきた。日本語は標準化され、日本文化は一つの形を成し独特であるように思われてきた。1940年代後半から1970年代にかけて、多くの日本と欧米の学者たちは「日本人」の独自性を記述しようと試み、その学問は「日本人論」として知られるようになった（土居 1971, Benedict, 1946/1989, Reischauer, 1977）。この「独特な日本人の国家、日本」というイメージは、多くの外国の人々が日本に移住し学者たちが日本の多民族化を論じ始めた今になっても、まだなくならない。日本の多民族化を理解しその意識を高めるためには、全体像しかわからない統計や聞き取り調査だけではなく定住を目的として日本に来た個人に焦点を当てる必要があるのだ。

　本章ではペルー、ベトナム、カンボジアの多文化を持つ日本生まれの子どもたち個人に焦点を当てる。この子どもたちは、南米からの日系人（ペルー）とインドシナ難民（ベトナムとカンボジア）の親を持ち、定住者として日本で生活している。外国から来た親を持つ日本生まれの子どもたちは、日常生活の中で多言語を使用し多文化アイデンティティを表現することができているのだろうか。本章では、日本の社会生活の中で子どもたちが他人と接し交渉することによってどのように言語とアイデンティティが発達していくのか見ていく。この子どもたちの物語は、筆者が日本語や教科学習の家庭教師ボランティアとして子どもたちと接した日常生活の中で観察された視点から書かれる。

　子どもたちの物語を始める前に、多文化多言語環境にある子どもの形容の仕方について触れておきたい。言葉の使用と選択は人々の言語態度やイデオロギーと深い関係がある。日本は単一民族であるという意識が長い間存在したためか、日本語には多言語多文化アイデンティティを持つ子どもたちを表現する言葉がない。これほど外国の人々が急増し多民族化が進んだ現在でも、適当な言葉が見当たらない。そこで、本章を書くに当たり言葉を捜す必要があった。

(4) 子どもたちの多言語

　第2章では親の観点から見て子どもたちは「バイリンガル」と呼ばれていたが、本章では「バイリンガル」とは呼ばない。子どもたちは公立小学校で英語を勉強し始め、将来「マルチリンガル」になることも可能だ。2011年より小学校5年生からの英語教育が義務化され、英語は日本においても国際語としての地位を確立したと言える。このことを受け、日本の教育者の中には日本語と英語に加え二つ目の外国語を身につけることを奨励する者もいる。本章の子どもたちも同じように、英語を第三言語として身につけようと頑張っている。ゆえに、この子どもたちは「バイリンガル」ではなく「マルチリンガル」なのだ。

(5) 子どもたちの多文化

　外国から来日し定住している家族とそのマルチリンガルの子どもたちは、欧米社会であれば「移民」と呼ばれる。しかし、日本では「移民」という言葉は使われない（大野 2008, Moorehead 2011）。その代わりに「外国人」という言葉が一般的に使われている。メディアでは「外国人労働者」という言葉がよく聞かれる。これは日本で働いている「外国人労働者」は必ずしも「定住者」ではないからであり、「移民」という言葉は非常にあいまいな意味を含んでいるからである。「移民」としてどのぐらい「定住」すればいいのかという定義など存在しないからだ。これらの言葉の選択から、「外国人」を日本の定住者としてみなさず「外のもの」としてみなす日本人の排他的な態度と、日本を単一民族国家として保とうとするイデオロギーがうかがわれる。そして「外国籍児童」という呼び方にはその意識が見え隠れするだけでなく、子どもによってはあてはまらないという問題がある。家族によっては日本国籍を取得しているからだ。本章では、外国から来た親を持つ子どもたちのことを国籍とは関係なしに「多文化を持つ（multicultural）子どもたち」と呼ぶ。ゆえに、本章の子どもたちは多言語（multilingual）多文化のアイデンティティを持つ子どもたちである。

第1部　子どもの母語とアイデンティティ

2　多文化を持つ子どもたちの言語とアイデンティティ

（1）　言語とアイデンティティを考察する意義

　では、日本の社会や学校での多言語多民族化を図るために、なぜ子どもたちの言語とアイデンティティの問題を考察するのか。それは、日本で生まれ育ち日本に定住する可能性が高い本章の子どもたちの経験を通して、多文化を持つ人々がどのように日本人と共生することができるのか理解するためだ。多文化を持つ子どもたちはどうすれば自分たちの言語とアイデンティティを捨てずに日本人と共生することができるのだろうか。この問題について考えることは、多くの人々にとって有益なことだ。多文化を持つ子どもたちとその家族自身だけでなく、日本の社会、さらには今まで差別されてきたマイノリティの人々にとっても役に立つことだ。

　まず、多文化を持つ子どもたちは、将来グローバル市民として社会で活躍できる可能性を秘めている。子どもたちの言語とアイデンティティがどのように発達すれば将来社会で活躍できるのか、親も子どもも知っておくべきだ。欧米の文献によると、一世の移民は現地語を身につけるのが難しく、二世の移民はバイリンガルになり、三世になると家庭の言語を失ってしまう（Hakuta, 1986, Hoffman, 1991/1998）。もしそれが日本の多文化を持つ子どもたちにもあてはまるとすると、次世代に自分の言語と文化を継承できるかどうかは、二世の子どもたちにかかっている。しかしながら、時として日本の教育者たちは、子どもたちが日本の学校に適応できるようにと力を入れすぎるあまり、日本語の指導が一番いい唯一の解決方法だと考えてしまう。必ずしも全ての教育者が意図する結果ではないだろうが、例えば多くの子どもたちが日本の社会に同化して、単一言語を話し単一文化を持ち成長したとしよう。この子どもたちは学校で他の日本人生徒と全く同じように行動するだろう。しかし、内面では社会で価値がない言語を話す家族と会話ができなくなることによりアイデンティティの葛藤を経験する（中島 2001）。そうすると、日本の社会は世代を超えて会話もできず機能できない家庭が続出するだけでなく、今のグローバルな世の中に最も必要とされる多言語の資源を失うことに

なる。

　そうならないように、多文化を持つ子どもたちが日本でどの程度家庭の言語を使用しどのようなアイデンティティを形成しているのか把握しておくことは、日本の社会にとっても有益なことなのだ。子どもたちの多言語を大切にすれば、子どもたちは多言語を話す市民として成長し日本を多文化国家に変容してくれるだろう。そして、多文化を持つ子どもたちの存在と言語を認めることにより、日本の若い世代の人々が「国際語」としての英語以外の多言語を学ぶことに興味を持つようになるだろう。若者にとって、多文化を持つ子どもと友達になりその家族と交流する機会はこの日本で体験できるすばらしい多文化経験となる。そうすれば、日本は単一民族の国家ではなく本当の意味での多文化社会の達成に向けて前進することができるだろう。

　最後に、多文化を持つ子どもたちの言語とアイデンティティを理解することにより、今まで共存してきた、主流の日本人とは違う背景を持つマイノリティの人々に対する意識を高めることができる。日本の学校への「ニューカマー」の到来は、言語と文化保持によって民族アイデンティティを守っている「オールドカマー」の在日韓国人の教育を再考するきっかけとなった。同じように、多文化を持つ子どもたちの文化を認める意識を育てれば、今まで目に見えない存在だった文化的背景が異なる同級生に対する理解を促すことができるだろう。特に、異なる多文化を持つ子どもたちの経験は、海外生活の後で日本人とは違う文化的背景を持ち日本人の学生たちに否定的に見られがちな帰国子女の社会問題に対する示唆を与えてくれる。さらには、1950年代より社会問題化した不登校や登校拒否の日本人の子どもたちも、多文化を持つ子どもたちの学校での経験から学べることがあるだろう。日本人の子どもでも一人ひとりが異なり多文化を持っていて、その個性を無視したり消したりするべきではないことを、日本の学校は認める時が来ている（佐久間2006）。

(2)　「日本人」の再定義

　このように、多文化を持つ子どもたちの言語とアイデンティティに着目することは日本が単一民族国家だというイデオロギーを問い直すきっかけとな

第1部　子どもの母語とアイデンティティ

る。この多民族化が進んでいる社会では「日本人」というのは必ずしも日本で生まれ、日本人の血を引き継ぎ、日本国籍を所有しているとは限らず、多文化を持つ日本生まれの子どもたちに非日本人の「外国人」というレッテルを貼ることはもうこれ以上できない。だとすると、今までの「日本人」であるための条件は変容を続ける今の社会には厳しすぎ、現在と将来の新しい市民のためにもっと緩め定義しなおす必要がある（Morita, 2002）。その再定義とともに、欧米の社会で一般的に使われている、日系アメリカ人や日系ペルー人というような、子どもたちの多様な背景を表現する適当な用語の必要性が見えてくる。

　まとめると、多文化を持つ子どもたちの言語とアイデンティティを理解すれば日本の学校や社会に参加する異なる民族や文化を持つ人々の多様性を育てる大切さがわかってくる。そして、子どもたちの経験は、日本の将来の多民族国家像を映し出してくれる。だからこそ今、多文化を持つ子どもたち個人の日常生活に焦点を当て、子どもたちをあるがままに日本の社会に受け入れ、子どもたちが日本を多民族国家に変容できるように実践的な提案をしたい。

3　アイデンティティ研究の方法と先行研究

(1)　アイデンティティに関する先行研究

　「アイデンティティ」という概念の発達と言葉の使用には長い歴史があり、定義一つを取っても「問題視」されてきた（Lin, 2008）。本章では「アイデンティティ」とは「ある社会で特定の時間と場所において個人や団体が自己を名づけたり、特徴づけたり、社会的な位置づけ（positioning）をしようとする時に与えられる社会的、対話的、談話的選択肢」（Pavlenko & Blackledge, 2004b）であるがゆえに、言語使用の中で社会的に形成され心の葛藤となり変化しうるもの（Weedon, 1987）として捉える。しかしながら、言語とアイデンティティの初期の研究では必ずしもアイデンティティをそのように流動的なものとして捉えていたわけではなかった。第5章でも述べられているポスト構造主義的アプローチの研究が多く行われる前は、社会的なア

第3章　子どものアイデンティティ交渉

イデンティティとはある団体に対する帰属意識で、固定されたものとしてみなされることが多かった。しかし、このような固定的な見方では、様々な団体内での多様性を説明することはできなかった。それで、アイデンティティは固定化されたものではなく、流動的で対話一つ一つの中で形成されるものとして捉えられるようになった（Blackledge & Pavlenko, 2001, Gumperz, 1982, Le Page & Tabouret-Keller, 1985, Pavlenko & Blackledge, 2004b, Weedon, 1987）。そして、近年では第二言語習得の過程におけるアイデンティティをエスノグラフィー的[1]、社会言語学的方法論を用いて考察するようになった（Atkinson, 2007, Bayley & Schecter, 2003, Haneda, 2005, Menard-Warwick, 2005, 2008, 2009, Norton, 1993, 1995, Ochs, 1993, Ogulnick, 1998, Siegal, 1996）。これらの欧米の研究は、個人がアイデンティティを形成するために言語がどのように使用されているのか、そしてアイデンティティがどのように第二言語の習得と学習に影響を与えているのか考察している。

　日本関係のアイデンティティ研究でも、アイデンティティはバイリンガルの言語使用に多大な影響を与えるがゆえに、第二言語発達と第一言語保持にも影響を与えると主張されている。桶谷（1999）は、子どもの時にカナダに移住した20歳と30歳代の日本人に聞き取り調査を行った。聞き取り調査の参加者は四つのバイリンガルのタイプに分類された。アディティブ（加算的）バイリンガル、英語の方が得意なバイリンガル、日本語の方が得意なバイリンガルと、どちらもできないダブルリミテッド・バイリンガルだ。聞き取り調査の結果、加算的バイリンガルと日本語の方が得意なバイリンガルの方が他のタイプのバイリンガルより日本人であるという意識、あるいは日本に対する帰属意識が強く、バイリンガルのタイプによりアイデンティティが違うということがわかった。日本に対する帰属意識が強いバイリンガルは、英語力が低い代わりに高い日本語力を保持していた者もいた。先行研究で主張されてきた第二言語習得とアイデンティティの関係が示されたわけだ。しかしながら、この研究では「アイデンティティ」は自己の信念と態度と定義され、対話の中で形成されるものとしてはみなされていない。

　ロング（1998）も移民がどのように現地語を習得し、次世代がどのように祖国の言語を保持するかはアイデンティティと深い関係があると主張してい

57

第1部　子どもの母語とアイデンティティ

る。自分の祖国の言語を話すことは単にその言語を選ぶ行為であるだけでなく、自分のアイデンティティを表す方法でもある。特に、日本で生活するアジア出身の人々の場合は、話者がアイデンティティを表さなかったら日本人だと見間違われることもあるだろう。ゆえに、言語選択・使用は個人の民族的帰属意識とアイデンティティの大切な表示だと考えられる。そして、ロングはアイデンティティというものは話者が特定の社会的な環境で形成させるものだと主張している。しかし、そのアイデンティティは自己を通して形成されるものだと考えている。このように、日本に関する主なアイデンティティ研究では、アイデンティティとは自己イメージの形成だと考えられてきた。

　前述の先行研究と同じように、宮田（1995）は「ナショナル・アイデンティティ」を「個人が自らが生きている国家・社会システムと自分をどのような関係において捉えるかを示す自己意識」と定義し、中国残留婦人の家族が中国人としてのアイデンティティと自己の新しい日本人としてのアイデンティティをどのようにバランスさせているのか考察し、第二言語としての日本語教育にどのように生かせるか論じている。この研究では、聞き取り調査を通して参加者たちにとって日本人としての新しいアイデンティティを形成するのが難しく、日本と中国のナショナル・アイデンティティをバランスさせることに心の葛藤を感じていることがわかった。日本で永住し、日本語を習得し、日本国籍を取得したいとは思っていても、二つの言語と二つの文化を保持する者として生活したいとも思っている。宮田は、このような個人のアイデンティティと言語の問題は短い期間で解決しようとするのではなく、長い期間をかけて解決していくべきだと主張している。アイデンティティの問題をさらに深く理解するためには、研究方法も同じように長期的な方法を用いなくてはならない。

　教室での対話の研究では長期的観察方法を用いて社会的アイデンティティを考察したものもある。嶋津（2003）はOchs（1993）の社会的アイデンティティの構築（social identity construction）の概念を用い、日本語の教室での教師と学生たちの談話を収集しアイデンティティの形成を考察した。一学期分の日本語の授業のデータから、学生たちは教室で「教師」や「学習者」のアイデンティティだけでなく他の役割も積極的に演じ、多様性に満ちてい

第3章　子どものアイデンティティ交渉

たことがわかった。場合によっては、学生たちは普段の教室活動の中で期待されないところで教師に対して返事をしたり発話をしたりして自ら自己の発話の機会を積極的につかみ「話者」としての役割を演じている。そういう意味で、嶋津の「アイデンティティ」の概念は今までの研究者の「自己イメージ」であるという主観的な見方とは違う。嶋津は Ochs と同じように「アイデンティティ」というものは社会的な談話の中で形成されるものだと理解している。

　日本での研究でもう一つアイデンティティを対話と関連づけて論じているものは、Siegal（1996）によって書かれたものだ。Siegal は、学習者が日本語の社会学的言語能力を習得するにあたりアイデンティティがどのような役割を果たしているのか考察した。この研究の参加者は、日本で現地語を習い、勉強し、使用している 40 歳代半ばの「白人」のキャリアを持った女性だ。「メアリー」と教授との間の会話のデータを見ると、「メアリー」は教授に対して丁寧に接したいという気持ちに適したイメージを表そうとするが、「でしょう」という表現を不適切に使ってしまい自己の意図とは反したイメージを表してしまったことがわかった。しかしながら、その語用論的な間違いは教授からするとそれほど大きな失敗だとは受けとめられなかった。この結果から、Siegal は学習者がその言語が使われている社会でどのように位置づけられているのかと、個人のアイデンティティを対話の相手と共に形作るために言語がどのように使われているのか理解することの両方の知識である「クリティカル文化的リテラシー（critical cultural literacy）」（Kramsch, 1993）を身につけることの大切さを訴えている。Siegel はアイデンティティを論じる時に主観（subjectivity）という言葉も使い、アイデンティティとは個人の意識的、あるいは無意識な考えや気持ち、自己のあり方や自己の世界との関わりに対する理解の仕方であるという Weedon（1987）の定義を引用している（アイデンティティの用語の議論に関しては Menard-Warwick, 2005 を参照）。

　同じように「アイデンティティの交渉」理論（Blackledge & Pavlenko, 2001, Pavlenko & Blackledge, 2004b）でも、アイデンティティを言語的、社会的な対話の中で形成される流動的なものとして捉え、第 5 章でも述べられているように、位置づけの際の権力関係に焦点が当てられている。特に多

59

第1部　子どもの母語とアイデンティティ

言語社会では、ある個人や団体は単一化を強いる主流の言語イデオロギーに対する反発としてアイデンティティを（再）交渉すると言う。それは、他人の言動によって個人が自ら選んだアイデンティティではなく別の位置づけをされてしまう場合に起こる。「ポジショニング理論」（Davies & Harré, 1990）では、この現象を相手と共同で作成する会話の中で観察的な参加者として個人が位置づけられる対話的な過程と説明している。その位置づけには「自己イメージのアイデンティティ」を表すリフレクシブ・ポジショニング（reflexive positioning）と「他者による位置づけのアイデンティティ」を意味するインターアクティブ・ポジショニング（interactive positioning）があり、個人は自分が選んだアイデンティティを表現し他者が別の位置づけをしようとするのを拒むことにより、アイデンティティを交渉する。さらには、これらのアイデンティティはどれも固定化されたものではなく、人々は常に自己と他者を位置づける過程にある。その過程において、多言語社会では特に言語が重要な役割を果たしていると考えられる。「アイデンティティの交渉」理論では、「ポジショニング理論」の枠組みを導入しアイデンティティを三つのタイプに分類している。「強いられるアイデンティティ」は特定の時と場所において交渉不可能なもので、「期待通りのアイデンティティ」は受け入れられ交渉する必要がないもので、「交渉されるアイデンティティ」は個人や団体によって否定されるものだ。この章では、アイデンティティとは談話や対話を通して交渉される位置づけであるがゆえに（Blackledge & Pavlenko, 2001, Pavlenko & Blackledge, 2004b, Davies & Harré, 1990）、多様であり、葛藤の場であり、時とともに変わるものとする（Norton, 1993, 1995, Weedon, 1987）。そして、子どもたちは言語を通してアイデンティティを交渉し、再構築し、社会の一員になることを学ぶものとする（「言語の社会化理論」Bayley & Schecter, 2003）。

　近年、第二言語習得の研究分野において、今まで以上に学習者のアイデンティティに注目が集められているのは、上記のようにアイデンティティは言語発達、言語使用に深く関わると言われ、日本もその例外ではないからだ。外国につながる子どもたちに関して言えば、日本は、一般的に単一言語、単一文化とみなされる国であるため、多言語話者である子どもたちのことばの

第3章 子どものアイデンティティ交渉

発達とアイデンティティの問題が生じやすいことはもうすでに指摘されている（Kanno 2004, 中島 2001, 太田 2000）。学齢期の子どもは、日本の学校に適応するにつれて日本化し、母語も日本語に置換される。親が日本語が不得手な場合は、親子のコミュニケーションに支障をきたすことも報告されている。特に、子どもの母語が社会的に劣勢とされる言語の場合には、子どもは母文化を恥じ、自分のアイデンティティに苦しむという望ましくない状況が予想される（中島 2001）。極端な場合には、外国につながる子どもが「外国人」であるということを否定し、日本人であると主張するようなことも観察されている（太田 2000）。つまり、子どもは「外国人」という他者による位置づけ（インターアクティブ・ポジショニング）を拒み、「日本人」という自己イメージ（リフレクシブ・ポジショニング）を形成しようと試みるのである。このような場合、子どもは外国につながりを持つ自己に対する誇りを喪失してしまっている。アイデンティティは時とともに変わるので、たとえ低学年で自己の言語と文化に対するプライドを示していても、高学年になると単一民族的な日本人のアイデンティティに引かれてしまうことも指摘されている（Kanno 2004）。第5章の台湾人の父と日本人の母を持つ「妙さん」も小学校6年生で日本に帰国したときにはすぐに中国語を封印してしまう。しかし、「妙さん」は社会の中で「アイデンティティ交渉」をしながら大人になり、中国語に「投資」することによって生きていく力を得た。このような事例からも分かるように、アイデンティティの課題は子どもたちの言語の力、さらには生きる力の育成の鍵を握っていると言える。だからこそ、外国につながる子どもたちの健全な成長と言語発達のためには、まずはアイデンティティの課題を最も重要なテーマとして教育を実践していく必要があるのだ（川上 2010b）。

(2)　S市の子どもたちのアイデンティティ

　本章では、神奈川県S市近隣の多文化を持つ子どもたちの言語とアイデンティティがどのように形成されているかを観察し、考察する。S市近隣に在住の多文化を持つ子どもたちのアイデンティティをエスノグラフィー的方法論（Watson-Gegeo, 1988）を用い、筆者がJ大学の家庭教師ボランティアと

61

第1部　子どもの母語とアイデンティティ

して長期的に子どもたちの家庭を訪問し、日本語や教科学習の支援をしながら調査した。エスノグラフィーの技法とは、一個人をグループの代表とみなし、マクロレベルの社会で起こっているミクロレベルの一個人の言動に焦点を当て、現存する理論にあてはまらない現象にも目を向けるというものである。以下は、収集したデータの一覧である。

- 家庭教師ボランティア活動記録（筆者の観察記録、録音、学生ボランティアの活動記録）
- プログラム関係者へのインタビュー
- 学生ボランティアへのインタビューとアンケート調査
- 子どもの学校訪問と先生へのインタビュー
- 子どもと家族へのインタビュー
- その他、関連書類

　これらの多様なデータの中から、本章では家庭教師ボランティア活動記録、特に筆者が観察し記録したフィールドノートと録音のデータを「アイデンティティ交渉」、「ポジショニング理論」と「言語の社会化理論」の枠組みを用い、談話を考察する。必要に応じて、子どもと家族へのインタビューと学校の先生へのインタビューの録音内容を紹介する。活動は 2007 年から 2008 年まで各家庭に週 1 回、1 時間から 3 時間ほどの支援で、子どものことばの使用やアイデンティティの観察記録が取られた。2009 年から 2011 年の夏休みと冬休みには、デジタルレコーダーとデジタルカメラを使用し各家庭の活動が録音された。

4　日系ペルー人のR君のケース

　R君は日本生まれの小学校 1 年生で、日系の父親は 1989 年に、母親は姉（当時 2 歳）と共に 1991 年にペルーから渡日した。家庭ではスペイン語と日本語が使用され、両親と姉（スペイン語保持）はR君にスペイン語と日本語で話しかける。それに対してR君は日本語で応答することが多く、筆者はR君がスペイン語を話したのを聞いたことは数える程しかない。本人によると日本語の方がスペイン語よりも得意で、スペイン語は「話したいけど話せない」

第3章　子どものアイデンティティ交渉

（2008年3月29日インタビューより）。

（1）　僕はペルー人
　まずは、R君のスペイン語に対する態度をよく表している記録を紹介したい。

　　その日は、家庭教師ボランティア3人（Kさん、Mさん、筆者）で訪問した。勉強の最後に、お母さんも一緒に皆でひらがなカルタをした。R君はカルタが大好きだった。カルタを取り終わった後で、皆一緒に数えた。「1、2、3……。じゃ、次はスペイン語で！」Kさんが R君にスペイン語で数えるように促した。「Uno, dos, tres…」、R君はゆっくりお母さんに助けられながら10まで数えた。「これ、先生の宿題ね」。Kさんは、スペイン語の数え方を覚えてくると約束した。せっかくのKさんの提案にR君は「だっせー！」。優しいKさんは「じゃ、今度はもっとかっこいい宿題考えてくる」。Mさんも、次回「UNO」（スペイン語の「1」）というカードゲームを持ってくると約束して帰った。

　　　　　　　　　　　　　　　（2007年10月2日フィールドノートより）

　　次の週も、3人で訪問した。いつも通り勉強した後で帰ろうとすると、R君とお母さんは私たちの「宿題」を忘れてはいなかった。ところが、KさんとMさんはそのことをすっかり忘れていて、Mさんは「UNO」を持ってくることも覚えていなかった。筆者はひそかに練習しておいたので、「覚えているかもしれない」と言って1から数え始めた。「Uno, dos, tres…」お母さんに助けられながら数えたが、R君は手伝ってはくれなかった。「9って何？」という筆者の意図的な質問に「僕、わかんないよ」と答えただけだった。もうそのころには、R君の注意は遊び始めていたDSに向けられていて、目を合わせてもくれなかった。

　　　　　　　　　　　　　　　（2007年10月9日フィールドノートより）

　最初の日は、R君は「スペイン語を話す話者」というインターアクティブ

63

第1部　子どもの母語とアイデンティティ

な位置づけを拒まずに演じている。しかし、Kさんがスペイン語の数え方を
覚えてくるという宿題を彼は「ださい」宿題だと見下した。R君の漢字の宿
題に比べたら、スペイン語の数え方を覚えるというのは、取るに足らないこ
とだと思ったのだろうか。それとも、スペイン語を覚えること自体が「ださ
い」ことなのだろうか。いずれにしても、「スペイン語の数え方を覚えるこ
とはかっこいいことではない」という彼の態度がよく現れている一言である。
次回になると、最初の日のようにインターアクティブな位置づけをすんなり
と表現してはくれなかった。「9って（スペイン語で）何？」という助け舟
を求める声に「スペイン語がわからない」というリフレクシブな自己を演じ
てしまった。あるいは、そうすることしかできなかったのかもしれない。

　上記のように、R君が家庭教師の前で「スペイン語を話す話者」を演じられ
た機会は彼の多言語アイデンティティの形成によい影響を与えられたこと
が予想される。特に、学校では「（スペイン語を話すのを聞いたことが）な
いです。……恥ずかしがって、皆の前では絶対しゃべらないです」（2008年
3月3日インタビューより）という先生の観察からもわかるように、そのよ
うな機会がないのである。小学校に通い始めて1年もたたないうちに、家庭
の言語に対する恥じらいを感じるようになってしまっている。以下は「R君
は何人？」という多文化を持つ子どもに対する質問に始まったインタビュー
の一部である。

　　　R　：ペルー人。
　　　筆者：ペルー人ね。ふーん。あのー、R君いまペルー人だけど。
　　　R　：うん。
　　　筆者：将来は、どうなる？
　　　R　：将来って？
　　　筆者：これから。
　　　姉　：この先。
　　　筆者：うん。
　　　姉　：これから、R君は日本人になりたいの、ペルー人になりたいのって。

第3章　子どものアイデンティティ交渉

R　：んー、ペルー人になりたい。

姉　：ペルー人？　へー（笑）。

筆者：R君は、ずっとペルー人でいたいんだ。

R　：うん。

筆者：ふーん。で。

父　：本当ですか？

R　：うん（笑）。

筆者：今は、そういう気持ちなのね？

R　：うん。

（2008年3月29日インタビューより）

　「何人？」という質問に、しっかりと「ペルー人」と答えるR君。将来も
ペルー人でいたいという彼の返事に対し、日本に強い帰属性を持ち将来は日
本国籍をと考えている姉はびっくりした様子。R君にも同じように日本国籍
をと思っている父親も「本当ですか？」と問いただす。このようなインター
アクティブな位置づけに抵抗し、「将来もペルー人」という自己イメージを
主張するR君。この会話が学校で他の人と行われたとしたら、R君は自分で
イメージするアイデンティティを交渉できるであろうか。

(2)　僕は日本人

　そのR君がある日、自分は「日本人と思っている」と言った。

筆者：前、ペルー人だって言ってなかった？

R　：日本人って言ってたよ。

筆者：あ、前から自分は日本人だと思ってたんだ。ふーん。

R　：だって、日本に生まれたから日本人だもん。

筆者：そっか、日本で生まれたから？　へー。でも。

R　：うん。それを言わなかったら俺ペルー人だと思ってたよ。

筆者：あー誰が言ったの、それ？

R　：それ？　ママに。

第1部　子どもの母語とアイデンティティ

　　筆者：あ、ママにそう言われたんだ。へー。何て？

　　R　：ん？あなたは日本人に生まれたよって、日本に。で、そっから僕じゃ
　　　　　日本人に生まれたんだって思って、そっから日本人、お友達に日本で
　　　　　生まれたんだって言ったら、じゃ日本人だねって言われた。

　　　　　　　　　　　　　　　　　　　（2008年10月13日インタビューより）

　実は、R君は同年の春には自分は「ペルー人」だと言っていた。しかし、
ここでは前から「日本人って言ってた」と主張する。しかし、すぐに母親に
自分が「日本生まれ」だと言われるまで、「俺ペルー人だと思ってた」と認
める。「日本で生まれた」ことは、彼にとっては目からうろこが落ちるよう
な「事実」であり、筆者（研究者）の問いに対する「答え」というよりも、
自分の本当の気持ちを筆者（家庭教師）に語ったと考えられる。それは、彼
の「俺」と「僕」の使い分けからもうかがわれる。

　R君にとって、「日本人」であることは自分がそう思っているというだけ
ではなく、友達に「じゃ日本人だねって言われた」というように、日本人の
友達にも認められたことで確かなものになった。友達は「R君は日本人では
ない」と認識していたが、R君が自ら「日本生まれ」であるという事実を示
して交渉したことにより「日本人」であると認めたのである。

(3)　僕はペルーに行っても日本人

　R君は今のところ自分が日本人であることに満足し、次の年に予定されて
いたペルー訪問の際にも日本人でいることに決めていた。「ペルーで何人っ
て聞かれたら何て答えるか」と聞かれると、次のように答えた。

　　筆者：あ、そうなんだ。でも今度、ペルーに行くんだよね。

　　R　：うん、2月に。

　　筆者：2月に。その時は？

　　R　：え？

　　筆者：何人になるの？

　　R　：ずっと日本人。日本、面白いもん。

66

第3章　子どものアイデンティティ交渉

筆者：そっか。面白いもんね。でもさ、ペルーでさ、R君何人って聞かれた
　　　ら何て答えるの？

R　　：日本人って言う。

筆者：そっか、日本生まれだから。ふーん。

R　　：日本のスペイン語ってわかるけどね。

筆者：日本で？

R　　：日本で、あんじゃん、日本。日本って、えっと、ペルー語で僕、言え
　　　るよ。

筆者：話せるでしょ？　あ、日本ってスペイン語で言えるの？　何て言うの？

R　　：何で言わないとだめなの？

筆者：知りたい！

R　　：やだ。

筆者：K君、教えて。

K　　：Japon.

筆者：Japon、ほんと？（R君に）へー、かっこいいじゃん。じゃ、ペルー行っ
　　　たらさ、僕は日本人ですって言えるんだ。

R　　：うん。

　R君は、ペルーで自分のアイデンティティを交渉するためには人々にスペ
イン語で話しかけなくてはいけないことを意識していた。筆者が日本語で問
いかけたその質問をペルーに行ってされた時のことを想像し、スペイン語（R
君の言葉を使うとペルー語）で答えられると自信を持って宣言した。「日本」
をスペイン語で何と言うのか教えてくれるように頼むと、その言葉を知って
いるにもかかわらず、スペイン語を話すことを恥ずかしがり「日本語とスペ
イン語の多言語話者」というインターアクティブ・ポジショニングを拒む様
子を表した。この会話をしている時に近所のペルー人の友達K君が訪問して
いたので、彼に「日本」をスペイン語で何と言うか聞いた。中学生の彼は嫌
がらずに「Japon」という言葉を教えてくれ、筆者は「ハポン」という言葉
を繰り返した。R君の立場を尊重するために、筆者はR君にそれが正しいか
どうか聞いた。彼は「うん」と答え、今度は日本語とスペイン語の多言語話

67

第1部　子どもの母語とアイデンティティ

者であるというポジショニングを自ら認め、そしてそのリフレクシブ・ポジショニングは他者によって認められた。

　これらの全ての事例には、自己のアイデンティティというのは交渉することによって自分の家の外の人に認められなければいけないものだというR君の意識がうかがわれる。彼が日本人であるということは彼の日本人の友達によって認められなければならなく、ペルーに行った時には自分が日本人であるということを自ら宣言する用意をしていた。このような社会的な対話を通して、R君は自己のアイデンティティを形成している。

(4)　俺ペルー人？　日本人なの？

　R君は学校で週に何回か日本語支援教室に参加していたが、ある日その支援が突然なくなった。そして、次にR君に会った時に聞くと日本語支援教室が復活しそこでスペイン語を教わっていると言う。日本語の支援がなくなったこともスペイン語が教えられていたことも家族には知らされていなかったことが次のインタビューからうかがわれる。

　　姉　：それはスペイン語の先生なの、R君？
　　R　：スペイン語と日本語教えてくれる先生。
　　姉　：両方教えてくれるの？
　　R　：うん。でも、日本語って言いながら全部漢字だけどね。
　　筆者：あ、そうなんだ。スペイン語と漢字っていう感じなんだね。
　　R　：そう。
　　姉　：だから、これ言ったら悪いかもしれないんですけれど、本当は日本語ちゃんと教えてほしいんですよ。ちゃんと読み方だとか、特にもう本を読ませるだけでもいいので、とにかくいっぱい日本語に触れてほしいですね。で、その間やはり教室の方では違う授業やってるじゃないですか。それをRがやらないので、そうしたら、そういうことをちゃんとしないのであれば、もう普通の授業に出させてもいいんじゃないかなって思っちゃうんですよね、自分もそうだったんで。（省略）例えば、私、

第3章　子どものアイデンティティ交渉

　日本に来た時はもう全く日本語わからなかったので、それで日本語教室でスペイン語を話せる先生で、で日本語を教えてくれる形だったんですよ。わからないことがあればスペイン語で教えてもらって、説明を受けて、で、日本語を教えてもらう形だったんですけれど。Rはもうもともと母国語が日本語じゃないですか。それで、家庭の環境でスペイン語っていうものがあって、それでやはりどっか発達が遅れているのではないかな。やっぱり保育園行ったら日本語、家に戻ってきたらスペイン語、それでぐちゃぐちゃになって周りの子と比べたらちょっと遅いかなっていう時期もあったんですよ。で、それを今も学校の方でちゃんと、何なんだろ、んー、あまり賛成できないですね。（省略）逆にRの母国語がスペイン語しかできないっていうのであって、それでスペイン語も話せて日本語も話せる先生を置いてくれるのであれば、もう全く同感なんですけれども。でも、するのであればもう普通の授業に入れてほしいですね。

筆者：そうか。R君のお父さんとお母さんは何て言うと思う？

姉　：テスト勉強だとか、テストだとか成績に支障が出るのであれば普通の授業に出てほしいって言うと思います。スペイン語だったら、もう家でいくらでも聞いてるじゃないですか。わからないことがあったらお姉ちゃん今パパ何て言ったの、今ママ何て言ったのって逆にちゃんと聞いてくれるので。触れてる分、その方が勉強になると思うんですけれど。

（2010年12月15日インタビューより）

　R君から見ると、新しい日本語支援教室はスペイン語と漢字を勉強する教室になっていた。R君の姉は、自分自身が子どもの時に国際教室に通っていた時、スペイン語しか話せなかったのでスペイン語が話せる先生に日本語を教えてもらっていたが、日本語が「母国語」のR君にはスペイン語ではなく日本語をしっかり教えてもらいたいと思っていた。スペイン語は家庭でできるのだから、日本語支援教室でスペイン語をやるぐらいなら普通の授業に出させてもらいたいというわけだ。この新しい日本語支援教室に通い始めてか

69

第1部　子どもの母語とアイデンティティ

ら、R君の言動がおかしくなり成績が下がり始めてしまったそうだ。「俺、ペルー人？　日本人…なの？」R君は助けを求めるように聞いた。R君は日本語支援教室でスペイン語を教えられることによって「自分は日本人だ」というリフレクシブなアイデンティティを交渉できず、「ペルー人」というインターアクティブなアイデンティティを押し付けられてしまったようだ。翌年、R君を訪ねた時にはR君は日本語支援教室に通うのをやめていた。R君は会うたびにアイデンティティが変化していた。R君は社会生活の中で言語を通してアイデンティティを交渉し、自分に最も適した位置づけを見つけ、自分が属する社会の一員になることを学ぼうとしていた。

Column

多文化家庭に育って　その３
―ペルーと日本：二つの文化の狭間で―

松田デレク

●ペルーへの思い

　小学校高学年から高校の初め頃まで、私はペルー文化やスペイン語への嫌悪感を抱くようになった。日本では英語が特に重視されていて、他の言語が話せてもあまり良いとされていないように感じていた。また、日本人の抱くペルーのイメージは、途上国、世界遺産の「マチュピチュ」、「ナスカの地上絵」、アンデスの民族衣装を着た人などで、私もよく「ペルーに帰るとポンチョとか着るの？」と聞かれた。開発途上国出身の自分が先進国の日本人に馬鹿にされていると何度も勝手に思い込んでしまったことがある。しかし、私が日本に帰化をしてもペルー人であることには変わりはない。ペルーを否定しても逃れられないことにその当時の私も気づいていた。国籍を変えても自分の顔や習慣、価値観、ルーツは変えられない。また、ペルーの事が嫌いでも帰化する事によって自分の生まれ育った国を裏切る事にもなると思い、帰化する事は諦めた。

●８年ぶりの里帰り

　そんな私の心の葛藤を知ってか知らずか、母の提案で、高校２年生の時、一人でペルーに一時帰国をすることになった。そこで私が見たペルーは８年前のペルーとは違っていた。ペルーは確実に発展していた。犯罪や貧困は明らかに減っていて、友人も「昔よりかは暮らしやすいよ！」と言ってくれた。

第3章　子どものアイデンティティ交渉

しかし、貧困や犯罪は減ったとはいえ完全になくなったわけではなかった。
　市街地から少し離れると、貧しい村では子どもたちは食べるものがなく、学校に行く時間もないくらい、一日中働いていた。教育を受けてない子どもが成長して、家族を作って、また、その子どもにも労働をさせて生計を立て…。貧困の連鎖を止めない限り、ペルーの発展はこれ以上進まない。
　せっかくのすばらしい自然環境、おいしい作物と料理、その料理を提供してくれるペルーの親切で温かい人々、とてももったいないと感じた。「もっと世界にペルーの良さを主張すべきだ！　もっと専門家が必要で、この国を引っ張って行く人々が必要だ」と強く思うようになった。

●日系ペルー人として生きる
　この旅行を境に、私は段々とペルー人であることに誇りを感じることができるようになった。それと同時に、将来の目標を見つけた。大胆にもペルーの今後の更なる発展を目標にしたのだ。全ての子どもに教育を受けて欲しい、教育を受けることのメリットをその子どもたちの両親に伝えたい、そして働き口を増やし、自国で学んだ専門的な知識を活かしてペルーの発展につなげて欲しいと強く願うようになった。
　日本に再入国し、高校2年生だった私は大学進学を視野に勉強に今まで以上に励んだ。経済的には厳しくても、何としてでも大学には行くと決めていた私は、ペルーで見てきたことをバネにして勉強に励んだ。大学では、私と同じ日系南米人で日本の高等教育に通っている人々と出会うこともできた。こうして、私は「ただの」ペルー人ではない、私は「日系ペルー人」であると自分のアイデンティティを確立させたように思う。日本とペルーの血を引いていて、両国の文化と言語をバックグランドにこれからも生きていけばいいのだと考えるようになり、私の中の自分がとても大切な存在だと思うようになった。

71

第1部　子どもの母語とアイデンティティ

5　ベトナムの女の子たち

　Ｎちゃんは日本生まれの小学校2年生で、母親は難民出身で1990年、12歳の時に日本に渡り、ベトナム人と結婚した。家庭ではベトナム語と日本語が使用されており、両親はＮちゃんに両方で話しかける。それに対して、Ｎちゃんはほとんどベトナム語で受け答えをしていたが、弟とはほとんど日本語であった。Ｎちゃん宅を訪問すると、たいてい近所のベトナム人の子どもたちが集まってくる。

(1)　ベトナム語、話すの恥ずかしい

　Ｎちゃん宅には、いつもＴちゃんとＩちゃんが来ていた。子どもたちは普段は日本語で会話をするが、何か特別な意図があるとベトナム語で話すことは珍しくない。例えば、先生が何を話しているのかわからないようにという時にはベトナム語を使う。その日も、子どもたちが何やらベトナム語でささやきあっていた。先生にもベトナム語を教えてと、せがんでみた。Ｎちゃんは「やだ！」とやけに力がこもった即答。それに対して、Ｔちゃんは「うち、いつも友達に教えてるよ」と自慢げに答えた（2007年12月19日フィールドノートより）。

　Ｎちゃんの学校では、国際週間という行事がありその時に国際教室の発表会がある。外国につながる子どもたちは自分たちの国のことばを紹介したり、劇を発表したりする。その時のことを振り返って、Ｎちゃんは「なんかいやだった」と感想を述べた。ベトナム語を他の生徒たちの前で話すのが恥ずかしい様子だった。Ｔちゃんは、相変わらず「皆の前でベトナム語話してる。掃除が終わってＡちゃんと一緒にトイレ行って話してる」という調子である（なぜトイレに行かなければならないのか、深い意味があるのかどうかは不明であるが）。Ｎちゃんの学校でのベトナム語使用は、どちらかというと意図的ではなく「間違えて日本語しゃべる時にベトナム語」になってしまうことがあると言う。ところが、学校の先生に聞いてみると口をそろえて「（ベトナム語を話しているのを）聞いたことがない」と言う（2008年3月4日、

72

第3章　子どものアイデンティティ交渉

6日インタビューより）。それは「トイレ行って話してる」からかどうかは
わからないが、先生たちの前で話している様子は、なさそうである。

　次のインタビューで、子どもたちは学校の国際週間という行事について話
している。

　　　筆者：聞いた、その話、国際週間の話。

　　　H　：誰に？

　　　T　：で、うちたちは、ベトナム語話したの。（ささやき声で）

　　　N　：ちょっと、ちょっと、それ、やだったよね。

　　　　　　　　（中略）

　　　H　：たぶん声が小さいんじゃない。

　　　T　：違う！　だったらNと一緒にしてるよ。

　　　筆者：やだった？

　　　N　：一人でや。一人で。

　　　筆者：Nちゃん、一人でやったんだ。

　　　L　：一人ずつだけど。

　　　N　：あの、多いから、ベトナム人、だから。

　　　　　　　　　　　　　　　　（2008年4月2日インタビューより）

　私が「聞いた、国際週間の話」と言うと、Hちゃんは「誰に？」とまるで
私が知っていてはいけないことを知っているとでもいうように聞いた。次に、
Tちゃんは「うちたちは、ベトナム語話したの」と何か恥ずかしいことを白
状するような小さい声でささやいた。Nちゃんも「ちょっと、それ、やだっ
たよね」とTちゃんと同じような気持ちを表した。学校にはベトナム人がた
くさんいて、皆で「一緒にしてる」にもかかわらず、皆の前でベトナム語を
話すことは「声が小さく」なってしまうような恥ずかしいことなわけだ。学
校の話になると「ベトナム語を話すのは恥ずかしい」アイデンティティを装
うことがあっても、次のように他の話題ではもう少し自由にアイデンティ
ティの交渉をする余地があるようだ。

73

第1部　子どもの母語とアイデンティティ

(2)　ベトナム語、話すの恥ずかしくない

　このように、Nちゃんのベトナム語に対する態度とアイデンティティは多様に揺れ動いている。同じベトナム人仲間の間では「学校でもベトナム語を堂々と話せる話者」を演じていても、実際には先生の前では「ベトナム語を話すのはなんかいや」になってしまっているようである。翌週、弟に「日本人の前でベトナム語を話すことがあるか」という質問をした時にNちゃんにも、忘れたふりをして同じ質問を投げかけてみた。この話題の前に弟に聞いた「学校の友達はあなたがベトナム人だということを知っていますか」という質問の返答も紹介しておく。弟があたかも「国籍というものは人から隠すものだけれど、ばれちゃった」とでも言っているようにも読み取れる。

> 弟　：例えば1年生のころのAちゃんや、んーと、でもさ僕のクラスの全員、
>   　　ばれちゃってるよ。
>
> 　　　　　　　　　　　（中略）
>
> 筆者：日本人の前でベトナム語、話すこともある？
>
> 弟　：あるよ。
>
> N　：うちも（不明）。
>
> 筆者：あ、Nちゃんもあるの？
>
> 弟　：僕もある。
>
> N　：この前、言ったでしょうが。
>
> 筆者：ふーん、そうだったっけ。でも、恥ずかしいとか言ってなかった？
>
> N　：ううん。
>
> 筆者：そんなことない？
>
> N　：（無言）
>
> 　　　　　　　　　　　（2008年4月9日インタビューより）

　「この前、言ったでしょうが」と同じ質問をした筆者を責めるNちゃん。「恥ずかしい」と前に言ったことを自信なさげに否定し、筆者のしつこい問いただしに無言になってしまった。この無言の返答は、Nちゃんが「前はベトナム語を話すことは恥ずかしいことだと思っていたけど、本当にそうだろうか」

74

第3章　子どものアイデンティティ交渉

という疑問を自分に投げかけるいいきっかけになった証拠ではないだろうか。家庭教師のベトナム語を教えてという要望に始まった学校でベトナム語を話すかどうかという話題、そしてそれに対する他のベトナムの子どもたちの反応は、Ｎちゃんのアイデンティティを多様に映し出している。

(3)　日本名！　ベトナム名！

　その日も、ＴちゃんとＨちゃんとＬちゃんが来ていた。将来国籍はどうするのか、そして名前を日本名に変えるかどうかという話題になると、以下のような会話が展開された。

　　　Ｔ：うち、したい。
　　　Ｌ：いまは、いまは、あれ、○○だけど。
　　　Ｈ：○○・○（笑）。
　　　Ｌ：だけど、あの、将来。
　　　Ｎ：日本！
　　　Ｌ：日本？　日本だと、あの、なんか、変えるの、変えるの名前を？
　　　Ｔ：うち、変える。
　　　Ｌ：なんか、どっかに行って、どっかに行って。
　　　Ｎ：いい、ベトナムで、ベトナムでいい。

　　　　　　　　　　　　　　　　　（2008年4月2日インタビューより）

　この中で一番年長のＬちゃんは「日本国籍を取り、日本名に変えること」がどういうことなのか、Ｎちゃんの名前を例にとって説明しようとする。そうすると、ＨちゃんがＮちゃんのベトナム語の名前を発音し、笑う。その瞬間、Ｎちゃんは日本名に変えると主張する。しかし、次にＬちゃんが名前を変えるためにはどこかに行かなければならないと説明すると、ベトナム語の名前でいいと妥協する。Ｎちゃんは日本名を持つかベトナムの名前を持つかという選択を迫られ、ベトナム名を選ぶ。自分の将来のアイデンティティをも交渉しえている。

第1部　子どもの母語とアイデンティティ

(4)　将来の夢は？

　ある日、Ｎちゃん宅に行くとＮちゃんと一緒にいつものベトナムの友達と違う女の子が座っていた。「日本人だよ」。Ｎちゃんは筆者が聞く前にＲちゃんが「ベトナム人」ではなくて「日本人」であることを宣言した。最近の学校のことを聞いてみるとＮちゃんはどうやら算数の勉強が嫌いらしかった。「リットルって使う？　じゃ、四角とかは？」筆者がリットルは料理をする時に使うし、四角の面積は家を買う時に使う等と苦しい説明をすると「大きい家買えないし、三角は使わないでしょ」Ｎちゃんは相変わらず将来の展望が暗かった。2年生の時には国際教室の文集の「将来の夢」に「セブンイレブンのレジ」と書いていた。しかし、Ｎちゃんの母親は娘の将来に大きい夢を描いていた。ベトナム語だけではなくて英語もマスターさせたいと思い、子どもたちを英語のクラスに通わせていた。ベトナム語も英語もできた方が将来いい仕事が見つけられると考えていた。英語の勉強も嫌がるＮちゃんだったが、母親が夢見る彼女の将来のアイデンティティを彼女自身が自ら演じる一場面があった。

　ＮちゃんとＲちゃんがその日の勉強をし終わって少しお話をしようと思うと、Ｎちゃんはおばあちゃんがいるのでおばあちゃんの話を聞こうと提案した。Ｎちゃんのおばあちゃんはあまり日本語を話さないので、Ｎちゃんに通訳をお願いした。Ｎちゃんは特に嫌がらずにすぐに引き受けてくれた。Ｒちゃんにはカメラマンをお願いした。

　　筆者：いつもどんな料理を作りますか？
　　Ｎ　：「(ベトナム語)」だって。
　　祖母：(ベトナム語)
　　Ｎ　：「魚とかスープとか炒め、野菜炒めとか色々」だって。
　　筆者：あの、いつも、あのスープ作ってくれるよね。(Ｎに) あの麺が入っているあのスープはどうやって作りますか。
　　Ｎ　：「(ベトナム語)」だって。
　　祖母：(ベトナム語)

第3章　子どものアイデンティティ交渉

　N　：「買ってる」んだって。「買って水を入れてるだけ」だって。

　筆者：あ、そういう何かミックスがあるんですか、スープを買って？

　N　：「（ベトナム語）」だって。

　祖母：（ベトナム語）

　N　：「ちょっと待ってね」だって。

（2010年5月13日インタビューより）

　Nちゃんは筆者の基本的な質問を何回か繰り返しながらベトナム語に訳し、おばあちゃんの返答を日本語に上手に訳してくれた。引用の「だって」を日本語だけでなくベトナム語の後にもつけてしまうところを見ると普段あまり通訳をする機会がないようだった。しかし、学校の「日本人」の友達の前でこのように通訳を務めベトナム語を話すアイデンティティを恥ずかしがらずに表現したところに5年生になったNちゃんの成長振りを見た。

　R君もNちゃんもまだ小学生である。しかしながら、2人とも自身のアイデンティティと他人から見たアイデンティティを場面により交渉しながら、その都度多様なアイデンティティを表現している。大人になるまで日々の生活の中でアイデンティティは変化しながら少しずつ形成されていると考えられる。NちゃんもR君と同じように、自分のアイデンティティを模索し、ことばを使って自分が属する社会の一員になることを学んでいるのだ。

6　カンボジアの少年T君

　T君は日本生まれの保育園児で、父親、姉妹と同様、日本国籍保持者だ。父親は1990年に日本に渡った難民出身で、母親と姉妹は1995年に呼び寄せられた。母親のみ、まだカンボジア国籍保持者だった。T君の家庭では、カンボジア語と日本語が使用されている。家族はT君に両方のことばで話しかけるが、T君は日本語で返事をすることが多い。T君によると「日本語（の方が得意）。だけど前はカンボジアが得意だった。（中略）すっごい、3歳、4歳まで。で、5歳になったら日本語になっちゃった。（中略）人間よりも国

第1部　子どもの母語とアイデンティティ

とか、大好きで、だけどしゃべれない。だから寝る時いっつも泣いてる」（2008年4月3日インタビューより）。

(1)　カンボジア語、話したくない

こんなＴ君でも、父親によると、ある日保育園から帰ってきて「カンボジア語、話したくない」と言ったそうだ。

　父　：前は結構カンボジア語しゃべったけれども、今はですね、カンボジア
　　　　語しゃべっても（不明）ほとんど日本語ですよ。よくあるのは保育園に
　　　　行った時に例えば、カンボジア語話すと、子どもに、友達は、え？
　　　　お前、何しゃべるの？　わかんないよ。

　　　　　　　　　　　　　（中略）

　母　：（不明）たら（不明）カンボジア語のしゃべるから、でもね友達、何でお
　　　　前英語しゃべるの？（笑）
　筆者：子どもたちは、外国語は英語だと思っているから。
　父　：そう、だから結構友達が言われると恥ずかしいなるんですね。あまり
　　　　話さないみたいですよ、カンボジア語。結構、このことは（衝撃を）
　　　　受けたらしいですよ、これは。なんか、話しても隣の友達、わかんな
　　　　いから恥ずかしいになっちゃうらしいです。よくあったんですよ。俺
　　　　はカンボジア語、話したけど、皆わかんないよ（不明）。恥ずかしいよ（不
　　　　明）。たぶん保育園に行った時に、友達はなんかカンボジアしゃべる、
　　　　わかってるなと思うらしいですね、本人は。しゃべって皆びっくりする、
　　　　何をしゃべってると。

　　　　　　　　　　　　　　　　　　　（2008年4月5日インタビューより）

このように「『英語』をしゃべる日本人」という間違ったインターアクティブな位置づけをされては、子どもの継承語に対する誇りを傷つけてしまい継承語保持に悪影響を及ぼすことは、容易に想像がつく。

第3章 子どものアイデンティティ交渉

(2) カンボジア語、話したい

　幼い時にこんな経験をしたT君でも、筆者が会った時にはT君は多言語アイデンティティを表現し非常にカンボジア語を話したがっていた。家庭教師との勉強の間に、T君はカンボジア語の学習者／専門家と日本語の専門家／学習者の役割を演じ分けていた。T君は、以下のように多様なアイデンティティを表していた。

　　私は、T君がKさんと動物の絵本を使ってカンボジア語を練習している間に、お母さんとT君の義理の兄であるSさんに日本語を教えていた。その後で、私はT君と一緒に「ふたりはともだち」という絵本を読み、他の人たちは聞いていた。お母さん、Sさん、Kさんは話が理解できなかったので、私はT君に説明してくれるように頼んだ。でも「(先生が)厳しいとか言うから」と言って嫌がった。実は、その前の週にT君がお母さんのひらがなの不適切な発音を直した時に私が「厳しいね」と言ったのが嫌だったらしい。でも、T君はさっき読んでいた動物の絵本に同じような絵があることを思い出すと、私に見せた。皆それを日本語で何と言うのか知りたがった。私は「かえる」と言った。でも、皆それは単なる「かえる」だとは思わなかった。「がまがえるでしょうか?」皆それで納得した。そこで、私はT君に「がまがえる」をカンボジア語で何と言うか聞いた。Kさんに教えてもらい、何とかカンボジア語の言葉を発した。私がそれを聞いて、もっとカンボジア語を習いたいと言うと、土曜日の朝お母さんが自分と近所の子どもたちにカンボジア語を教える時に来たらいいと提案してくれた。

　　　　　　　　　　　　　　　　　(2007年10月25日フィールドノートより)

　T君は家庭教師の前で近所のカンボジアの友達とカンボジア語を堂々と練習していた。「あまりカンボジア語が話せない学習者」としてカンボジア語が上手に話せる先輩の助けを受けていた。家庭教師が日本語の絵本を紹介すると、T君は「日本語が読める学習者」として皆の前でその本を読み、家庭教師に他の「日本語の初心者」のためにその話をカンボジア語で説明してくれるように頼まれることによって、彼の「日本語とカンボジア語ができる話

79

第1部　子どもの母語とアイデンティティ

者」であるというアイデンティティが認められた。しかし、彼は「厳しい先生」として位置づけされることを嫌がり、通訳の役割を拒んだ。次に家庭教師が「がまがえる」という言葉をカンボジア語で言ってくれるように頼むと、彼は「カンボジア語の初心者」に戻りKさんの助けを受けてその言葉を正確に発音した。最後に家庭教師がカンボジア語を習いたいと言うと、彼はためらわずにカンボジア語保持教室の情報を与えた。このようにT君は多様なアイデンティティを演じ、カンボジア語がもっと話せるようになることに対して積極的だった。そして、以下のように時によっては自ら「日本語とカンボジア語の通訳者」の役割を買って出た。

　　その日も「新日本語の基礎I」を使って、お母さんの日本語の指導をしていた。教科書に「庭」ということばが出てきて、お母さんはその意味がわからなかった。「庭というのは、家の外にあるところで木とか花がある…」日本語で説明しようとしたが、それまで横で遊んでいたT君がゲームボーイを床の上に置いて立ち上がった。そして、急にカンボジア語を話し始めた。どうやら「庭」の説明をカンボジア語でお母さんにしてくれているらしく、こんなに長いカンボジア語の発話をT君から聞いたのは初めてだった。びっくりして「カンボジア語で説明してくれたの？　すごいね！」とほめると、得意げな顔をして、教科書の方にぐっと顔を近づけてきた。お母さんも、うれしそうに満面の笑みを浮かべて、T君を見つめていた。T君は、しばらくお母さんの日本語を聞いていて、お母さんが発音や文法を間違えると「そうじゃなくて、こう！」と訂正していた。

（2008年1月24日フィールドノートより）

　この日も、T君は家庭教師ボランティアの前で堂々と「カンボジア語を話す話者」を演じてくれた。さらには、以前家庭教師に日本語をカンボジア語に通訳するように頼まれるとそれを拒んだが、今回は「日本語もカンボジア語も堪能な話者」を演じることができた。T君は日本国籍だが、インタビューした時に「カンボジア人」だと断言した。「大人になったら？」という質問にも迷わず「カンボジア人」だと言った。

（3） カンボジア語、忘れちゃう

　しかし、小学校入学の日が近づくにつれてT君は日本語の勉強がどのように
カンボジア語に影響を与えるのか考えるようになった。以下のように、カ
ンボジア語を忘れてしまうことを心配しはじめたのだ。

　　この日、T君は「小学校に入ったらカンボジア語、忘れちゃう」と言った。
　私が「でも、土曜日にカンボジア語、勉強してるんでしょ？」と土曜日のカ
　ンボジア語保持教室について聞くと「うん、でも…」と、カンボジア語を覚
　えていられることにあまり自信がなさそうに答えた。その時、お母さんは書
　類に名前や住所などの個人情報を記入するために漢字を勉強したがっていた。
　T君のことが邪魔だったのか、お母さんがT君に何かカンボジア語で言うと、
　そのあとT君は黙ってお母さんの勉強する様子をしばらくは静かに見ていた。
　私が書類に書いてあった「電話」の漢字を指差したが、お母さんはそれが何
　の漢字かわからなかった。私が「電話」の意味を教えると、それをノートに
　写そうとした。でも、小さすぎて見えなかったので私が他の紙に大きく一画
　ずつ書いてみせた。T君は私が漢字を書くのをじっと見ていた。彼は「僕も
　勉強したくなっちゃった」と言って、部屋を出ていった。問題集を持って戻っ
　てくると、その問題集を開いて算数の問題をし始めた。（省略）T君は、まだ
　10単位の大きい数の足し算をすることができなかったので、私が計算の仕方
　を教えた。「まず右側を足して、それから…」と説明すると、T君は「右ってどっ
　ち？」と聞いた。しかし、お母さんも私の指導を必要としていたので、私は
　お母さんが「電話」という漢字を正しくノートに書き写していることを確認
　しようとしてお母さんのノートを見ていた。そうすると、T君は「先生？先
　生！」と言って私の気を引こうとした。お母さんがカンボジア語で今先生と
　勉強しているのは自分だとでも言ったのだろうか、T君は「もう1年生だもん」
　と文句を言った。私が「お母さんが終わった後で勉強しよう」と言ってなだ
　めると、T君は承諾しお母さんが習いたい漢字を写しおわるまで静かに待っ
　ていた。

　　　　　　　　　　　　　　　　（2008年2月12日フィールドノートより）

第1部　子どもの母語とアイデンティティ

　上記からもわかるように、T君は学校で教えられるようなことにもっと興味を示すようになり早くそのようなことを勉強したがっていた。彼は、母親と競争して家庭教師の時間と注意を引こうとし、「もう1年生だ」からと言って家庭教師の指導を受けるのは自分であるべきだと主張した。彼は小学校を始めることについてよく話し、楽しみにしていた。しかし、心配する気持ちもあった。彼は大きくなるにつれて「カンボジア語を忘れていく」ことをもうすでに経験し（T君によると「5歳になった」時）、彼にとって「小学校を始める」ことはもっと「カンボジア語を忘れる」ことだった。保育園の時の経験から、彼は「日本人、カンボジア語わかんない」ことを十分理解し学校ではカンボジア語を話さないと思っていただろう。しかし、彼の不安とは裏腹に、T君は学校でさえカンボジア語を話す機会を見つけようとした。

　　　4月、T君は小学校1年生になり、21日に学校訪問をし授業を見学した。その日に、ちょうどカンボジア語ができる国際教室の先生が授業参観に来て、生徒たちの前で紹介された。先生がT君の横に来ると「カンボジア語、話せるの？」とT君が先生に聞いた。静かにうなずく先生に対して「大丈夫だよ。俺、わかってるから」後でもう一度「俺ね、カンボジア語、しゃべれるよ」と先生に自慢げに話した。このことについて後で先生に聞くと、普通の子どもは「あ、その（カンボジア語の）ことば知ってる」と日本語で反応するぐらいなのに対して、T君は実際にカンボジア語で先生と話したそうだ。

　　　　　　　　　　　　　　　　　（2008年4月21日フィールドノートより）

　このように今は堂々と「カンボジア語を話す話者」を演じるT君にも、葛藤の時期があったことは、両親の話から読み取れるし、これからもあるだろう。

（4）　カンボジア語で何て言うかわかんない

　2011年の12月、T君はもうすでに5年生になっていた。T君は前から学校でカンボジア語を話すことにそれほど抵抗を感じていなかったが、その言語能力が伴わなくなってきていた。12月16日のフィールドノートにはT君が学校の三者面談で通訳を務めた時のことが以下のように記録されている。

第3章　子どものアイデンティティ交渉

　約束の時間にT君の家に着いたが誰もいなかった。お母さんの携帯に電話
をするとすぐにお母さんが出たので今どこにいるのか聞いた。「今、学校。」
電話の向こうで答えたのはT君だった。何と学校の三者面談の真っ最中だっ
たのだ。(中略) 家に帰ってきた後で三者面談はどうだったかと聞くと、日本
語が話せるお父さんがいなかったのでT君が先生とお母さんの通訳をしなく
てはいけなかったと言う。「ドリルをよくやっていることだけはほめてやって
ください」と学校の先生はお母さんに言った。T君は先生の言葉をカンボジ
ア語に訳そうとしたが「ほめる」という言葉がわからなかった。

(2011年12月16日フィールドノートより)

　T君はその時の話を筆者に残念そうに話してくれた。T君は前から学校で
もカンボジア語を話すアイデンティティを堂々と演じていたが、その気持ち
に自分の言語能力が伴わなくなってきていた。父親の話でもT君はカンボジ
ア語を忘れ始めていた。年末にカンボジアに行くことになっていたが、T君
がもしカンボジア語を話さなかったらカンボジアに置いてくると言っていた。

　R君とNちゃんとT君の言語使用と発達はまちまちであるが、それぞれ自
分に適したアイデンティティを表現するために多言語を使用し、自分が属す
る社会の一員として適当な言動が取れるように自分の位置づけを常に再構築
している。

7　外国につながる子どもたちの多様なアイデンティティ

　子どもたちの観察記録から、アイデンティティを交渉する機会は子どもたち
の言語発達と家庭での言語使用に影響を与えうるということがわかった。本
章の多文化を持つ子どもたちは、外部の家庭教師に対して色々な方法で多様
なアイデンティティを表現する機会があった。家庭教師が家庭の言語を話し
てくれるように頼むと、子どもたちはその言語で話した。家庭教師が子どもた
ちがその言語を話すのを聞いてほめると、もっと話したがった。家庭教師が
子どもたちにその言語を教えてくれるように頼むと、嫌がる子どももいたが、

83

第1部　子どもの母語とアイデンティティ

自分の言語を外部の人の前で話し、教えることの意味について考える機会になった。このように、多様なアイデンティティの表現と交渉は、子どもたちに家庭の言語を使う機会を与え、言語発達や言語保持を促進する可能性がある。

　さらには、子どもたちは自分たちの位置づけを交渉するために言語を使わなくてはいけないということに気づけば、少なくとも二つの言語を学ばなくてはいけないと思うだろう。本章の多文化を持つ子どもたちは多言語環境で育ち、親の母国など言語環境が違うところへ行った時には自分が表現したいアイデンティティの位置づけをするためにはその国の言語を使わなければならないということを意識していた。親の母国のような異なった環境で生活するためにはその言語を習得しなければならないと意識すれば、その言語に「投資」（第5章参照）しようと考えるだろう。このように、親の母国の経験や知識があまりない子どもたちにとってその国を訪問することは子どもたちの言語とアイデンティティの発達に多大な影響を与えていると言える。

　しかしながら、本章のそれぞれの子どもの多様性を考えると今までの先行研究で主張されてきたように（桶谷 1999）、アイデンティティと言語発達の相関関係をはっきり断言するのは難しい。R君の姉は、自分は日本人だと主張していたがスペイン語をしっかり習得し、本章の子どもたちの中で最もバランスの取れた多言語話者だと言えるだろう。カンボジアの言語と文化に強い帰属性を持つT君は、自分の言語をなかなか保持できず、代わりに学校の日本語に力を入れていた。ベトナムにつながるNちゃんは、よくベトナム語を話したが文化的な帰属性はそれほどなかった。これらのケースは、民族的なアイデンティティの保持は必ずしも家庭の言語の保持と使用に直結していない（Pease-Alvarez, 2003）ということを示唆している。むしろ、肯定的なアイデンティティを交渉でき、「マジョリティである日本人側をはじめすべての人が受け入れ（大久保 2008; p. 264）」た自己像を持てることが多言語発達には欠かせないということがわかる。しかし、それだけでは足りない。モノリンガルのイデオロギーを持つ社会でマルチリンガルに育つためには、自分の子どもたちを「バイリンガル」に育てようとする親の強い意志（Okita, 2002, Sakamoto, 2000）のみならず、個人の多大なる努力が必要となる。それは、社会、教育、経済、政治的な要因（Landry & Allard, 1991, cited in

第3章　子どものアイデンティティ交渉

Sakamoto, 2000) も含め、様々な要因が多言語使用に絡んでいるからだ。

　本章の多文化を持つ子どもたちは、日常生活の中で必要に応じて少なくとも二言語を使用するマルチリンガルだ。子どもたちの多文化アイデンティティは多様で、葛藤の場となり、時とともに変化している（Weedon, 1987）。子どもたちは、自分の家族と、微々たるものだが日本人の家庭教師の励ましを受け、家庭では多様なアイデンティティを表現し交渉し、社会の一員になることを学んでいる。その家庭という小さい空間の多言語社会が子どもたちの学校、コミュニティなど外に広がれば、子どもたちは家庭の言語を話す機会が増え、自分が最も適した自己のアイデンティティを形成できるようになるのだ。将来、本章のような多文化を持つ子どもたちが日本を多言語国家に変容する手助けをしてくれるに違いない。

　最後に、教育学と言語学の分野において本章のように多文化を持つ子どもたちのストーリーを書きとめることの意義に触れておきたい。まず、日本の多民族化の現状を記述することによって研究が進んでいる欧米社会の少数民族の言語教育と比較することが可能になる。そうすれば、多民族社会すべてに共通する点と、日本の社会特定の状況がわかってくる。近年の北海道の先住民や在日韓国・朝鮮人の活発な主張とともに、多文化を持つ子どもたちの訴えは多民族社会に対する新たな見解を与えてくれる。このような日本特有の歴史的、社会文化的な背景を考えると、欧米の移民の経験と日本の定住者の経験が全く同じではないことは当然だ。しかしながら、多民族社会である欧米の移民教育政策が多民族化が進んでいる日本の教育に影響を与えていることも否めない。だからこそ、欧米の移民教育と日本の多文化を持つ子どもたちに対する教育を比べ、お互いに学び合うことは有意義なことだ。

　二点目には、今まであまり注目されなかった子どもたちのアイデンティティと言語の問題の重要性を理解する意義について述べる。日本の学校では、多文化を持つ子どもたちは同級生に外部の「外国人」としてレッテルを貼られ劣等感を感じさせられる結果、日本の社会に同化することを選択してしまう傾向がある。そして、多文化を持つ子どもたちは「中途半端なバイリンガル」と呼ばれ、二つ以上の言語をバランスよく習得できていないことをとがめられる。しかし、子どもたちは決して受け身な存在ではなく、自主的に自らの位置

第1部　子どもの母語とアイデンティティ

づけをすることができるのだ。無力に見える子どもたちでも小さい子どもの時から自分が望む自己像を演出できることを理解し、教育に生かすべきだ。第5章で述べられているように、子どもたちの「自分の生をメタ的にとらえる力」の育成が教育実践の中心にあると捉え、ことばの教育を行うことが必要だ。

　三点目には、日本で生活する多文化を持つ子どもたちの家庭での日常を記述することにより、子どもたちの家庭の言語習得の過程を理解する手助けになる。定住者が急増しているにもかかわらず、その子どもたちの家庭での日常生活と言語使用がどのようなものであるかということはほとんど記述されていない。それに対して、日本の学校の状況を理解するために多くのアンケート調査が行われ報告されている。したがって、家庭での子どもたちの生活も記述があれば、家庭と学校のギャップを埋め、子どもたちの言語発達とアイデンティティ形成の手助けをすることができるのではないだろうか。そう願ってやまない。

【注】
(1)　エスノグラフィー的方法論とは、もとは人類学の分野においてある社会における団体がどのように生活しているかを記述する方法として発達した研究方法だ。近年、この方法論は第二言語習得や教育の分野でも活用されるようになった（Watson-Gegeo, 1988）。量的研究に対し、質的研究の方法論の一つとして考えられる（Carspecken, 1996）。

Column

多文化アイデンティティを育てるには
—北米の多文化教育を例に—

カルタビアーノ宮本百合子

　アメリカの公立学校の教育理念には、まず自分と他者の多様性を尊重することが挙げられている。これは、私がカリフォルニア州の公立高校で教えていた時の経験談だ。その日本語のクラスには中国系、韓国系、インド系アメリカ人など、多様な生徒たちがいた。ある日、中国系とインド系の生徒たちがお互いに差別的な悪口を言い始めた。私はまだ高校で教え始めた日が浅く日本語を教えることに一生懸命で、２人をなだめ授業を続けてしまった。後でわかったことだが、これは２人を厳しく叱りすぐに学生指導員のところに送り込まなければならないほど重大な事件だった。教育の場では、どんなに小さい言葉でも、あのような差別的言動は許されてはいけなかったのだ。

　私の経験談からもわかるように、アメリカの人種問題の根は深い。しかし、子どもたちが堂々と自分のルーツを語れるのはなぜだろうか。一つには、子どもたちが多様性を表す機会が多く与えられていることが挙げられる。私の友人は「中国語が話せないけど自分は中国系アメリカ人だと思っていて葛藤を感じたことはない」と言う。そして、多くの多文化を持つ子どもたちは自分の母国の名前に加え英語の名前も持ち、状況によって使い分けている。アメリカで生まれればアメリカ国民だが（出生地主義）二重国籍も場合によっては可能だ。

　しかし、日本の場合は違う。日系の親を持つ日本生まれの子どもでさえ日本国民とは認められず（血統主義）二重国籍も許されない。もし日本の子どもたちも「自分はペルー系日本人、ベトナム系日本人、カンボジア系日本人だ」と主張することができれば、ペルー人か日本人、ベトナム名か日本名、カンボジア国籍か日本国籍などという子どもたちにとって困難で無意味な選択をしなくても済む。

　私たちは、日本で生まれた多文化を持つ子どもたちを日本人ではない「外国人」だとみなす意識を変えていかなくてはいけない。日本は単一民族国家で、日本国民は単一言語を話すというイデオロギーを見直す時が来ている。

第4章

ブラジルの日系人と在日ブラジル人
—言語・メンタリティ—

モラレス松原礼子

要　旨

　日本からブラジルへの移民が始まって100年余り、ブラジルの日系人は、いかにしてブラジル社会に統合されていったのであろうか。日系ブラジル人にとって、日本語は、日本へ帰国することが念頭にあった戦前は「母語」、戦後直後から1990年代までは「継承語」、そして徐々に「外国語」へと変わってきている。日本語学校は、日系人のアイデンティティに多大な影響を与えてきたが、日系人が次世代をブラジルの主流社会で成功へ導くために戦略的に言語選択を行った結果衰退していった。近年日本とブラジルの間で行き来をくり返す日系人の言語・アイデンティティについても、彼らの生活戦略と重ね合わせて考察する。

キーワード◆日系人、日本語、バイリンガル、日本語学校、言語選択

第1部　子どもの母語とアイデンティティ

はじめに

　ブラジルの日系人[1]は、推定150万人と言われている。2000年のブラジル地理統計院のデータによると、日系人口が集中しているのは、サンパウロ州（人口の1.9%）、パラナ州（1.5%）、南マットグロッソ州（1.4%）の3州だ。サンパウロ市のメインストリートであるパウリスタ大通りを歩くと、日系人に会うのはそう難しくない。ブラジルは人種、民族が多様で、異なる文化が混在する国だ。ヨーロッパ系はブラジル社会に統合されているのに対して東洋系はヨーロッパ系ほどブラジル社会に統合されてはいない。その証拠に、東洋系はその外見からステレオタイプ的なイメージ[2]「目が細い、髪が黒い、肌が黄色い」が未だに健在だ。日系女性はブラジル人に比べるとどうも華やかさがないなどとも言われたりする。テレビドラマなどで描かれる日系は、まだステレオタイプ化されたものが依然として多く、性格的には、日系人は「真面目」「おとなしい」「正直」「勉強好き」などといった形容詞が使われることが多い。

　2007年のミスユニバース最終審査で、ブラジル人のナタリア・ギマラエンスと日本人の森理世が決勝まで残ったエピソードは、そのステレオタイプのよい例だ。ミスユニバースが決まるあの瞬間、ブラジル人誰もがブラジル人の方が優勝すると確信していた。しかし、予想に反し日本人が優勝した。その当時のブラジルテレビ局のコメンテーターは、非常にステレオタイプ化した発言を連発した。「ドレスが有名なデザイナーのもので、きれいだった」とか、「曲線のない美なんて」、「審査員には2人も東洋人がいた」などと、ブラジルに日系人がいることへの配慮や、日本移民100周年を控えていることなど全く忘れたような反応は、ブラジル人の日系に対する潜在的な思いが露骨に表れたとも言えるものだった。つまり、ミスコンテストは顔や体の線の美しさだけで決まらないことは頭ではわかっていても、日本人女性の勝利をブラジル人はどうも素直に受け入れられなかったようである。

　筆者が子どものころは、「日本人は生の魚を食べるから気持ちが悪い」、「目が細くても見えるか」などと学校でもからかわれた経験がある。日本人の女性の名前は、「子 = ko」で終わることが多いので、男性名詞（ポルトガル語では男性名詞は「o」で終わり、つまり、carro = 車、livro = 本など）であ

90

るとかで笑われたこともあった。しかし、現在では、「生魚」とは誰も言わず、非日系でも「すし」と、「サシミ」の区別さえきちんとできるようになった。はしを使う人も多くいる。非日系の大学生のメールアドレスには日本人名で作成されていたり、ポルトガル語名を工夫して漢字で書こうとする日本語志望の非日系大学生も珍しくなく、日本の文化に対して一昔前とは違う価値観を持っている人々もいる。インターネットを通して、マンガ、アニメの世界を知るようになって、ブラジル人（日系ではない）の日本への好感度はさらに高まった。さらに、日系人と結婚する人が増え、かなり混血化が進んでいることも間接的に貢献しているのかもしれない。2008年の日本移民100周年の年には、日系社会よりも現地ブラジルの新聞や雑誌といったマスメディアが日本人・日系人を取り上げ大々的に報道した。他国の移民には見られない温かい眼差しでイベントを迎え、日本人のことを称えたのだ。

　ブラジル社会に統合された日系を改めて見ると、日本からブラジルへの移民が始まって100年余りが過ぎ、今また多くの日系人がブラジルから日本へ「デカセギ」にやってくるようになったことは感慨深い。ブラジルと日本を越えて生活するトランスナショナルな生活（三田 2011）をする日系人は、ブラジルで暮らしてきた従来の日系人とは異なる新しい価値観や職業観を持っていると考えられている。そもそも、ブラジルの日系とはどのような人々であるか。この章では、ブラジルの日系人の言語、文化、アイデンティティを、ブラジルにおける日本語教育の変遷を通して考察する。

1　ブラジルにおける日系小史

(1)　移民言語としての「日本語」

　ブラジルの日本語教育は、移民言語として出発したと言われる（Doi, 2006）。1908年に移民が始まってから、十数年が経過した1920年代後半には、徐々に日本人の借地農や地主が出現して、サンパウロ州内の奥地には、日本人の集住地区が形成されていった。

　当時教育機関が皆無に近かったので、移民は国籍を問わず、自ら母国語の教育機関を作った。ブラジルでは、1886年には公教育制度は皆無に近く学

第1部　子どもの母語とアイデンティティ

校教育を受けた国民は僅か1.6％だった。[3]ブラジル地理統計院によれば、1900年の15歳以上の非識字率は65.3％と非常に高かった。一方、1908年から1932年にかけて、サントス港から入った移民たちの識字率はドイツ人が91.1％、日本人が89.9％、イタリア人が71.3％、ポルトガル人が51.7％、スペイン人が46.3％とブラジル人よりはるかに高かった。（Demartini 1998）。地方に送られた多くの日本人移民にとって、原始林の中での暮らしの過酷さだけでなく、彼らの子どもが奥地で教育を受けることができない状況は耐え難いことであったと想像できる。表4-1は、1958年の調査で学校教育を受けられなかった日本人移民の数を世代別に表している。世代が下がるほど教育を受ける率は高くなっている。ここでいう学校教育は、初等教育であるが、農村学校の場合は2年間と、行く学校により年数も異なる。

　戦前ブラジルに渡った日本人移民は、自分たちの子孫がカボックロ化[4]することを恐れていたと言われる。当時、日本人は自分たちの方がブラジル人よりも、教育水準が高いと思っていたが、それは彼らが入植した環境には、奴隷を代替した労働者しかいなかったことによる（Sakurai 1995）。日系人は、たとえお金が儲かったとしても、自分たちの子どもが無教養な農民の子どもになるのを恐れていたが、周囲には農村学校すらないのが現状だったという。

表4-1　初等教育を受けることができなかった日系人

年齢	人	％
25〜23歳	17,441	7.6
35〜44歳	5,382	11.6
45〜54歳	1,276	27.8

（Suzuki, 1969 より）

(2)　移民言語への抑圧

　20世紀前半、他の新興国家と同様、ブラジルも近代国家形成のため、徐々に国粋主義の色が強くなっていった。「一国家一言語」というスローガンの下、バルガス政権は、全ての移民言語を禁止し、1930年代から1940年代初めにかけて、移民言語は徐々に剥奪の道を辿っていった。

　まず、1934年に移民に対する入国制限が始まり、同じ年に日本語教師に

第4章　ブラジルの日系人と在日ブラジル人

ポルトガル語の検定試験が導入され、1938年には14歳以下の児童には外国語を教えることが禁止され、1939年には外国雑誌や新聞などの取り締まり令が発令された。同時に、ブラジル政府は僻地にまで学校を建設することに力を注いだ。当時の日本学校はブラジル学校と併設されていたり、日本学校がブラジル学校に姿を変えた事実が移民史に残っている。

　多くの日系人は、最初は農村地帯に「コロニア」と呼ばれる日系人コミュニティを形成し生活していた。現代のようにメディアも発達していないため、現地語に接する機会が少なく、ポルトガル語を習得する機会はほとんどなかった。そのため、日系人社会は、精神的にも地理的にもブラジル社会から隔離された状態で、移民言語の保持には最適であったと言ってよい。例えば、サンパウロ州都から約600キロ離れた地方都市、アルバレスマッシャード市では、昔は1000世帯近くの日本人が住んでおり、非常に活気があったという。

　社会学者のHiroshi Saito（1961）によると、コミュニティの経済状況は日本学校にも影響を与えた。1930年代日本学校は600校ぐらいあったが、学校の形態や規模は様々で教員の資質もばらつきがあったと言われている。経営母体である日本人会が、きちんと教師を雇用している学校らしい「日本学校」[5]から、寺小屋式の一時しのぎのものまで含んでいた。そこで教える教師も、日本で師範課程を終了した者から、資格は問わずに村の住民がボランティアとして教えていたケースまで幅広い。

　いずれ本国日本へ帰国することを前提としていた移民にとっては、子弟を日本学校に行かせることは必要不可欠であった。日本人は、彼らの子弟が日本に帰国した際には、無教養でしかも日本語が話せなくては困るので、日本学校の建設やブラジル学校の運営にも協力した。例えば、サンパウロからミランドポリス市に派遣されるブラジル学校の教師は、大雨が降ると道が土砂崩れなどで閉鎖され通勤できなくなり、何日も学校が休学になる。そのような時には、日本人の家でブラジル学校の教師の宿泊や食事などの世話をしていたそうだ。

　戦時中、日本とブラジルの国交が途絶えた間、ブラジルに定住していた日本人は10年以上もの日本人との接触がなく、日本の物資（書物や食料）も入手できず、地方や農村地帯で暮らす日本人や日系人の多くは孤立して生活

93

第1部　子どもの母語とアイデンティティ

をしていた。本国の情報はアップデートされず、だからといって、ブラジル
社会にも統合されていなかった日本人や日系人は、特殊な環境におかれてい
た。戦時中は、日本語を教えるのも覚えるのも禁止されていたにもかかわら
ず、日本人、もしくは日系人までが、人目をはばかって日本語を教え続けた
という。しかしながら、当時は、地方にいる日系人の中には、日本語もポル
トガル語もできない若者も見られたという（半田 1970）。一時、明治の日本
人に会いたければブラジルへ行けと言われ、ブラジルの一世[6]だけではなく、
二世もが明治の日本人のような考えをしていた時代でもある。

(3)　帰国から定住へ

　戦前の多くの日本人は、現在の在日ブラジル人就労者の考え方と似ていて、
短期間で富を貯めてから本国に帰国すること、いわゆる「出稼ぎ」が目的で
あった。しかし、第二次世界大戦で日本が敗戦を迎えた時を節目に、移民の
視点や態度が変わり、定住へと変化していった（森脇 1998, 1999）。その背
景には、日系社会の中の動きと同時に、ブラジル社会の変化も影響を与えて
いたと考えられる。戦後のブラジルは、教育事情も戦前とは異なり、徐々に
教育の基盤ができつつあった。通時的に見ると、ブラジルへの日本からの移
民は、戦後にはいったん途絶えたとはいえ、1953 年に再開し 1973 年まで継
続している（日本移民 80 年史編纂委員会 1991）。

　同じ南米に位置し日本人が移住したペルーとアルゼンチンと、ブラジルが
異なる点は、戦前と戦後の移民が混在していることと、ブラジルだけで他の
南米諸国の日系人口合計の数十倍という移民数の圧倒的な多さだ。図 4-1 と
4-2 は、それぞれ戦前と戦後のブラジルへの移民を、出身地別にまとめたも
のである。久野（2007）によると、戦前には約 188 万人、戦後には 5 万 5,000
人が渡伯している。移住者の数が異なるだけではなく、移住出身地も違い、
そこには日本語のバリエーションや文化の多様性を生む要素が十分含まれて
いた。戦前の移民の出身地の上位 5 県が、広島、沖縄、熊本、福岡、山口で
あるのに対し、戦後は沖縄、東京、福岡、北海道、熊本の順となっている。

　戦後、日本からの移住が復活したのが 1953 年であるが、当時すでに、日
系社会にも格差社会が始まっていた。我々が別の調査をした際の戦後移住者

94

第 4 章　ブラジルの日系人と在日ブラジル人

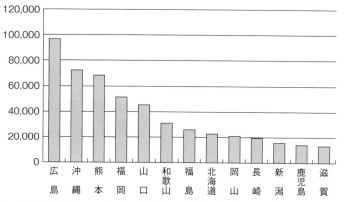

図 4-1　戦前に渡伯した日本人（1889-1951）：約 190,000 人（10,000 人以上）
(久野 2007; p. 51)

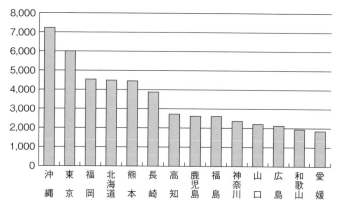

図 4-2　戦後に渡伯した日本人（1952-1993）：約 55,000 人（1,800 人以上）
(久野 2007; p. 51)

の証言によると、日本から到着して間もない者から見れば、ブラジルに定住していた戦前の日本人はすでに経済的安定を確保し大農場主となっており、経済的な地位の違いに対してコンプレックスを覚えたという人もいた（パラナ州、日本人一世、70 歳、渡伯年 1957 年）。

戦前と戦後の日本人の出会いは、同じ民族でありながら様々なカルチャーショックを双方にもたらしたらしい。日本とブラジルは、時間の感覚や、几帳面さ、効率重視の考え方などが明らかに異なる。戦前からの移民は、ブラ

95

第1部　子どもの母語とアイデンティティ

ジルの事情に慣れており、何事もスムーズにいかないことを熟知していたので、彼ら自身の時間に関する感覚もブラジル式になっていた。戦後移住者は、戦前移民のブラジル文化（慣習）に妥協した姿勢に対し、「ブラジルボケ」と呼んだ。反対に戦前移民は、戦後移住者の人の意見を尊重しない態度や、献身的に努力をしないことなどが気に触った。また、戦後移住者がもたらした「民主主義」や「人権尊重」といった概念を理解しきれず、「ジャポンノーボ」（新来移民）と呼び互いを批判した。一方、二世の方は戦後移住者と次第に気持ちが通じるようになったと、半田（1970）に記されている。

　今日においては、ブラジル人の日系人に対するイメージはポジティブであるが、戦後間もない頃は、けっして良いとは言い切れなかった。それは、戦後日系社会が、太平洋戦争における日本の敗戦に関して、勝ち負け問題[7]で大いに揺れたことにもよる。日系社会内部で祖国に関する立場の違いから殺害事件まで起こした日本人に対して、未だにブラジルに同化しきれない人種として見られていた[8]（日本移民80年史編纂委員会 1991）。

(4)　日本人会と日系コミュニティ

　1960年代、経済的に安定した日系農家もあれば、土地を売り村を離れる日系人も増加していった。Cardoso（1972）によると、日本人や日系人はほとんど、知人や友人のつてを辿りサンパウロ近郊へと向かい、地方を離れていった。1人が成功すると、親戚や地方の集落の友人などを呼び寄せた。移民史にはサンパウロ都市部の北部や東部にまだ小道や緑の丘が残っている頃、多くの日本人が小さい土地を購入し野菜畑を作ったり、バールという小さな酒屋、キタンダという八百屋などの店を開いていたことが記されている。

　日本人は、サンパウロ近郊に出て日本人会を発足させた。現存するサンパウロ市東部のヴィラジャクイ区の日本人会は、1967年に隣接する三地区の日本人集住地区の住民によって形成され、最盛期の時は200世帯がいた。各日本人会には会館建物があり、その中にはたいてい日本語教室もあった。日本語学校開校当初は160人ぐらいの生徒がいたという[9]。会館にある日本語教室は戦後も「日本語学校」と呼ばれる一方、個人経営の「私塾」も増加した。伯国日本語学校連合会（通称日学連）の資料によると、1963年にはす

でに個人経営の私塾の日本語学校が22.5％に及んでいた。

2　日系人の言語とアイデンティフィケーション

(1)　日本語のバリエーション

　戦前の日本人と戦後の日本人の間で、文化と言葉の違いから対立も生まれた。戦後渡伯した日本人は、ブラジルで話されている日本語に違和感を覚えた。戦前、日本各地から渡伯した日系人が、それぞれの方言を用いて生活したが、異なる方言が言語接触を繰り返すうちに、リンガフランカ[10]、もしくはコロニア語と呼ばれる日本語のバリエーションが生まれた。

　戦後には、さらに日本語の文法と音声にポルトガル語が所々に混じっているのであった。「オセ、カフェー飲んだか」（君はコーヒーを飲んだか）といった借用語交じりの言語を使うようになった。半田（1970）によると、最初は新来移民は、戦前移民が話すコロニア語を聞いて、ポルトガル語が話せると思ったが、段々時間がたつとそれが単なるポルトガル語の借用語であることに気づいたという。しかも、ポルトガル語が話せる二世から見ると、それは同じポルトガル語でも共通語ではなく、地方の方言と交じり合ったこっけいな混種語であることもしばしばあった。

(2)　日本語教科書問題

　戦後、日本語教育会のリーダーは1939年に施行された外国語禁止令が、緩和しつつある空気を読み取り、どうすれば移民言語を正当化させ、子弟に隠れて学ばせなくてすむかの対策を考案した。その結果、ブラジル政府から認可を受けた教科書を作成することが最も有効な方法だと考えた。戦前日本から取り寄せられた教科書は、イデオロギー的に軍国主義的色彩があり、言語面（語彙や漢字の使用）でもブラジルで使用するにはギャップが大きかっので、ブラジルの日系社会にマッチした内容にすることと、学習者に負担がかからない[11]言語レベルにすることを新しい教科書編集の目的とした。1961年、ブラジルで編纂された初めての「日本語」教科書が、出版された（伯国日本語学校連合会編 1966）。

第1部　子どもの母語とアイデンティティ

　使用を開始した当時は、全国で94.3％[12]の普及率であったが、数年後には使用率は減少し、多くは日本の教科書と併用されるようになった。教師によれば、当時の日本語学校へ行っている子どもたちの日本語力が高かったことや、ポルトガル語交じりの教科書は教師にとって使いにくかったこと、そして、コロニア語が所々に入っていて、「正しくない日本語」が掲載されていることにも違和感を感じたという。

　新しい教科書に対する反応は、教員間でも教員免許の有無により違いが見られた。当時は、渡伯したばかりの日本人でも無資格者のほうが多い[13]時代であった。無資格者の教員には、ブラジルで発行された教科書は現地事情が豊かに掲載されているため、よい情報源になると言う人もいた。一方で、教育学部卒業の有資格の教師は、「日本語らしくない変な日本語」を教えることに抵抗感もあったという。当時は、社会言語的な教育観点が広がっておらず、標準語のみが正解という風潮であった。

　実際、1960年代に日本語学校に通った人に聞くと、児童に日本語力がない間は現地教科書を使用し、日本語のレベルが上がると戦後日本から取り寄せた教科書にシフトしていたようである。また、1950年代の終わりまでは、移民言語への圧力を恐れたため、書店では、日本語の教科書として販売されてはおらず、文学書として扱われていた。非常に人目を気にしながら日本語を学習していた時代である。このように、移民開始から50年を経て現地生まれの二世三世が育ち、戦争を経験したことによりブラジル定住が進む中、依然として日系社会にとって日本語維持は重要な課題であり、日本人と日系人が子孫の教育のための日本語学習の機会を自らが作り上げていったことは、ブラジル国内の他の移民社会には見られない現象である。

　日本語教育が、現地にいる教師のイニシアティブで復活したことは戦後の特色ではあるが、それは巨視的な視点で見ると、一時期途絶えてはいたものの戦後も日本からの移住が継続したことや、広大な日系社会が存在したこと、戦後日系人が活躍したことなど全ての要因が日系人の日本語維持にプラスに働いたと考えられる。

第4章　ブラジルの日系人と在日ブラジル人

(3)　「母語」から「継承語」へ

　日本移民80年史編纂委員会（1991）やCardoso（1995）によると、1960年代から農家離れが始まり、1970年代以降日系人の高校、大学を卒業する人が急増して、あらゆる職業分野での活躍が顕著になる。コチア小学校の50年をまとめた石原辰雄（1978）の調査（1916～1966年までの学生の推移）では、すでに1960年代には中学へ進学する生徒が増え、高学年になるにつれ、日本語の授業を一時休むかいったん辞めるかという状況がうかがわれる。

　さらに、1960年代には、日系社会の大きな動きとして、地方からブラジル人学校へ通う日系人子弟のために、日本人会で学生寮を建設するようになった。今ではブラジル学校として成長したアルモニア学生寮が、その代表例である。アルモニア学生寮は、サンパウロ近郊の工業地帯の都市にあり、もともと都市部への通学のために建設された寄宿舎であった。親元を離れて生活する寮生の世話をするのも日本語教師たちであった。サンパウロやパラナ州の地方都市でも同様の動きが見られた。

　1970～1980年代の入植記念誌によれば、地方では保護者らが夜間学校へ通学する中学生のためにトラックを使用したり、市役所と交渉してスクールバスを手配してもらって学校に通うようになった地域もある。少し経済的に裕福な家庭は、子どものブラジル学校進学のために、都市部へ引っ越し家を購入するなど、ブラジルでの定住に切り替えた日本人やすでに親が二世になっている日系人は、子弟の教育に対して投資するようになる。

　前項を読むと、戦後日本語学校が復活し日本語は継承されていったような錯覚を起こすかもしれないが、実際には日系の親たちは日本語学校よりもブラジル学校への進学に熱心になった。その結果、日系人の子弟の強い言語は次第にポルトガル語へと置き換えられ、日本語は「継承語」へと移り変わっていった。表4-2から明らかなように、日本人、日系人子弟人口の大多数が現地ブラジル学校のみ（79.8％と88.1％）に通学し、両方に通学していたのは僅か15.5％であった。「日本語教育の必要性」を当時の日系新聞や日本人会が提唱していたにもかかわらず、日本人も日系人も日本語教育より、ブラジル学校に通学する人が多かったことがうかがわれる。

99

第1部　子どもの母語とアイデンティティ

表 4-2　日本人と日系人の学校種別通学状況

	日本人	子孫（日系）
人数	25,126	203,335
ブラジル学校のみ	79.8%	88.1%
日本語学校＋ブラジル学校	15.5%	11.2%
日本語学校のみ	4.7%	0.7%

（Suzuki, 1969 より）

（4）　日系にとっての日本語とメンタリティ

　日本語教科書の個所で触れたが、戦前からブラジルに住む日系人たちは自分たちの話している日本語が標準ではないことに気づき始めた。Doi（2006）によると、日系社会で話されているバリエーションのある日本語（方言やポルトガル語との併用などを含む日本語）は、「きたない言語」「家でしか使わない日本語」などというイメージを持つ人々が存在し、事実、三世でも自分の知っている日本語に対して過小評価する人もいる。戦後、日系人が高い教育を受け社会的地位が上がるにつれ、前の世代の日系人とは異なる次世代の新たなアイデンティティを形成していった。ブラジルの主流社会での成功を目指す次世代の日系にとって、家庭言語である日本語は当時のブラジル社会で「資産」としての価値は低いとみなされ、そのことが日本語教育にとってはマイナスに働く結果となったのではないだろうか。

　日系人にとって、日本語は英語のように「道具」としての言語ではなく、「親から聞いたことのある言語」であったり、「気持ちが落ち着く言語」であったり、「温かみを感じる言語」であったりする。筆者の経験では、同じ日本語学校の中でも、日本語ができる日系人とできない者の間にグループができるぐらい、日本語ができない人が排他的になり、「日本語が話せる」ことは日系人としてのアイデンティティにつながる深い要素であった。大学で日本語を履修する日系の学生の動機は「日本語が話せないと恥ずかしいから」「日本語は日系人の顔をしているので話した方が良いから」といった、自分の意志による内発的動機よりも、外発的動機による場合が今日においても見られる。多くの日系人にとって日本語が完全なる外国語になりつつある現代社会においても、まだ継承語として、日本語ができないことで日系としてのアイ

デンティティ交渉に不利な面があるという受け止め方をしている日系人もいるということであろうか。

　石原（1977）が1953年から1962年までのコチア小学校で行った日系の子弟の日本語とポルトガル語両言語の能力についての調査によると、二世（84.1％）[15]、三世（15.9％）とも農村子弟であったため、入学時ほとんどが、日本語は話せるがポルトガル語が理解できなかった（石原 1977；p. 138）。しかも、日系子弟の日本語力はあまり高くなかったが、現地のポルトガル語よりは成績が良かったという。高学年になると、強い言語は次第に日本語からポルトガル語へ変わっていったという。表4-3が示しているように、学年が上がるにつれ日本語力だけでなく、ポルトガル語の平均が伸びているのがわかる。この現象は、日本語とポルトガル語のバイリンガル環境に育つ子どもが、学校で学習に必要な言語（CALP）（Cummins, 2000）をポルトガル語で習得するのに数年を要していたこと、小学校に入り母語が次第に現地語に置換されていく状況と一致する。

　北米の研究（Sakamoto 2006, 佐々木 2003）では、継承語は三代で消えると言われているが、ブラジルの日系社会では、三世でも日本語が維持されていた時代がある。1960年代以降、経済的に余裕ができた一世や社会的に成功するようになった日系人は、その子弟を上級のブラジル学校へ進学させることを日本語の学習よりも優先するようになった。しかし、当時、交通が不便な地方や農村地帯に住んでいる子どもは、地方都市に建設された寄宿舎[16]に入り、都市部にあるブラジル学校（中学や高校）へ通学した。上級学校進

表4-3　コチア小学校における日系児童の日本語とポルトガル語の平均

学年（男女平均）	日本語	ポルトガル語	日葡差
小学1年生	69.59%	65.92%	3.67%
小学2年生	61.04%	58.19%	2.85%
小学3年生	62.03%	56.10%	5.93%
小学4年生	87.93%	66.33%	1.60%
小学5年生	72.05%	66.15%	5.90%
小学6年生	80.46%	74.06%	6.40%

（石原 1978；p. 137 より）

第1部　子どもの母語とアイデンティティ

学のために故郷を離れたことにより日本語維持により有利になったケースもある。

寄宿舎では、1970年代から1980年代にかけては、日本語教師夫婦が子どもたちの世話役をした。たいてい、男性が上級生を教えて、女性が低学年（場合によっては3歳児からのところもあった）や食事や掃除、洗濯などを担当した。そのため、日系の生徒たちは、三世でも二世と変わらないぐらい日本語ができていたと言われている。

こういったシステムが機能するには、献身的に働いた日本語教師たちの存在を忘れてはならない。日本語学校の教員の待遇は決して良くはなかったという。寮生を世話した元教師たちにインタビューをすると、子どもたちに日本語を教えることに意義[17]を感じていた者や、教えることに純粋に生きがいを感じていた者も少なくない。その時代は、まだ日本語教育に対する日本人会の意識が高く、教師と父母が一体となっていたことが、成功した大きな要因だろう。

ブラジルにおいて日系人が三世まで日本語を維持できていた理由として、1970年代まではブラジルと日本の行き来が頻繁にはできなかったものの、ブラジルの日系社会が閉鎖的であったこと、日系社会内ではコミュニケーションに日本語が使用されていたことが主な要因ではないだろうか。

日本人会の寄宿舎は、日本語を継承させたい親にとっては、低コストでダブルスクーリングができたことは大きなメリットであった。しかし、日本語学校で学ぶ日本語が、Cummins（2000）が提唱しているアカデミックランゲージという意味での言語発達に影響を与えたかは、疑問の余地があると筆者は考えている。なぜなら、日本語学校は行事が主で、それほど、言語の学習（国語の読解など）に時間は使われず、むしろ、日系文化を継承する場として機能したと考えられる。

(5)　アイデンティティ形成と日本語学校

日本語学校は日系のアイデンティティ形成の場所であったとよく言われる。日本語学校は、「教室」という空間ではあっても、厳密には「言語の学習の場」ではなかった。むしろ、教室空間をはみ出た学校全体の生活、つま

りそれは、学芸会、運動会、林間学校、修学旅行、週末には、父母が指導するスポーツ競技大会（野球やバレーボールなど）、それらが、全て言語を運用する場として機能した。多くの父母は、「日本語学校へ子どもを通わせたら、その辺でぶらぶらせず、日系人と付き合い、日系人の友達ができる」と喜んだ時代でもあった。

　一方で、二世と三世が肩を並べて勉強していたため、子どもたちの日本語力はすでに多様化していた。柴田（2007）によれば、二世、三世が混在している教室ではあまり能率の上がる日本語の教え方がされなかったとの指摘がある。戦前移民の子孫が戦後には三世になり、日本語が「継承語」、もしくは言語学習の面では「外国語」にシフトしているにもかかわらず、戦後、来伯した日本人の日本語ができる子孫に目を向けていたのである。同じ教え方では当然、どちらかの子どもたちにとって効果的な学習とはなりにくい。学校生活においても、日本語力の多様化は徐々に影響を及ぼしつつあった。子どもたちが、集まるとどうしても日本語が話せる子どもたちが偏って集まり、日本語が話せない日系人は、排除される存在になってしまうこともあった。

(6)　日系人の日本語学校離れと教育戦略

　各地の移民誌には、「高校生になると、生徒たちが日本語を勉強しなくなる」「優秀な生徒ほど、外部へ出て行ってあまりお勉強しない人だけが残る」「高校生になると、宿題をしなくなる、学校を休む」といった、学年が上がるにつれて日系人の子どもが日本語学習から離れていく状況が綴られている。日本語教師の嘆きは一時代の現象を明らかにしている。また、1980年代の日系現地新聞でも日系人の日本語離れを書いている記事がよく掲載された。

　1980年代になると、ブラジル学校では教員のストが始まり、公立のブラジル学校が悪化し、私立の学校が出現したため、日系人は私立に進学するようになった。ブラジル学校の名門校であるバンデイランテス校[18]〔1934年設立〕では、1965年から1970年までの間での日系人の数は6.5%にすぎなかったが、1987年には1,067人になり、学校全体の30.2%を占めるようになっていた（Shibata, 2009）。

　Shibata の調査によると、成功した日系人は教育を受けることに非常に高

第1部　子どもの母語とアイデンティティ

い価値を置き、学歴の高さを自負していた。また、子孫に良い教育を受けさせることで、自らの社会的地位を上げることを戦略的に図っていることがわかった。

　金銭的に投資するだけではなく、家庭内でもできる子どもの勉強を家族皆で支援した。日系人の家族では、多くの場合兄弟が多いため、長男や長女が犠牲になって若い者へ教育の投資をしたケースも稀ではない。長男が農家を継いで、弟が医者や弁護士になり最終的には兄弟が助け合うというケースもある。それは、まさにBourdieu (2007：p. 5) が提唱する再生産ストラテジーシステムであり、いかにして各世代が教育を資本として伝承していくかに熱心だった。日系人が教育を通してブラジル社会への統合に成功した秘訣を世代ごとに調べたShibataは、「家庭の文化資本」が大切であり、文化資本とは親と祖父の二世代の教育水準であると言っている。

　日本移民80年史編纂委員会によると、ブラジル国内で最難関といわれるサンパウロ大学への日系人の合格者は、すでに1978年には各学部では平均15％で、会計学、経営学では20％を占めていた。他の名門大学においても、その比率は高かった。当時のブラジル人口の1億4,000万人に対してで、日系人の人口は120万人、0.85％であったことを考えると、日系人のサンパウロ大学合格者に占める割合の高さがわかる。その時代は受講生の間では「サンパウロ大学に入りたければ日系人を殺せ」とも言われた時代であった。

　ユダヤ人やシリア、レバノン人に比べて経済的には裕福ではない日系人が彼らと肩を並べてサンパウロ大学で勉強したという。ブラジルは現在もそうであるが、最終レベルの公立の高等教育には、裕福な家庭の人が入ってしまう矛盾したシステムになっている。初等中等教育における公教育の水準が悪化しているため、公立校では大学入試には不利なのである。裕福であれば、小学校から私立校へ行かせる[19]。日系人エリート家庭の教育戦略は、ブラジルの高等教育での競争力を高めるために、日本語教育から離れていったと言えるだろう。ブラジル社会への統合戦略を図った日系人が多く、88.1％（Suzuki, 1969）が日本語学校へは行っていなかったことがその証だ。

　日本語教育の流れは、戦前は「母語教育」、戦後から「継承語教育」、そして、1990年代ごろから「外国語教育」に変化していった（森脇1998,

104

1999）。しかし、継承語に関しては、アメリカやカナダとは概念がやや異なり、ブラジルでは広大な日系社会が存在する。日系社会では、独自の文化、慣習が育まれ、「コロニアの生活」と言っていた。特に、1980年代の終わりまでは訪日旅行は経済的に難しい時代もあり、ケーブルテレビやインターネットといった媒体を通した情報吸収ができる時代でもなかったので、閉鎖的な社会であった。また、その社会で話す特殊な日本語は「コロニア語」と言われ、1950年代から1960年代にかけては、日本人学者から批判された時期もあったが、最近十数年ほど前から研究の対象になり見直されるようになった。

　戦後、日系人はブラジルに定住することになり、日本語教育が「継承語教育」に変わったのであったが、ブラジルの場合、日本語学校もまた独自の文化を形成していった。Morales（2009）によると、1958年から1980年代の前半、全伯合同教師研修の研修項目の38%が情操教育であったという。日本語学校は行事が多く、机に向かって勉強する時間より、一年の行事の準備や、運動会で披露する踊りの練習や、学芸会の準備のための図画、工作、折り紙、お習字、音楽やお話発表会の練習などで、授業時間が埋め尽くされていた。当時のブラジル学校（特に公教育）には情操教育に当てる教科はなかったので、日本語学校がブラジル学校の補足的な役割を果たしていたと言ってもよい[20]。

　1980年代の終わりごろまではかなり日本語が話せる生徒もいたので、すでに家庭内で話せる子どもにとっては、日本語の言語運用の延長線でもあった。二世の世代の場合、多くの者が日本語学校に通い、情操教育を受けた経験がある。

（7）　日系人の言語能力とメンタリティ

　1960年代、当時の子ども（二世も三世）は、まだ日本語を家庭で話していた（石原1978）。なお、言語の習得について626人の教師を対象に2004年から2005年にブラジル日本語センターが行った調査でわかったことは、90%以上が日本人か日系人であり[21]、そのうち、言語習得においては、40%が第一言語と、41%が継承語として日本語を習得したと出ている（Morales, 2009）。日系人の場合、日本語は、親から日本語を母語として学ぶと同時に

105

第1部　子どもの母語とアイデンティティ

ポルトガル語も習得していった「同時バイリンガル」か、あるいは、家庭では日本語を先に習得した後、学齢期になってポルトガル語を習得した「継起バイリンガル」であるが、学齢期に達しポルトガル語が徐々に強い言語となっていき、読む・聞く・書く・話すという4技能のバランスが二つの言語で同じではない、バイリンガルとして成長していったと考えられる。

　現在、50代で日本語教師を職業とする多くの日系人の場合、小さい時から両言語で教育を受けた人が多い。半日はブラジル学校へ行き、半日は日本語学校で継承語として勉強したという。二世の場合、言語はすでに家庭で自然習得しているので、日本語学校は文字の教育を受けるところ、また、生活言語を維持する場所でもあった。日本語が話せる日系人は1980年代ごろまで多くいたと推定される。それは、二世の段階で、三世になると多くが強い言語が日本語からポルトガル語にシフトしていくからである。

　宮尾（2002）の調査でも出ているように、「日本語を習った経験がある」日系人は54%で、その中の最も多い31%が「1、2年の期間しか習っていない」ことがわかった。「会話や読むことに不自由がない」と答えたのが僅かの7.1%であった。「相手の言うことはわかるが、話せない」が33%で、「日本語の単語を知っている程度」が24.4%であった。「子どもに日本語を話せたいか」という問いに対しては、「はい」が76.5%で、学ばせたい理由として「日系人として日本の文化や伝統を受け継がせたいから」が46.2%で、「将来、留学や就職等で有利であるから」が32.3%であったと出ている。日本文化、日本語の伝承を大切だと思っているが、実際にそれらを実行する余裕はなかったのかもしれない。

　言語面では、二世は日本語ができたので、特に高度な日本語力が身についている者は、文節ごとにコードスイッチングをすることが多い。また、どういう機会にポルトガル語か、日本語か、「コロニア語」にシフトするかというと、親が移民で、幼い時に苦労した体験話や移民生活に話題が転じる時に出てくることもわかった（Morales, 2009）。そういう意味においては、外国語として学習した日本語では、「コロニア語」は使いたくても使えないと三世の日本語教師から聞いたことがある。

　筆者も日本語教育に携わる中で、1990年代から、成人学習者に会うこと

106

も少なくない。彼らは、退職してから日本語を始める人や、戦時中日本語が勉強できなかったので高齢になってから学校に来る人や、家庭内で意図的に日本語を話さない両親がいたので、日本語が二世でも全く話せない、そして成人になってから日本語を覚えようとする人々などだ。あるいは、小さい時には大抵日本語学校に行ったが、ある年齢（特に高校生）になるとブラジル学校のみになり、日本語を止めてしまった人々だ。戦後、日系児童に教えることが主目的であった日本語学校に対し、日伯文化連盟（1956年創設）という学校ではすでに成人を対象にした日本語クラスが開講されていた。その中には、珍しいが、非日系学習者も少しずつ出現していたのだった。こういった様々なプロフィールを考えるとブラジルの日本語教育がすでに多様化していたことがうかがわれる。近年外国語教育としてのニーズもますます高まりつつある。

3　在日ブラジル人の言語とアイデンティティ

(1)　日本に住む日系の子どもの言語教育環境

　2013年時点で、約22万人のブラジル人が日本に在住する。2008年のリーマンショック前には30万人を超えていたブラジル人は、5年の間に約8万人減少した。しかし、帰国を選択した家族の中にも日本で生まれ、ポルトガル語よりもすでに日本語の方が強い言語となっている学齢期の子どもたちも多くいるはずだ。帰国後に彼らがどのようにブラジルに統合されていくか課題は多い。

　現在、日本に住むほとんどのブラジル人の子どもの言語教育環境は、日本語のみかポルトガル語のみのどちらかを選択せざるを得ない。それは、在日ブラジル学校へ通って、隔離された「ブラジル小社会」の中でポルトガル語しか話せない子どもに成長するか、日本の日本語学校へ通い、日本人のように同化するかどちらかという意味だ。トランスナショナルな経験ができたにも関わらず、全く、「移動」を自分の経験にプラスにできていないことが非常に残念である。筆者が思うには、せっかくの地理的移動が個人個人のバイリンガリズム形成や、文化体験を通した豊かな人間形成につながっていない

第1部　子どもの母語とアイデンティティ

ことが惜しいのである。日本にはブラジルで日本人移民が始めた寺小屋式[22]の日本語学校が存在していない分、バイリンガルを育てるには家庭での教育が非常に大切であり、親の意識が重要となる。

　在日ブラジル人の子どもたちも、かつてのブラジルの日系人のように二言語を伸ばしていく伝統があれば、日本語が伸びるだけではなく、ポルトガル語が維持できたはずである。しかし、筆者が2011年に滞日して調査したところでは、ブラジルで日本人が建設したような寺小屋式の日本語学校はほぼ見られなかった。本国に帰国してからブラジルの学校に編入できるように認可されているブラジル学校は日本に数校あるが、ブラジル人同士が相互扶助で教育を考え、日本滞在中の母語保持のためにポルトガル語教室を設けているケースはほとんど見られない。

　ブラジルに移住した日本人のように会を形成して、そこで日本語の授業をするという意識がブラジル人にはなくても、ブラジル人同士の人間関係は個人のレベルではあり、ブラジル人同士が集まる場所としては、教会などが挙げられる。群馬県、伊勢崎市で2011年11月から12月にかけて行ったフィールドワークでは、種類の違う三つの教会を訪問した。そこでは、多く若者の会話はポルトガル語でされており、親にとっては母語、子どもにとっては継承語ではあるが、ポルトガル語を（カミンズの基礎的対人伝達スキルのレベルに）維持する場所にはなっている。しかしながら、ポルトガル語もあまり話せないが、日本でも中学校までしか行っていない人にも数人会った。一方で、子どもの教育に惜しみなく投資している親もいた。午前中から午後にかけて、日本の学校へ通学しながら、夕方からブラジル学校にも通っている子どもに出会えた。

　ブラジルにおける日系社会の多様性は日本に暮らす日系社会にも見られ在日ブラジル人も子どもの教育に関して多様である。2012年4月27日付けのサンパウロ新聞によると、10万人以上の日系ブラジル人が帰国していると言われているが、その子弟たちが現地のブラジル学校に戻るのには、ポルトガル語の力は必須だ。10万人の中に相当数いるであろう日本生まれの子どもたちにとって、ブラジルでの生活は必ずしも容易ではない可能性も否めない。また、ブラジルの日系社会自体、日本語学校が閉校、もしくは廃校になっ

108

第 4 章　ブラジルの日系人と在日ブラジル人

ているところもあるので、帰国しても日本語を維持していく場所を見つける
ことは容易ではないかもしれない。

　ブラジルの日本語教育においてバイリンガルの占める割合は減少している。日系であっても日本語ができる学生は減少し、日系社会で、自然習得で日本語を覚えたか、もしくは、日本語学校へ通って勉強したかの日系人はほぼいなくなっている。むしろ、ブラジル国籍、日本育ちの帰国生の存在がバイリンガルの中で注目されるようなっている。サンパウロ大学に入学する学生の中には日本語能力試験 2 級や 1 級を有する者が数年前まではいたが、最近の新入生の多くは 3 級が最高レベルであったり、日系より非日系の方が日本語を習った年数が長かったりする。新たな傾向として、日本からの帰国生が年に 1 人のペースで入ってくる。

(2)　在日ブラジル人のアイデンティティ

　冒頭にも述べたように、多国籍で構成されている国、ブラジルでも、とりわけ東洋系に対するステレオタイプは根強い。日系人でブラジルにいながら自分は完全なるブラジル人であると思っている人がどのくらいいるだろうか。彼らは、慣習的にブラジル人とは違うことを知っている。日系人のアイデンティティは「未完成」「交渉型」(Ennes, 2001) と言われているが、未完成なのは、常に他者との交渉があることを意味している。ブラジルと日本の文化の狭間で生活する日系人は、どちらか一方に二極化しているわけではなく、その場その場で、相手によって交渉しながら、アイデンティティも形成しているのである。しかし、ブラジルでそのような生き方をしてきた日系人が日本へ行った場合には、なぜ日本社会への統合を拒否したり、日本人に対してアイデンティティ（アイデンティフィケーション）を感じないのかも疑問の一つである。

　ブラジル出稼ぎ協会が 2004 年に日本で実施したデータに基づき、Beltrão & Sugahara (2006) は、日本で「デカセギ」者の適応を遮っているのは言語と習慣の壁であるとし、「在日ブラジル人は永遠的なテンポラリー」であるという。同出典の対象者は、2004 年 1 月に、在日ブラジル人日系 321 人を対象に行った調査で、ボランティアが主催した衛生キャラバンに参加した

109

第1部　子どもの母語とアイデンティティ

人や、在東京・在名古屋ブラジル総領事館に向かうブラジル人が答えたものである。321人中、176人が男性で、145人が女性であった。アンケートを答えた人の年齢は22歳から40歳が最も多く、男性78.7%、女性76.6%で、既婚者男性67.5%、女性63.1%であった。両親とも日系が男性53%、女性51%、片親だけ日系は男性29%、女性28%と続く。非日系の配偶者は男性18%、女性28%である。

　彼らの最終学歴は基礎教育・中等教育（日本の高校）を終了している者は男性82.9%、女性83.8%と決して低くはないものの、ブラジルの日系人の相対的に高学歴であることと比較すると高いとは言えない。彼らが日本で直面した困難は「ホームシック」が男性49.2%、女性49.4%、「言語を知らないこと」が男性43.3%、女性43.6%、「差別」が男性21.3%、女性24.5%、「過労」が男性12.5%、女性20.5%となっている。

　訪日目的について、「生活水準向上のため」男性47.5%、女性40.6%が男女ともに最も多く、次いで「稼いだお金でブラジルでビジネスを開く」は男性46.2%、女性28.1%、「家族を養う」は男性17.5%、女性15.1%、「ブラジルの給料に不満」は男性17.4%、女性15.9%、「失業から逃れる」は男性9.5%、女性4.9%、「学費を稼ぐ」は男性6.6%、女性15%、「借金を払う」は男性6.6%、女性15%、「日本を知る」は男性1.7%、女性4%であった。

　日本語力については、「よく話せる」と答えたのは男性20.8%と、女性14.4%である。「まあまあ話せる」を入れると、その数字は男性52%、女性は50.9%と半分以上に上がる。「読める」は非常に少なく男性4.1%、女性6.1%であった。「まあまあ読める」を入れると、その数字は男性21.2%、女性23.7%と上がる。書くとなると、さらにハードルは高くなり日本語の文字の習得の難しさを象徴している。日本語学習の関心が男性81.7%、女性76.4%と高いものの、日本語学習には結びついていない。日本で語学校を探さなかった理由として、「興味があったが時間がなかった」が最も多く、男性50.4%、女性53%となっている。また、日本でのレジャーを調べると、文化的な機会をほとんどが利用していないことがわかった。4分の3が博物館、美術館に行ったことがない、3分の2が劇や映画を見たことがないという数字も出た。

第 4 章　ブラジルの日系人と在日ブラジル人

　在日ブラジル人の多くがホスト国日本の文化や言語を受け入れようとしない姿勢には、彼らのアイデンティティの問題が深く関係すると思われる。Beltrão & Sugahara によると、ブラジルにいる時から、日系人はアイデンティティの葛藤を覚えていたが、日本でもその国に帰属意識を持てないことに気づく。そして、逆にブラジルに対するアイデンティティが強化されるという。外見的に日本人に近い日系人ではあるが、行動が日本人とは異なるのである。こういった表面的な「外見」と「実際」の離齬は適応に問題を生じさせ、日本人の受け入れやブラジル人の適応に葛藤を生じさせると考えられている。

4　おわりに

　日系人はバイリンガルであっても、バイカルチャーとは限らない。留学生や研修生のように、優遇されるわけではなく、就労で訪日する日系人にとって、日本の習慣や文化の壁は大きい。日本へデカセギに来る日系人は、日系人という「お面」があるが故に、かえって日本人から批判的に見られてしまうこともある。ブラジル祖国では、親から美化された日本を聞いて育っているため、現実とのギャップに遭遇し嫌悪感を覚えた人も多い。また、ブラジル社会からも日系人は完全なブラジル人とは見られていない。そういったアイデンティティがあいまいなまま、日本で日本人と接触することによって、自分の中で長年蓄積された文化や慣習、価値観などを一気に否定されるようで苦痛になることもあるだろう。それを繰り返すと日本の文化や日本人に対して好感を持てなくなる。

　トランスナショナルな生活をするブラジル人にとって、日本語をマスターすることは生きていくための戦略ではないだろうか。他の移民に比べて法的に優遇されている日系人が、その利点を活用するためには日本語を覚えることは不可欠である。言葉を獲得することで、日本の慣習や文化を理解し、「交渉」しながら摩擦のない生活を送ることができる。トランスナショナルであることは、ホスト国だけではなく、自国に戻ることが念頭にあるので、その言語をも忘れてはいけない。日本に住んでいても、子孫に対する長期の投資

111

第1部　子どもの母語とアイデンティティ

と考えて、ポルトガル語を教える努力を惜しむべきではないのではないだろうか。ブラジルに移住した日本人は、ホスト国にそういった準備がなかったため、自ら寺小屋式の学校を建てて諸問題を解決した。日本に理想の社会的なシステムがなければ、相互扶助で新たな方法で考え出す力が日系人に求められると同時に、日系人の保護者や子どもたちに対するエンパワメントも同時に必要であると思われる。かつて、ブラジルでは多くのバイリンガルが育ったように、これから日本でも日本語とポルトガル語ができるトランスナショナルなバイリンガルが育つことを期待する。

【注】

(1)　唯一、この場合は、日系人は日本人とその子孫の日系人が含まれる。以下からは日系人と言えば、二世、三世以降の事を指す。

(2)　自分の体験を振り返ると、1970 年代では、日系人であることは、「目が破れている」「生の魚を食べる」「毎月かえるを食べる」などとブラジル学校の子どもたちから罵られた。少し成長して、1980 年代は、「おい、日本人」と呼ばれ続けたが、「日本人は証明つき」とも言われ、それは「日本人は約束を守る、お金を返す」などという良い評価という意味であった。

(3)　ブラジルの植民地時代（1500～1822 年）には、多くの商売人は文字すら読めなかった。また、その継続で、王政時代（1822～1899 年）になっても、非識字であるのにもかかわらず、資産と勲位があれば投票権が得られた（Almeida, 2000）。

(4)　CABOCLO（カボックロ）という用語は、非常に定義が幅広くて、複雑である。学術用語であったり、一般的にもよくステレオタイプ化した使用などで一般文学にも見られる。人種や社会的地位、地域差などがあり、日本人の移民史には頻繁に出てきており、教育を受けていない、教養のない文化水準の低い地方のブラジル人を指した。

(5)　戦後には「日本語学校」と名称が変わるが、学校形態自体は様々で、日本人会が運営母体になっているところや、教師個人の経営の私塾系で、教師の家庭内で一室を使っているクラスもある。それでも、一般的には日本語学校という名称が継続した。

(6)　日系社会では、一般的に、日本人のオールドカマーのことを「一世」と呼び、ブラジルで生まれた日系人に対して、二世と呼んでいる。また、日本で義務教育を終了せずにきた子ども移民のことを準二世と呼んだ。研究者によっては、

第4章　ブラジルの日系人と在日ブラジル人

1990年代以降から渡伯した日本人のことをニューカマーとも呼ぶ。

⑺　第二次世界大戦に日本が敗戦したことを信じる者と信じない者とに別れた。また、日系社会では殺害事件などが起こった。

⑻　戦後の日系社会の混乱に関しては宮尾進の『臣道聯盟』を参照されたい。

⑼　情報提供者：元日本語教師、77歳、日本人、渡伯年1958年、宮崎県出身。

⑽　異なる言語を使う人同士で生まれる共通の言語。「コロニア語」として知られているブラジルのバリエーションのある日本語も当初の日本人だけで形成されている邦人社会では、日本語の方言同士の接触で生まれたのがその最初の現象のように思われる。戦後になると、日本語が母語話者の日本人一世と同じようにはできなくなるブラジル生まれの二世に対してわかりやすく話すポルトガル語混じりの言語でもあると言われた。コロニア語に関して、詳しくは、Doi（2006）を参照されたい。また、筆者が接触した高度な言語能力を保持するバイリンガルの二世は巧みな文節ごとのコードスイッチング（二言語併用）を頻繁にすることも見られた。

⑾　学習者に負担がかからないというのは、日本語の漢字が4年生程度までであることや、あまり高度な日本語を要求しない方がいいと当時のオピニオンリーダーであった安藤全八が提唱していた。

⑿　日学連の編纂した『幾山河』によると、戦前の国定教科書の存続もありながら、完全なる切り替え（コロニア版）は54.7％であり、戦後日本の柳田國男編の教科書が5.3％、コロニア版と柳田用併用が34.3％、その他5.7％であった。

⒀　日学連の1963年に行われた調査では、教師数336人に対して、戦前移民が170人（58.4％）、戦後移住者が106人（36.4％）であり、ブラジル生まれが15人（5.2％）であった。有資格者は僅か17.5％に過ぎなかった。

⒁　中学校は農村にはなく、都市部にしかないところが多かった。

⒂　この中には、こちらでは「準二世」と言われ、小学校を終了する前に渡伯した移住者子弟も入る。

⒃　寄宿舎建設に関しては、多くの日系コミュニティの歴史の中で何気なくうかがわれるが、距離を置いてみると、それは大きなブラジル社会への統合の第一歩であった。

⒄　日本語学校の教師は「将来のブラジル社会に入る立派な日系人を育てる」という確信を持っていた。そのような風潮が日系社会にも流れていた。無資格でも、日本語学校の教師になると、翌日から「先生」と呼ばれて、周囲の父母が教師を支持することに快感を覚えたという。

⒅　本校を卒業すれば、予備校に通わなくても直接サンパウロ大学の入試を通過できるレベルがあることが知られている。

⒆　最近、サンパウロ大学で、黒人や先住民に対するクォータ制、あるいは公教

113

第1部 子どもの母語とアイデンティティ

育を受けた者への特別な得点システムを設けるかなどで議論の最中である。

⑳ 例えば、日学連の記録によると、1980年代の学校行事の全国お話大会などでは各地区サンパウロ州やパラナ州などから学校の生徒代表が集まり、競い合った。生徒数だけでも160人おり、その他に教師や親たちも参加した。作品を展示する時は1,000点ぐらい集まるのであった。

㉑ 世代と言語習得は分別されていないが、626人中、オールドカマーの日本人一世は33.3%、ブラジル生まれの日系二世が34.8%、三世が15.8%、四世1.6%、日本人ニューカマー4.7%で、無回答6.0%で、非日系は3.5%であった。

㉒ 少ない例であるが、2011年のフィールドリサーチで筆者が伊勢崎市のあるコミュニティースクールを訪問した。そこは、稀に見られたブラジルにある日本語学校のようなところであった。「虹の架け橋プロジェクト」の助成を受け、様々な教科が教えられていたが、日本の学校に入れない子どもや、ブラジル学校にも月謝が払えない家庭の子どもたちや、ドロップアウトした子どもたちが勉強していた。また、それぞれの国の継承語であるポルトガル語やスペイン語などの授業もあり、子どもたちの明るい姿が見られた。

第4章　ブラジルの日系人と在日ブラジル人

Column

異文化適応力はバイリンガルの生活の知恵

モラレス松原礼子

　ブラジルで、あるニューカマーの日本人と一緒に仕事をした機会に、「ブラジルの日系人って、何がなんだかわからない、はっきりと意見は言わない上、優柔不断である。それに、言葉ができてもどうも言語と行動が一致しない」と言われたことがある。

　ある日系の大学生が日本に留学するための面接試験を受けたが、結果は不合格であった。あとで聞いた話では、どうも面接内容自体に問題があったわけではなく、緊張のあまりげらげらブラジル的な陽気な笑い方をしてしまったことが、日本人面接官からふざけていると取られたらしい。上の二つの例から浮かび上がってくるのは、「はっきりものを言わない」日本人的な日系人と、日本語はできるが態度がブラジル的な日系人である。

　筆者も日系二世のバイリンガルではあるが、バイカルチャーとは言えないと感じることがある。ブラジルでは、日系人は表層的な面を含め、どうしても非日系のヨーロッパ系、黒人系のブラジル人とは距離を置かれ、「日本人」として扱われる。ところが、日本に行くと「日本人」とは扱われないことに気づく。もしブラジルでなら非日系人が片言の日本語ができるとすぐほめられるが、日本では日系人が日本語ができても当然と見られ、そのくせ型破りな行動を起こそうものなら「非常識」ととられ、「異文化」の問題とは理解されない。実際そういう誤解もよくある。

　現在、4～50代の日系人にはバイリンガルがかなりいる。彼らはバイリンガルであるがゆえに、複雑で複合的なアイデンティティで悩んだことがあるのではないだろうか。その時々によって、ブラジル人と言われたり、日本人と言われたり、モノリンガルからは不思議がられ、「こういう時はどの言語が先に出てくるか」などと聞かれる。「日系人」とは、ブラジル人でも日本人でもない第三のアイデンティティを形成し、両方の文化を理解し受け入れて、それを場面や相手によってアイデンティティを使い分ける（交渉する）人々のことだと思う。多重・複合的であるため、モノカルチャーの人々には理解しがたいかもしれない。

　日系人は、日本語もポルトガル語も会話程度できる場合、語彙や文法などのレベルで何らかの借用語やコードスイッチング（コロニア語）を頻繁に行っている。これは、日系社会での生活体験をしたことがない人には、恐らく理解しにくいかもしれない。専門的な分析では、「コロニア語」のコードスイッチは、「くだけた場面、共通の話題、親しい相手」といった条件が揃うと起こ

第1部　子どもの母語とアイデンティティ

ると言われている。さらには、同じ共通の話題でも生活体験などが共通していたり、何かに共鳴できたりすることがあれば、気を許しあい、知り合って短い時間でもコードスイッチングをするそうだ。バイリンガルにとって言語がエスニックアイデンティティと深い関係があることの表れだと思われるが、最近のブラジル日系社会にはそういう人がだんだん少なくなってきた。

　バイカルチャーなバイリンガルに育つには、特に日本とブラジルのように文化も習慣も異なった社会であれば、各々の特徴を知ることが大事だろう。それには、言語や文化、習慣に対して客観的に意識して接し、本人の価値観を築くことだ。自分の中にあるブラジル的な感性と、日本的な感性を、どこにいても器用に使い分ける能力を養うことが重要である。空気を読み取る能力や、相手によって言語行動を変えるのは二重人格でもなければ、自分を見失うことでもなく、丹念に鍛えられた生活の知恵だと筆者は考える。

第5章

ことばとアイデンティティ
―複数言語環境で成長する子どもたちの生を考える―

川上　郁雄

要　旨

　本章は、幼少期より複数言語環境で成長し複数言語を習得した経験と
記憶がその子どもが生きていくことや自己形成にどのように影響してい
くかをテーマにしている。事例として、台湾人の父と日本人の母を持ち、
台湾と日本で中国語、台湾語、日本語の間で成長した一青妙氏へのイン
タビューと彼女が書いた自己エスノグラフィー、『私の箱子』(2012) を
分析した。その結果、幼少期より複数言語を通じて経験したことが意味
づけられ、その新しく意味づけられた記憶が彼女の生き方とアイデン
ティティの再構築に繋がっていることが明らかになった。そこから、複
数言語環境で生きる子どもたちへの言語教育、日本語教育のあり方を再
考した。

キーワード◆複数言語環境、記憶、アイデンティティ、「移動する子ども」、
　　　　　家族

第1部　子どもの母語とアイデンティティ

はじめに ― 「移動する子ども」と一青 妙 ―

　台湾人の父と日本人の母の間に生まれた一青 妙（ひととたえ）さんがかつて私のインタビューに答えて、幼少期の思い出について次のように語った。

　　「私、生まれてから半年くらいしてすぐに台湾に行きまして、そこからずっと逆に台湾の生活になったんですね。半年後から小学校6年の終わりまで、ずっと台湾の現地の学校に通ってましたんで、その中でおそらく、言葉をしゃべったり、記憶に残っているようなのは、3歳とか4歳くらいで、はじめて外でしゃべってることばとうちの中でことばが違うって、おそらく外国人なのかなっていうのを意識した記憶があります。（中略）自然と中国語と、台湾語を聞き分けて使っていた。あと父方の親戚は全員台湾に住んでいますので、その方たちとは台湾語であったり北京語だったり。記憶にあるのは、母より、私が大きくなってから言われたのは、普通だったら一歳くらいでことばを発すると思うんですけど、すごく遅かったと言われて。たぶんそれはいろいろなことばの環境の変化にどう対応していいのかっていうのをじっと待ってるような時期で、ある日突然、かなり遅れてすべてのことばを話しはじめたっていうのを母からは聞いているんですけど。今考えるとそれからは何も考えずに、スイッチを切り替えていた、意識もせずにやっていたんだと思います。」

　　（川上編 2010a; p. 39）

　妙さんはその後、台湾の現地の小学校へ入学し、6年生まで通い、それから日本に帰り公立小学校の「帰国子女クラス」に入った。中学、高校、大学、大学院と日本で過ごし、現在は、女優であり歯科医師として活躍している。仕事やプライベートな理由で、妙さんは台湾へ行く機会が多く、中国語は前より上達したと話すが、今の自分の中国語能力について次のように言う。

　　「今でも不安ですね。年齢的にも四〇とか五〇（歳）とかになってきますと、話すこともパブリックな感じの内容、読む文章も固めのものを読んだり。向こうの「日経」（新聞）に値する新聞とかを読んでも辞書を引かないとわからないことだらけですし、雑誌とかもスラングとか流行っている言葉も意外と

第5章　ことばとアイデンティティ

分からないなって。私の場合、同年代の現地の友達とか若い友達と接している
るわけでもないので、そういったものは分かってないと思います。」(川上編
2010a; pp. 51-52)

　台湾の小学校で自分は中国人と思っていたという妙さんは中国語が堪能
で、学校の成績も良かった。現在は台湾と日本の間を行ったり来たりして、
日本語と中国語の両言語を使いながら生活しているが、それでも自身の中国
語能力については「今でも不安ですね」と答えている。私たちはこのような
語りをどのように理解したらよいのであろうか。女優であり歯科医であるこ
とを見て「成功例」とみなしたり、逆に、中国語能力に不安があるからと言っ
て「失敗例」と評価したりすることはできるのであろうか。

　妙さんの語りは、このように、私たちに様々なテーマを投げかけてくる。
幼少期に複数言語環境で育つ子どもは、成長過程でどのように複数言語を習
得し、さらに複数言語を学んだことがその人のアイデンティティや人生にど
のように影響していくのか。また、私たちはそれらの子どもの生をどのよう
に理解し、どのように捉えたらよいのだろうか。

　これらの問題は、現在、日本各地に居住し、学校等で日本語を学んでいる
「外国人児童生徒」や国際結婚した親のもと複数言語環境で成長している子
どもたちの場合にも同様にいえることである。さらに、日本国外で日本人の
親のもと現地校に通っている子どもにも共通する課題といえよう。したがっ
て、本章では、それらの問題意識から、幼少期より複数言語環境で成長する
子どもがどのように成人となっていくのか、そして、複数言語環境で成長し
たことがその人のアイデンティティ形成にどのような影響を与えるのか、ま
た、そのことを私たちはどのように理解し、捉えたらよいのかという課題に
ついて考えることを目的とする。

1　研究の視座 —なぜ「移動する子ども」なのか—

(1)　先行研究レビュー

　学習とは、技能や知識を獲得する学習者個人の認知的な営みというよりは、

第1部　子どもの母語とアイデンティティ

「状況に埋め込まれた学習」（レイブ＆ウェンガー 1993）という社会的実践であるという見方（学習観）が広く支持されるようになって久しい。また、この学習観が第二言語習得研究に援用されると、言語習得を個人的な認知的営為として捉えるのではなく、個人と社会との関係の中で言語習得を捉える見方が生まれ、言語習得を社会的文脈におけるアイデンティティ交渉と関連させるポスト構造主義的アプローチの研究が多く行われるようになった（Pavlenko & Blackledge 2004a）。例えば、Norton（2000）は、カナダに移住した女性移民が第二言語として英語を学習する初期段階でいかに社会的な権力関係の中で第二言語学習に向かっているかを明らかにした。ポスト構造主義、フェミニズムの視点に立つ Norton は、社会的な権力構造の中で、移民女性である学習者が第二言語学習を通じてそれまでの自己を新たな社会関係の中に位置づけるためにアイデンティティを再構築していると見る。さらに、Norton はブルデューの「文化資本」の概念を援用し、学習者が言語学習に向かうことを「投資」と呼び、「投資」により「文化資本」を増大することによって、学習者は移民社会に生き伸びていく方策を獲得していくと説明する。

　学習者が言語学習に「投資」するという Norton の考え方は、それまで学習者の学習動機を学習者個人の認知的営みとして捉え、学習への「動機づけ」によって学びを説明しようとしてきた心理学的アプローチを退け、学習者が学習へ向かうのは、社会の権力関係と自己との「交渉」を通じて、より多くの象徴的、物質的資源を得、よりよい自己を実現するためであるとする。そのために、学習者は様々な場所や時間の中で遭遇する社会的な権力関係の影響を受けつつ、自己のアイデンティティを不断に再構築していくことになる。したがって、第二言語学習への「投資」は学習者にとってアイデンティティへの「投資」ということにもなる。

　Kanno & Norton（2003）は、学習者が言語学習へ向ける「投資」の背景には、学習者の想像力があるという。つまり、「投資」は現在の自己だけではなく、将来の自己のあり方や生活を想像する力が働いていると捉える。レイブ＆ウェンガー（1993）は「状況に埋め込まれた学習」（状況的学習）を議論するために、徒弟制度が見られるような実際の「実践共同体」の中で新

第5章　ことばとアイデンティティ

参者が社会文化的実践の「十全的参加者」になる過程を分析したが、Kanno
& Norton（2003）は、言語学習者が「投資」の先に見ているのは、実際の「実
践共同体」だけではなく、自分が将来所属したいと想像する「実践共同体」
であるという点を強調し、学習者の想像力に注目する。そのうえで、ベネディ
クト・アンダーソン（1991［1997］）の「想像の共同体」（imagined commu-
nity）を敷衍して、学習者にとって将来所属したいと思う「想像の共同体」
をイメージして「投資」が行われると主張する。

　Kanno & Norton（2003）は、その例として、Rui という 10 代の日本人の
少年の事例を説明する。彼は、人生の 3 分の 2 を英語圏（オーストラリアと
カナダ）で過ごし、カナダの同年代の子どもと同様にカナダの価値観や考え
方を持ちながらも、自分は日本人であると強く思っている少年であった。彼
は、日本人と見られたいという思いと、日本人性を維持するために、日本語
学習へ向かっていたという。しかし、Rui が考える日本はけっして実際の日
本ではなかった。彼は日本から遠く離れており、日本で過ごした経験も乏し
く、彼を支えたのは彼の想像力だけであった。そのため、想像の日本と実際
の日本の差を実感したとき、彼は落胆し、もう日本人になりたいとは思わな
くなった。しかし、彼が想像する日本は彼の学習を支える力となり、彼はそ
の後も第一言語である日本語の学習を続けたという。Kanno & Norton
（2003）は、Rui を動かしたのは「希望的想像力（hopeful imagination）」
であると説明する。つまり、将来、日本人社会に参加していくために必要な
第一言語を維持したいという「希望的想像力」が彼の日本語学習を支えてい
たと解釈し、言語教育における想像力の重要性を主張した。

　同様の観点から Haneda（2005）は、学習者のそれまでの人生の中で体験
したことが学習に影響を与えることについて論じている。その場合、過去の、
そして将来の「実践共同体」との関係の中で、学習者は現在の教室という「実
践共同体」を捉え、そこでの学習に取り組むと説明する。

　Haneda（2005）は、その例として、カナダに移住した日本人一世の両親
を持つ Jim を取り上げ、その青年の日本語学習について述べている。Jim は、
学校では英語を使用し、家庭では日本語と英語を使用する子どもであったが、
学校へ通いだすと、兄弟間でも英語が中心になっていった。そのため、日本

第1部 子どもの母語とアイデンティティ

語より英語の方が気持ちがよいと感じるようになった。両親は彼を土曜学校
（Saturday morning heritage language school）へ入れた。彼はその学校へ
小学部から中学部まで8年間通った。そのことについてJimは、両親を喜
ばせるためであり、また同じような境遇の友達（Japanese Canadian
friends）と会うためだったという。日本語の読み書き能力を維持するために、
彼は高校でも日本語のクラスを受講した。大学に入学すると、彼の読み書き
能力は小学校6年生より低かったが、いきなり大学4年生の日本語のクラス
へ入るように言われた。そのクラスは、日本語を外国語として学ぶクラスで
あったが、彼は異質であった。そのクラスに入ったことについて彼は、自分
のルーツの言語だから学ばなければと思ったと答えている。

　日本語クラスの担当であったHanedaから見ると、Jimの日本語の口頭能
力は高く、流暢な日本語で話していたように見えた。しかし、どことなく、
非ネイティブの日本語に聞こえた。彼の日本語は家庭や友達と話すカジュア
ルな日本語であって、教師のような目上の人と話すときに使用するフォーマ
ルな日本語ではなかった。そのことは、書く力にも反映しており、カジュア
ルな日本語しか書けなかった。その理由は、日本語のマンガを読み、カジュ
アルな手紙文のファックスを日本にいる親族に送るなど、限られた日本語使
用の経験しか彼にはなかったからである。それに比べて、英語力は学校で習
得していたので、彼は洗練された英語文を書くことができた。

　このようにJimは、自らの高い英語能力と、日本語の高い口頭能力を肯
定的に評価していた。しかし、日本に一時帰国したとき、初めて親戚を訪ね、
そこにいた同じ年頃の子どもの反応から、彼は自分の日本語の会話力が思っ
ているほど高くないことに気づくことになる。また電車の中で聞く日本人の
若者たちの会話から、彼はますます自信をなくしていく。結局、「日本人だ
けど、日本人じゃないみたい」と言われたという。

　Hanedaは、Jimの日本語クラスの担当者として、彼に作文指導を行うが、
Jimが日本語の語彙不足から日本語の作文が全くできないことに気づく。同
じクラスのカナダ人の学生よりも日本語でエッセイを書く方法を知らなかっ
た。Jimは英語では書くことができたが、日本語では書けなかったのだ。

　しかし、その後、Jimは、英語で書いたものを日本語に翻訳する方法や、

122

第5章　ことばとアイデンティティ

家で親にわからないことを聞く方法などにより、徐々に日本語で書くことに取り組むようになった。やがて「ですます体」と「である体」の違いを学ぶなど、徐々に大学生らしい日本語が書けるようになっていった。Jim は、将来、「ちゃんとした日本語」を地元のカナダの日本人社会で使うとともに、職業としてはハイスクールの英語の先生になりたいという希望を持っていたという。

　この Jim の事例の特徴について、Haneda（2005）は、次のように分析する。

　第一は、日本語を使う「実践共同体」の中で日本語だけでなく日本文化に関する知識や技能を学ぶ一方、地元の学校教育を通じてカナダ社会の価値や知識も身につけ、社会との交渉を通じて自己意識を確立していった点である。

　第二は、多様なコミュニティに参加することによって、周辺的参加から十全的参加へ、あるいはその逆を繰り返し経験することによって、自分の居場所についての強い意識が生まれ、そのことによって強固な自己を確立していった点である。

　このようなアイデンティティの構築のプロセスに、Haneda は次の要素が影響していると分析している。その一つは、Jim が日本に一時帰国して感じた自身の日本語能力についての自信喪失である。Jim は、日本という「実践共同体」に自分が所属しているという感覚が得られなかった。二つめは、Jim が見せた日本語学習、特に日本語の書く力を引き上げるための学習への「投資」である。彼は高い日本語能力を持ち、「ちゃんとした日本語」でエッセイを書くという強い意志があった。それは、それまでの人生で経験してきたことを踏まえて、過去、現在、未来を貫く形で、アカデミックな共同体へ日本語の書き手として十全的参加を果たしたいという希望であり、地元の日本人社会へ十全的参加を果たしたいという希望である。いずれも、それらは「想像の共同体」への参加の希望である。三つめは、異なる「実践共同体」への参加、不参加による体験があった点である。参加できた経験と参加できなかった経験が将来を見通す中で日本語学習へ向かわせていた。そこには、学習者のニーズや希望、夢が含まれていると、Haneda（2005）は分析している。

　このように、Norton（2000）、Kanno & Norton（2003）、Haneda（2005）

123

第1部　子どもの母語とアイデンティティ

は、移民や移民の子どもが、移民社会の言語や第一言語を社会的な権力関係の中で自己のアイデンティティを交渉しつつ、「実践共同体」への将来の十全的参加を希望的に想像しつつ言語学習へ「投資」をすることによって学習を進めていると説明している。しかし、この捉え方は、移民社会に生きる言語学習者の葛藤や行動を説明するには有効な面もあろうが、他方で、幼少期より複数言語環境で成長する子どもの生を理解するうえで疑問も残る。

　Norton（2000）はカナダに移住した女性たちが社会的な権力構造の中で第二言語としての英語学習を行っている姿を説明しているが、その際、女性たちは、カナダへ移住する前に持っていた資格や経験、専門性を生かそうとして社会と「交渉」する中でアイデンティティを再構築し、将来への「投資」として言語学習を進めていると説明している。それは、移民女性たちの言語学習に見られる学習動機の説明でもあるが、同時に、大人の女性であることやカナダ移住の初期段階の言語学習という限定がある議論でもある。Kanno & Norton（2003）は、「希望的想像力」によって言語学習へ「投資」し、「実践共同体」への将来の十全的参加の希望が学習を進めているという点を強調し、これまでの「動機づけ」から見た学習理論を否定している。Kanno & Norton（2003）では、Rui という 10 代の少年が日本語学習へ向かう背景について論じられているが、同じように日本国外で成長する子どもたちの中には「希望的想像力」が持てずに言語学習へ向かえない子どももいるだろう。そのような場合は、なぜ「希望的想像力」が働かないのかという課題も出てくるが、そのような議論や説明はない。また、Haneda（2005）は、Jim という大学生が日本語の書き手としてのアイデンティティを形成していく背景に、同様の「投資」、「実践共同体」への十全的参加の希望や「希望的想像力」を想定しているが、アカデミックな共同体への参加とローカルな日本人社会への十全的参加を想像できない学生の場合は、どのような要因が言語学習と関連すると考えられるのだろうか。そのような場合、アイデンティティの再構築はどのように考えられるのか。

　つまり、Norton らの「投資」、「想像の共同体」、「実践共同体」への参加希望、アイデンティティ交渉、「希望的想像力」といった説明原理は、基本的に、移民社会において「様々な抑圧を経験し葛藤を抱えつつも言語学習へ

向かおうとしている学習者」の学習と生きざまを説明するために動員されていると考えられる。しかし、これらの説明原理だけで、移民社会における第二言語学習者のことばとアイデンティティについて十分に説明したことになるのであろうか。例えば、Norton（2000）の対象とした学習者は成人の言語学習者であり、第二言語学習以前に成人した大人のアイデンティティを有し、そのアイデンティティをもとに新しい移民社会との「交渉」によって新たなアイデンティティが再構築されることが焦点化された。さらに、その場合の移住前のアイデンティティは祖国やエスニックなアイデンティティが問われることなく前提となっているように見える。同様に、Kanno & Norton（2003）における Rui の場合も、「日本人」であるという当事者の自己規定を前提として議論をし、他の事例、例えば Rui と同じような境遇にあっても「カナダ人」として自己規定し日本語学習を放棄しているケースもあろうが、そのようなケースを議論する余地は見えない。あくまで言語学習を継続する学習者の学習を説明することが、Norton らの研究の主題と見える。

　また、これらの先行研究の中には、Kanno & Norton（2003）の Rui や、Haneda（2005）の Jim のように、幼少期より複数言語環境で成長した子どもを対象にしているように見えるケースもあるが、これらのケースでも大人を対象にした研究と同じ説明原理で彼らの学習を解釈しようとしているように見える。例えば、Haneda（2005）の議論の中に「特に大人の第二言語学習者の場合は」とわざわざ注を入れるのはその証左である。

　しかし、これらの説明原理だけでは、幼少期より複数言語環境で成長する子どもたちの言語学習の特徴を理解したり、彼らの言語教育を十分に議論したりすることはできないのではないだろうか。その子どもたちには、前述の Rui や Jim も含まれるが、そのほかに多様な背景や多様な課題を抱えさせられている子どもたちも多数含まれるはずだ。そのような子どもたちの中には、複数言語に触れることによって不安や葛藤や、いわゆるアイデンティティ・クライシスを感じる子どももいるだろう。そのため複数の言語学習に向き合えないケースもあるだろう。そのようなケースにおいて、子どもの成長過程と発達段階を踏まえた言語学習及び言語教育、そして子どもを支援する家族や教育者との連携などについて議論することは重要な課題であるが、それら

第1部　子どもの母語とアイデンティティ

の課題へ向かう視点は、Norton らの議論にはほとんど見当たらない。つまり、Norton らの説明原理だけでは、幼少期より複数言語環境で成長した子どもたちの言語学習や言語教育を考えていくことはできないのだ。

(2)　分析概念としての「移動する子ども」

　上記の先行研究レビューを踏まえ、本章では、幼少期より複数言語環境で成長した子どもの成長と発達の視点を踏まえた言語学習と言語教育を考える新たな視座として、「移動する子ども」という分析概念を設定する。

　ここで提示する「移動する子ども」というのは分析概念であって、実体としての「子ども」ではない。それは概念であるから、目の前にいる実際の子どもでもなく、目に見えるものでもない。この概念は、現代社会の人のあり様を分析するための、一つの視点なのである。

　「ハーフは可愛い」「バイリンガルはかっこういい」などという言説は常に生成されては消費されているが、それらは単一言語的人間観や単一言語的社会観の裏返しの言説である。多様な背景を持つ人々が大量に移動を繰り返し、社会全体がこれまでにない複層的なコミュニケーション空間を持つようになっている現代、その中で、人と人がことばで結びつく、あるいは結びつかない現象が社会のあり方や人の成長に影響を与えていくと考えられる。それゆえに、「移動する時代」に生きる子どもたちのことばの教育は、子どもたちにとっても社会にとっても重要な課題となる。

　「移動する子ども」という分析概念は、これらの課題を考えるために提出されている。「移動する子ども」の３要素は、「空間を移動する」、「言語間を移動する」、「言語教育カテゴリー間（つまり、言語学習場面間）を移動する」であるが、そのコアにあるのは、複数言語を使って生活したり学習したり、また複数言語を使って他者とつながったり、あるいは逆に他者とつながらなかったりする経験である。「移動する子ども」とは「移動させられている子ども」と同義であり、自己の意図とはかけ離れた力や境遇によって生かされている子どもでもある。その結果として、複数言語に触れながら成長するという経験が身体の中に蓄積されていき、その経験は、実は実感のともなった記憶として子どもの中に残っていく。異なる言語によって他者とつながる楽

第5章　ことばとアイデンティティ

しい経験も、異なる言語によるコミュニケーション不全を味わうつらい経験
も、記憶として蓄積され、地形を形成する地層のように身体を形づけていく。
その記憶から複数言語に対する意識や自らの言語能力に対する意識が生ま
れ、それらが人の成長の中で自己を形づけ、同時に社会的関係性の中で自己
を変容させていく。

　したがって、「移動する子ども」という分析概念を構成する要素は、言語
能力、言語能力意識、経験、そして記憶なのである。それらは、幼少期より
複数言語環境で成長し、複数言語に触れ、複数言語能力を駆使して他者とや
りとりをしたという「記憶と能力」であり、現在の子ども自身の「能力と意
識」であると同時に、子ども自身が過去を振り返り意味づける「経験と記憶」
でもある。

　このような含意の「移動する子ども」という分析概念は、子どものアイデ
ンティティ形成を考えるうえで重要である。これらの子どものアイデンティ
ティとは、幼少期より複数言語環境の中で「自分が思うことと他者が思うこ
とによって形成される意識」（川上編 2010a; p. 213）である。なぜなら、こ
れらの子どもは幼少期より体験する複数言語による他者とのやりとりと、そ
の経験についての意識によって、社会の中で成長しつつある自分の位置を常
に考えさせられることからアイデンティティが形成されるからである。

　もちろん、その場合、子どもが生活する社会の中で向けられる、子どもの
言語能力や他者性へのまなざし、さらには子どもの親を含む家族と社会との
関係性も、子どもの言語に対する意識やアイデンティティ形成に影響するこ
とも確かである。その中にあって、子ども自身が自らの選択として自己のあ
り方を模索していくことになる。それは社会関係の中で「自己になっていく
プロセス」といえよう。

　ただし、この「自己になっていくプロセス」は、Norton（2000）が取り
上げた大人の移民女性がカナダの社会的な権力関係の中で自らのアイデン
ティティを再構築する場合と異なる。なぜなら、大人の場合と異なり、子ど
もの場合は、子どもにとっての成長過程と言語習得に関わる認知発達の側面
があるからだ。単言語環境で成長する子どもの場合、第一言語である母語を
意識するよりも、成長過程に見られる空間軸と時間軸の広がりの中で他者を

127

第1部　子どもの母語とアイデンティティ

意識し、自己を意識することで自己形成することになる。しかし、複数言語環境で成長する子どもの場合は、空間軸、時間軸に言語軸が加わる。つまり、言語軸に見える複数の言語を通じて、他者を意識し、自己を意識することで自己形成することになる。したがって、幼少期より複数言語環境で成長する子どもの場合、空間軸と時間軸と言語軸の3つの軸の間で成長する体験を持つ（川上 2011）。この言語軸は子どもたちの経験と意識を概念化するうえで極めて重要な点である。なぜなら、子どもは異なる複数の言語を通じて他者とつながる体験を幼少期より積み、そのことで生活世界が複層化し、言語使用に関する成功体験と不成功体験が複雑に絡み合い、アイデンティティの複合的形成が進むからである。

　言語使用に関する成功体験と不成功体験が複雑に絡み合うことがなぜアイデンティティの複合的形成に影響するかと言えば、第一に、言語使用の成功体験によって他者とつながり、他者から認められる体験を得、その結果、その言語世界に居場所を実感することになること、第二に、言語使用の不成功体験によって他者との関係性構築に失敗し、他者との異質性に向けられるまなざしに晒される体験を生み、その結果、その言語世界から疎外され居場所を実感できなくなること、第三に、それらの成功、不成功の経験から Norton らがいう「想像の共同体」を思い描くことで学習へ向かったり、逆に、「想像の共同体」から距離をもち、学習に対して消極的になったりすることがあるということ、この三つの理由から、複数の言語世界との接触体験から子どものアイデンティティの複合的形成が進むと考えられるのである。

　自己の経験についての意味づけは、人の人生の中でも変化する。成功、不成功の経験の意味づけも個人のライフステージによって多様に変わる。例えば、成功経験が必ずしもプラスに影響し、不成功の経験がネガティブに影響するとは限らないことは、ライフイベント研究においてもすでに指摘されている（尾崎・上野 2001）。

　また、人の記憶と社会の関係についてはこれまで歴史学や人類学で研究されてきた。アナール学派のジャック・ル・ゴフは「記憶とは、何らかの情報の貯蔵庫であり、まず第一に、人間が過去の印象や情報を過去のものとして表象し、それを利用する、心理的な機能の総体と関係している」（ル・ゴフ

第5章　ことばとアイデンティティ

1999; p. 91) と述べ、集合的記憶から人間の歴史を捉える心性史を提唱した。人の記憶が過去の出来事を捉え直すときに重要な視点を提供することがわかる。これは、個人の歴史においても同様であろう。

　これらの先行研究を踏まえると、前述のような含意を持つ「移動する子ども」という分析概念を使用し、幼少期より複数言語環境で成長する子どもの生を理解することは重要な、かつ挑戦的な課題といえよう。本章では、そのことを考えるために、冒頭で紹介した一青妙さん自身が書き下ろした自己エスノグラフィー、『私の箱子』(2012) を、「移動する子ども」という分析概念を用いながら分析することを試みる。その分析を通じて、幼少期より複数言語環境で成長する子どもがどのように成人となっていくのか、そして、そのことから私たちはそのような子どもの生をどう理解したらよいのか、また私たちはそれをどのように捉えたらよいのかという課題について考えたいと思う。

　次節では、一青妙さんの自己エスノグラフィーの概要を述べ、続いて、「移動する子ども」という視点から見た妙さんの人生を時系列に分析する。途中、私が行った妙さんへのインタビューでの妙さんの発言も適宜、交えながら論を進める。その理由は、私のインタビューが行われた時期 (2009 年 3 月) と、この書の物語の始まりが 2009 年 1 月と近く、インタビュー時の彼女の気持ちとこの書の内容が重なっていると感じられるからである。そして最後に、本章の課題について考えるという順序で論を進める。なお、文中の「妙さん」という呼び名は私のインタビュー時に彼女が私に勧めた呼び名であり、本章でもそれを踏襲する。

2　「移動する子ども」という家族の物語
――一青妙の自己エスノグラフィーをもとに――

(1)　一青妙著『私の箱子』(2012) の概要

　一青妙著『私の箱子』(2012) は、女優であり歯科医師である一青妙さんの家族の「果てない絆」を描いた「初エッセイ」(本の帯から) であるという。しかし、研究者の視点から見れば、この書は当事者しか書けない壮大な家族

129

第1部 子どもの母語とアイデンティティ

史であると同時に、「移動する子ども」の研究にとって、極めて貴重な学術的なデータを含む稀有な著作であると言える。

　この書の概要は以下の通りである。この書は、「私の箱子（シャンズ）」「台湾の"野猫"（イエマオ）」「閉ざされた部屋」「母が逝く」「顔家物語」「『顔寓』の主」という6つの章とあとがきから構成されている、284ページの書である。物語は、妙さんが家族で住んでいた家の解体中に見つけた箱（中国語で箱子・シャンズ）から妙さんの亡き父や母の写真や記録を発見するところから始まる。妙さんの父は、顔恵民（イエンフェミン）という。台湾の五大財閥の一つで、鉱山王と呼ばれる顔家の長男として1928年に台湾で生まれた台湾人であった。妙さんの母は、一青かづ枝といい、1944年に東京で生まれた。一青という姓は、石川県能登半島の一青（ひとと）という土地にある母方の姓である。2人は、東京で出会い、1970年に結婚した。国籍の違いも、16年の年齢差も越えた国際結婚は当時としては「希少価値」のある結婚だったと、妙さんは述べる。そして、同年に東京で妙さんが生まれる。そのときの「母子健康手帳」には、「■母の氏名 顔 和枝 ■子の名前 顔 妙」と記載されていた。

　この書は、上記の箱から発見された父母の手紙や写真から、家族の記録や妙さんの記憶をつなぎ合わせる作業が軸となって展開されていく。妙さんは生後6か月で両親とともに台湾に渡り、11年間滞在する。第1章は妙さんの生後の経緯について述べられている。第2章は、妙さんが台湾で過ごした小学校時代の様子が語られる。第3章は、台湾と日本の間で生活し、心の病を抱え、最期はがんで亡くなった、妙さんの父の物語である。妙さんは当時、中学生であった。第4章は、そのような父と結婚した妙さんの母の物語である。母も、父の死後、がんで亡くなった。妙さんが大学生の時であった。この間の出来事は、手紙や日記、写真などによって詳細に述べられると同時に、妙さんが中学生から大学院生、歯科医、女優と成長していく時期と重ね合わされ、妙さんと家族の心情が細やかに描かれている。続く第5章は、父の家系についての章である。台湾の財閥の盛衰が語られる。最後の第6章は、この書の中で60ページを超える最も長い章で、妙さんが中学生だった時に他界した父の本当の姿を理解すべく、記録をもとに歴史を再構成し、昔の友人や親族や関係者の記憶と証言を求めて、台湾に、そしてアメリカへ旅をする、

130

第5章　ことばとアイデンティティ

この書の圧巻の章である。妙さんの父について書かれている第3章が55ページで、第3章と第6章を合わせると、この書の3分の1が妙さんの父をめぐる物語で占められることなる。そのことは、妙さんにとって父の存在がいかに大きかったか、また父を知れば知るほど、そのような父に寄り添った女性としての母の気持ちも妙さんに深く理解されるようになったことを意味した。この書は、箱の中から出てくる記憶のつるが曲がりくねりながら、徐々に国を超えた大きな樹木に成長するかのように舞台女優ならではの視点と工夫で構成されている。その文章のきめ細かさと壮大なドラマの構成力は、妙さんの力量を示しているといえよう。以上が、一青妙さんの著書、『私の箱子』の概要である。

(2)　分　　析

この一青妙さんの書を「移動する子ども」という視点から分析した場合、以下の三つの特徴を指摘することができる（以下のページ数は『私の箱子』による）。

第一の特徴は、幼少期より複数言語環境で成長した子どもの記憶が焦点化されているという点である。自己エスノグラフィーであるから、記憶をベースに書かれるのは当然であるが、それ以上に、妙さんの中で記憶が意味づけられ、身体の中で再構築され、その新しく意味づけられた記憶を抱えて妙さん自身が生きていることが示されている。

妙さんは、東京で生まれ、生後6か月後から台湾に渡り、以後11年間という成長期を台湾で過ごすことになった。そのため、「私は台湾語、中国語、日本語の三つの言語環境の中にいたことになる」（p. 53）と述べている。幼少期の記憶はほとんどないと言うが、母子手帳には、「言葉を喋り始めるのが普通の子より大分遅く、母親としてとても心配した」と記されていた。しかし、いったん話し始めると、「スラスラと三ヵ国語を使い分けるようになっていた」（p. 53）という。

この頃から、妙さんは、「なんとなくほかの人と自分が違うのではないかと感じ取っていた」（p. 53）と言うように、多言語環境で生きる自分自身を見つめ、そして周りを見て行動する意識が見える。したがって、「相手次第

第1部　子どもの母語とアイデンティティ

で言葉を使い分け、接し方まで変えられるバランス感覚に優れた子供になった」（p. 53）と妙さんが振り返りつつ、同時に、「耳障りな大人の会話はラジオのノイズのように、聞いていない、聞こえていないという『無』のフォルダへ。敵になり得るような人は『回避』のフォルダ。そうでない人は『無害』のフォルダへと振り分けを本能的におこなって、自分をさらけ出すことが損だと感じる場面では、自分の思いは封印し、ときには言っていることが理解できていないようにふるまい、周囲を観察し、慎重に行動していた」（pp. 53-54）と幼少期の自身を述懐している。

　しかし、そのような生き方が器用にできているように見えても、「心とのバランスが保てない部分もあったようだ」と述べるように、おねしょや夜泣き、時には原因不明の高熱が出て、家族を心配させたこともあったようだ。

　これらの証言は、妙さんや同じような環境で成長する子どもの成長過程のストレスやアイデンティティ形成を考えるうえで貴重な証言だ。

　妙さんは台湾に住んでいた時、近所に住んでいた日本人家族の子どもや近所の台湾の子どもたちと日本語と台湾語で遊び、学校は日本人学校ではなく現地校に入学し、中国語（北京語）で学習した。そのため、今でも、「暗算するときは無意識に頭の中で中国語を使っている」（p. 58）と語る。台湾の中国語の学校文化にどっぷり浸かると同時に、家庭では日本のビデオなどを見て歌ったり踊ったりしてふんだんに日本語に触れ、日本語と中国語ができる台湾人の父や、中国語を話すお手伝いさんや運転手、台湾に来たときは全く中国語がわからなかった妙さんの母が、日本語と中国語と台湾語を駆使して買い物の値引き交渉までできる姿を見て、妙さんは成長していく。

　しかし、小学校6年生のときに日本に帰ることになり、東京の小学校の「帰国子女受入れ校」に入り、日本の学校文化にショックを受ける。その頃のことを妙さんはよく記憶しているようで、私がインタビューをした時、以下のように答えていた。

　　「ほとんどが英語圏、アジア圏ではないところからの子どもだったんですね。そういう人たちはそれでいい意味でねたまれたり、あ、外国から来たんだっていう感じだったんですけど。でも私は日本語が普通ですし、見た目ハーフっ

第5章　ことばとアイデンティティ

ていう感じじゃないので帰国子女だっていうのを忘れさられていたって感じ
ですね。でも最初苦労したのは漢字が、台湾の場合、繁体字ですので、日本
に来た時に国語の授業の時に全部繁体字で書いていたんですね。そうすると、
その時には、そんな知ったかぶりをしてっていうことを言われていやだった
なって思った記憶があります。」（川上編 2010a; p. 44）

　背景知識のないまま授業を受け、教科学習に戸惑う妙さんの様子は、教科
学習の学びが分断される例である。日本語の日常会話は問題がなかったが、
繁体字の漢字を書いたことからクラスメートに批判された。また学習院女子
中等科への入学試験では、中国語で作文を書いた。台湾の小学校時代に書い
た中国語の作文もこの書に例示され、その頃の妙さんの中国語による文章構
成力が垣間見える。その後、妙さんの中国語能力についての意識は、成長す
るにつれて変化していく。
　例えば、台湾の小学校で自分は中国人と思っていたという妙さんは、日本
で中国語を使ったのか。妙さんは、私のインタビューに答えて、次のように
言う。

　「一切言わなかったですね。向こうも興味を持っていなかったですし。聞か
れもしなかった分、自分から言わなかった。あとは、同じクラスにたまたま
英語圏から帰ってきた子がいたんですけど、その子がみんなから言われて、
怒るときも全部英語で返していて、そういうのを見ながら、あんまりそうい
うことをしても得にはならないなって、しゃべらない方だったと思います。（自
身の中国語能力や台湾の知識を発揮することは？）なかったですね。自分で
は封印していたのと、自分では勉強もしてなかったです。5 年くらいは全く（中
国語を）使わなかった。台湾に帰るのは年に一、二回ありました。その時は
親戚と話すときに中国語を使っていたという程度。積極的に日本で（中国語を）
勉強したっていうのはなかった。でも親はすごく（中国語を）記憶させたかっ
た。必死に、最初は中一、二（年）と北京語の先生を家庭教師としてつけて
くれた。でも私はそれをすごく嫌がって、真面目にやらなかったので、諦め
てなくなってしまったっていう。（嫌がったっていうのは？）必要ないって思っ

133

第1部　子どもの母語とアイデンティティ

てたんですね。やっても楽しくないですし。」（川上編 2010a; pp. 44-45)

　妙さんは周りの子どもたちの反応から中国語を封印し、中国語学習が進まなかった。どちらも子ども自身の気持ちの部分が日本語習得や中国語維持に影響している。しかし、その意識は、自身が成長し、環境が変わることによって、変化していく。

　妙さんは大学時代、中国語を使うアルバイトをして、自分の持つ中国語能力を再評価するようになった。しかし、その中国語能力については不安もあったと言う。私のインタビューに答えて、妙さんは次のように言う。

　　「すごく不安になりましたよね。これで通じているのだろうかとか、小学校の時点で止まっているのでダメなんじゃないかとか。実際にアルバイトで会議とかに来るような方の通訳をすると専門用語などが出てくるので、政治的な問題だとか大人の社会で使われる中国語は私は分からないんだっていうことが分かった。仕事としても中途半端ですし、会話ができても日本で検定試験を受けると受からない。すごく宝のもち腐れというか、結局、中途半端で何もないんじゃないかって思いましたね。今まではずっと、分かっている、でもただ封印してるって思っていたので、そこで初めて自信なくなったという記憶があります。」（川上編 2010a; pp. 49-50)

　複数言語環境で成長する子どもの場合、自分の持つ複数言語能力について意識が変わることがある。妙さんは日本語と中国語を高度に使いこなせるが、その意識の陰に不安や葛藤があることがわかる。

　例えば、複数言語環境で成長する子どもは、幼少の頃の複数言語環境ではほとんど意識せずに複数言語を習得し使用しているが、成長するにつれて、複数言語環境あるいは他者との関係性により複数言語能力についての意識が生まれ、かつその意識が変化していく。そのような言語能力意識が子どもの主体的な姿勢を生み、ある時は積極的に、ある時は消極的に言語使用や言語学習を進めていく。成長期の言語能力意識は、他者との関係性やそれに対応する自己の主体的な姿勢の中で形成され、成人しても引き継がれていき、自

134

第5章　ことばとアイデンティティ

分の中にある複数の言語についての意識と向き合うことは自分自身と向き合うことを意味するようになる。つまり、幼少の頃から成人して社会で活躍するまで、言語能力に関する意識には主体的な関わり方が深く関わっている。

　妙さんの書を「移動する子ども」という視点から分析した場合の第二の特徴は、幼少期より複数言語環境で成長する子どものアイデンティティ形成を考えるうえで、この書が極めて貴重な事例を提示しているという点である。幼少期より「ほかの人と自分が違う」と妙さんは感じていた。そのため、「父親が台湾人、母親が日本人。台湾人でもなく、日本人でもない。台湾人であって、日本人でもある」（p. 52）と妙さんが自身について述べる意識は、成人後にも継続している。妙さんは台湾の小学校へ通っていた頃、「台湾からときどき帰国して滞在する日本での生活は『楽しい』という記憶しかない」（p. 78）と述べる。また、「台湾では常に周囲に溶け込むために保護色になるよう努めていた」ため、妙さんは自身を「カメレオン・妙」と呼ぶが、日本に一時帰国すると、「日本ではそんなことをする必要がなく、何をしても、どれもこれも気楽で、心地よかった」（p. 78）と振り返る。そして、一家で日本に「帰国」した後の最初の変化は、名前の変更であったと言う。「日本の生活に適応しやすいように、父の姓の『顔』から母の姓の『一青』になった」と、名前のことを挙げている。台湾では「顔妙（イエンミャオ）」と呼ばれ、発音の似た「野猫（イエマオ）」とあだ名された妙さんが、「自分の名前が変わる不思議な感覚」を経験する。

　人のアイデンティティを構成するものは国籍や名前だけではない。その頃、妙さんは「台湾の『カメレオン・妙』は日本に行けば考えをきちんと言える人に変身できると思ってきた」（p. 81）と語る。これが1回めの変身のチャンスであったが、うまくいかなかった。続いて妙さんは学習院女子中等科へ進学する。その時、中国語で作文を書いたほどだったが、「当時、中国語はマイナーだったので、自分が帰国子女だということを言わなくなった。英語を話せず、見た目に違いがわからないハーフは注目もされず、『カメレオン・妙』は完全な日本人の色に変わり、自分が変わるチャンスも逃してしまった」（p. 87）と語る。これが、2回めの変身のチャンスであった。自身が変われる3回めのチャンスは、大学へ進学した時だった。「誰も過去の私を知らな

135

第1部　子どもの母語とアイデンティティ

い環境のおかげで少し気持ちが吹っ切れ、心の空が晴れた」という。そして、バックパッカーとして1人で海外を旅して、世界中を漫遊する。その旅先で妙さんは自分自身のルーツを考えることになる。「英語が通じない国でも、どんな辺境に行っても、チャイナタウンや中華料理店が必ずあり、中国語が話せれば無条件に友だちになれた。台湾を離れて約十年が過ぎていたが、世界各地への旅を通し、あらためて台湾人とのハーフであることが私の中によみがえってきた」（p. 137）と語る。妙さんが自身の中にある文化資本としての複数のことばの力を実感し、自らのアイデンティティを省みる瞬間であった。妙さんは自身の性格を、「いい加減な」（性格）と言ったり、「他人と必要以上のコミュニケーションを取ることにストレスを感じるタイプ」（p. 159）と分析する。また、「歯科医と役者というまったく異なる二つの世界を行き来することが性に合ったのかもしれない」（p. 162）と自身の性格と今の生業について語っている点も興味深い。なぜなら、この語りは、幼少期より複数言語環境で成長し、常に他者の視線の中で、複数の言語を駆使して他者との関係を取り結ぶことを通して自己のあり方を模索してきた妙さんの生き方の、現段階での帰結であったと見えるからである。この妙さんのアイデンティティについては、最後に再度、検討することにしたい。

　この書を「移動する子ども」という視点から分析して見えてくる第三点は、「移動する子ども」という記憶と経験を持つ家族の歴史を提示しているという点である。妙さんの父、顔恵民は、1928年、当時日本の植民地であった台湾で「日本人」として生まれた。「父は学校教育で教育勅語を暗記させられ、日本語教育を徹底的に叩き込まれた世代。家族とも日本語で話し、自分は日本人だと思っていた」（p. 204）という。内地外地とは言ったが、同じ日本の教育を受けるために、妙さんの父は、10歳から19歳まで東京で過ごした。すぐ下の弟と身の回りの世話をしてくれるお手伝いさんと一緒に台湾から送り込まれた。父は学習院中等科へ進学したが、終戦を迎え、1947年にいったん台湾へ「帰国」する。どうして妙さんの父が10歳のときに台湾から東京へ「留学」したかと言えば、父の父、つまり妙さんの祖父、顔欽賢も、1902年に台湾で生まれた後、幼少期より日本に「留学」させられ、1928年に立命館大学を卒業し、台湾に帰り、鉱山王の三代目となった経緯があった

第5章　ことばとアイデンティティ

ことと関連する。また、妙さんの父の母、つまり妙さんの父方の祖母にあたる女性も、学校の総代になるほど成績が優秀で、妙さんの母が父と結婚した頃、妙さんの母へ手紙で「皆さんと一緒に暮らせる日を首を長くして待っています」と達筆な字で書き、「かしこ」と結ばれた手紙を送るほど、日本語のできた人であった（p. 237）。

　このような家族の歴史は、日本が台湾を植民地支配した長い歴史と切り離せない。終戦後、日本人とはみなされなかった顔恵民は、敗戦のショックから心の病を患った。さらに、台湾に帰って、鉱山王の四代目として中国語を使い会社を切り盛りしていたが、台湾になじめず、苦しんだ。台湾と日本の間を行ったり来たりする妙さんの父は、台湾から長女の妙さんには日本語で手紙を書いた。そのような台湾から、思春期を過ごした日本へ戻った後も、妙さんの父は心の病を抱えていた。妙さんの母は妙さんの父に酒の肴に必ず煮魚やおひたしのような和食を用意していた。そのことを例に妙さんは、「長く日本で生活した父にとって、日本語が『母国語』であるのみならず、和食も『母食』であった」（p. 102）と述べている。子どもの時に経験した食生活が身体的な記憶となりアイデンティティ形成に影響する事例はこれまでも報告されている（例えば、Lee, 2000）。妙さんの父の場合は、さらに、「日本人として育てられながら日本人であることを否定された父。二つの『国』に引き裂かれたアイデンティティーの問題に父は悩み続けてきた」（p. 206）と妙さんが述べているように、妙さんの父自身は、歴史の中で複数の「国」の間で、そして複数言語環境で成長せざるを得なかった。妙さんの父も、「移動する子ども」「移動させられる子ども」という記憶と経験を持つ事例なのである。

　妙さんは、妙さんが中学生のときに他界した父の記録や足跡をたどり、親族や関係者から父の思い出を尋ねる旅を経て、実際は日本人と台湾人との「ハーフ」（妙さんのことば）である妙さん自身のアイデンティティに向き合っていく。「自分自身のアイデンティティーについて少し、心を向けてみたい。そんな風に、考えるようになった。そしてそれは父の人生、父の苦しみをもっと理解することを通じ、実現するに違いない」（p. 206）と語る。このような妙さんの考えは、「移動する子ども」という記憶と経験を持つ人が自身の

137

第1部　子どもの母語とアイデンティティ

家族の歴史と生き様を深く考えることを通して、自らのアイデンティティを
再構築していくように見える。

　このように、妙さん自身が「移動する子ども」という記憶と経験を持ち、
その背景に、彼女の父や祖父に至る、「移動する子ども」という同質の歴史
があり、それを日本と台湾の間に横たわる壮大な歴史が取り囲んでいたよう
に見える。そのことを、妙さんは次のように考察している。

　　「二十世紀前半に日本が台湾を五十年間統治したことは、台湾社会にとても
　大きな影響を残した。日本語教育を受けた世代を中心に、いまでも多くの方々
　が日本語を母国語のように操り、NHKの衛星放送で連続ドラマ小説や大河ド
　ラマ、年末の紅白歌合戦を見ることを楽しみにしているのだ。これらの人々
　は一九四五年まで「日本人」として育ち、台湾が中華民国になった後も「日
　本語族」として生きてきた。もし父が生きていたら、間違いなくそうした「日
　本語族」の一人になっていただろう。
　　一方、終戦と同時に台湾から日本に戻った日本人の中にも、実は両親や片
　方の親が台湾人で、ふだんは日本の名前を使っているが、台湾人の名前もちゃ
　んと持っていて、台湾に行ったときなどは台湾名を名乗っている人も多い。
　私のように日本人であり台湾人である人がいて、日本と台湾との間を、まる
　で同じ敷地にある母屋と離れのように行き来しながら生きている人がけっこ
　ういるのである。」（pp. 281-282）

と述べ、東日本大震災のときに台湾からの義援金が他国に比べて多かったの
は、台湾人にとって日本が他人のように思えない関係があるからだと妙さん
は解釈している。そのため、国際結婚家族である顔家・一青家の家族は、「とっ
ても複雑でややこしいけれど、心と心でしっかり繋がっている日本と台湾の
関係を象徴している。それが、私の結論の一つでもある。」（p. 282）と述べ
ている。

　このように、顔家のような「移動する子ども」という記憶と経験を持つ家
族がこれまでの時代の中に無数にいただろうし、時代的にも100年前から
存在していたことを、この書は私たちに思い起こさせる。前述のように、「移

動する子ども」とは、幼少期より複数言語環境で成長しながら複数言語を使用したという記憶と経験のことだが、そのような意味の「移動する子ども」が顔家の一族の中に世代を超えて脈々と受け継がれているように見える。この書は、「移動する子ども」という現象が決して現代だけの現象ではなく、歴史を遡り、歴史の中に存在することを強く主張する。それゆえ、この書は「移動する子ども」の研究が現在、未来だけではなく、過去にも連なることを示しているといえよう。

3 考察 ─「移動する子ども」という視点から見えてくるものは何か─

　ここで、一青妙さんの事例をもとに、本章の課題、すなわち、幼少期に複数言語環境で育つ子どもは、成長過程でどのように複数言語を習得し、さらに、複数言語を学んだことがその人のアイデンティティや人生にどのように影響していくのかという課題について考えてみよう。

　前述の Norton らの提示した、移民の第二言語学習についての説明原理を簡単にまとめれば、「移民が置かれた社会的権力関係の中で」「アイデンティティ交渉」を繰り返しながら、自分が所属したいと思う「実践共同体」を「想像の共同体」として思い浮かべることによって言語学習へ「投資」するということである。この視点から、妙さんの事例を説明するとどうなるか。

　この説明原理により妙さんの事例を説明すると、次の3点があがるであろう。その一つは、小学校6年生のときに帰国して東京の小学校の「帰国子女受入れ校」に入り、日本の学校文化にショックを受け、「知ったかぶりをして」と友達に言われ、中国語を封印することになるが、それは、妙さんが日本の学校文化にあるパワー・バランスに晒されていたからだと見ることができよう。その状況は、カナダの移民女性が移住当初にカナダ社会の権力的構造の中にいることと似ているかもしれない。もう一つは、妙さんが大学時代に中国語を使うアルバイトをして、自分の持つ中国語能力を再評価するようになったことは、「投資」というキーワードによって説明できるかもしれない。つまり、妙さんが自己の持つ文化資本を活用してこれから生きていくときに役立てたいと考えたと解釈し、生きるための「投資」だったと説明するとい

第1部　子どもの母語とアイデンティティ

うことである。さらに、三つめは、成人して台湾と日本の間を往還するように
なったのは、自分のルーツを考えて、妙さんが台湾社会という「実践共同
体」へ参加し、所属したいという動機があったからではないかという説明で
ある。

　しかし、このような説明で妙さんの生を語ったことになるのであろうか。
つまり、妙さんの事例から私たちが学ぶことはそれだけなのかという問いで
ある。私は、これらの三つの説明から抜け落ちた、そして妙さんの生にとっ
て、また妙さんのアイデンティティ構築にとってもっと重要な点がまだある
ように思う。次にその点を詳しく述べてみたい。

　まず、何よりも重要なのは、「幼少期より複数言語環境で成長した子ども
の記憶」という点である。「自分をさらけ出すことが損だと感じる場面では、
自分の思いは封印し、ときには言っていることが理解できていないようにふ
るまい、周囲を観察し、慎重に行動していた」という子ども時代、そのため、
幼少期の妙さんは「心とのバランスが保てない部分もあったようだ」と振り
返る。「暗算するときは無意識に頭の中で中国語を使っている」ほど中国語
ができたが、同時に、家庭では日本のビデオなどを見て歌ったり踊ったりし
てふんだんに日本語に触れ、日本語と中国語、台湾語に触れて成長する。し
かし、それが、日本の学校に入った時に、友達からのまなざしに晒され、「い
やだったなって思った記憶」に変わる。その頃の妙さんの中国語能力の高さ
は学習院女子中等科への入学試験で中国語の作文を選択するほどだったにも
かかわらず、妙さんは中国語を封印するという経験をすることになる。親が
中国語の家庭教師をつけてくれても中国語学習は進まなかった。

　この頃の記憶と経験は、その後の妙さんのアイデンティティに強く関連し
ていくように見える。例えば、もともと幼少期より「ほかの人と自分が違う」
と感じていた妙さんが、「父親が台湾人、母親が日本人。台湾人でもなく、
日本人でもない。台湾人であって、日本人でもある」と妙さん自身について
述べる意識は、成人になるまで継続している。妙さんは子どもの頃、「台湾
では常に周囲に溶け込むために保護色になるよう努めていた」ため、自身を
「カメレオン・妙」と呼び、日本に一時帰国すると、「日本ではそんなこと
をする必要がなく、何をしても、どれもこれも気楽で、心地よかった」と振

140

第5章　ことばとアイデンティティ

り返る。さらに、名前の変更により、「自分の名前が変わる不思議な感覚」を経験することになる。また妙さんは、「カメレオン・妙」という生き方が日本に行けば変わると考え、そのチャンスが3回あったと述べ、大学生となった時、「誰も過去の私を知らない環境のおかげで少し気持ちが吹っ切れ、心の空が晴れた」という。それは、大学生となって中国語のアルバイトをきっかけにそれまで封印していた中国語を解禁することを「投資」という説明原理で解釈する以上に、妙さんには重要なことだと私は思う。その理由として、以下のことが考えられるからである。

　大人になってからも継続するアイデンティティの再構築という意味では、世界各地への旅を通し、妙さん自身が、「あらためて台湾人とのハーフであることが私の中によみがえってきた」と語るように、妙さん自身の中にある文化資本としての複数のことばの力と身体的な記憶を実感し、自らのアイデンティティを確かめることになる。ただし、妙さん自身の中国語に対する意識は、「すごく不安になりましたよね」「初めて自信なくなったという記憶があります」と答えるように、不安定なものに変わっていた。それは、妙さんが社会の中で「アイデンティティ交渉」をしつつ、中国語に「投資」をし、中国語世界という「実践共同体」を「想像の共同体」と見たて、日本と台湾の間で妙さん自身が二つの言語を高度に使いこなしながら生活していても、その意識の陰に不安や葛藤があることを示しているといえる。その意識が社会的な関係性や他者からのまなざしや評価を受け、さらに自己の生き方の模索の中で継続していく。幼少期より複数言語環境で成長した自身を「カメレオン・妙」と呼び、自分の出自や背景を隠しながら生きてきた妙さんの気持ちは、不安定性と不安感と隣り合わせであった。この不安定性と不安感こそ、妙さんのアイデンティティ構築に一貫して流れていたと見える。だからこそ、その不安定性と不安感が妙さんにこの書を書かせたともいえる。この点を抜きに、妙さんの生を理解することはできないだろう。これは「移動する子ども」という視点から見えてきたことであって、前述のNortonらの説明原理からは見えてこない点であろう。

　したがって、「移動する子ども」という記憶と経験を基礎としたアイデンティティ構築は、他者との関係性やそれに対応する自己の主体的な姿勢の中

141

第1部　子どもの母語とアイデンティティ

で進み、成人しても引き継がれていき、結局、自分自身と向き合うことを意味するようになるのだ。

4　結語 ―複数言語環境で成長する子どもたちの生をどう捉えるか―

　最後に、幼少期から複数言語環境で成長する子どもの生をどのように理解し、どのように捉えたらよいのかという課題について考えてみよう。

　妙さんは、この書の最後の「あとがきにかえて」に、次のように記している。

　　　「私にとっても台湾という存在は一度は離れてしまったが、いま、台湾との関係が「再開」しつつあるのは、不思議な偶然と言うべきだろうか。台湾に近づく一青妙。略して「台湾 妙」。一人で自分をそんな風に呼んで楽しんでいる。」(p. 280)

　妙さんのこの語りは、複数言語環境で成長した子どものアイデンティティ構築は、けっして子ども時代から青年期に見られる出来事ではなく、成人後も継続することを示唆している。もちろん、単言語で成長した人の場合も、アイデンティティ構築は成人後も継続するものであろうが、複数言語で成長した子どもの場合、アイデンティティ構築には、幼少期からの複数言語環境の記憶や複数言語を通じて構築された人との関わりについての経験が深く影響し、そのことの意味づけをめぐりアイデンティティ構築が継続的に変容していくと考えられる。

　妙さんの書は、「移動する子ども」という概念のコアにある言語能力、言語能力意識、経験、そして記憶といったものが、複数言語環境で成長する子どもの生に極めて重要な要素となることを示唆している。その点から見れば、Kanno & Norton（2003）が分析したRuiの事例は「想像の共同体」や「投資」という視点から分析するのではなく、Ruiの中にあった想像の日本と実際の日本の差を実感し落胆し、「もう日本人になりたいとは思わなくなった」という彼の気持ちに視点を置けば、もっと異なる分析ができたかもしれない。

142

第5章　ことばとアイデンティティ

また、Haneda（2005）が分析した Jim の場合も、Jim が日本に一時帰国して感じた自身の日本語能力についての自信喪失の経験や「ちゃんとした日本語」でエッセイを書きたいといった Jim の語りの底にある言語能力意識から自身をどう振り返っていたのかという視点から分析すれば、もっと深い分析ができたかもしれない。

　このように「移動する子ども」という分析概念は複数言語環境で成長する子どもから大人まで、彼らの生を理解するうえで有効性を発揮するだろう。さらに、これらの子どもたちをどう捉えるかについては、捉える側が何のために彼らを捉えるかということに関わる。私は、この捉え方は教育実践とどう関連するのかという点でこそ意味が生まれると考える。親の国籍やエスニシティや婚姻形態の分類によっていくら子どもを「名付け」たり、あるいは子どもをくくって論じたりすることは「傾向」や「一般論」を述べるときは有効かもしれないが、子どもの生を理解するには不十分なアプローチであろう。子どもの生を理解できない「名付け」や「くくり方」は子どもにとっては他者からの「名付けという権力行使」か「くくり方の暴力」を受けることでしかない。それに代わるアプローチは、子どもと関わる教育実践を通じて考えること以外にないのではないだろうか。

　Norton（2000）や Kanno & Norton（2003）、Haneda（2005）には教育実践がほとんど議論されていない。確かに、Norton（2000）には移民女性が書く日記の実践が取り上げられているし、Haneda（2005）では大学生への書く指導が述べられているが、それらが教育実践として深く分析されたり議論されたりしているわけではない。

　幼少期より複数言語環境で成長する子どもを、「移動する子ども」という分析概念によって考える意味は、「移動する子ども」という分析概念によって浮き上がる子どもの経験や記憶、能力や意識といったものが子どもの成長や発達に深く関わるからであり、その結果、教育実践とも深く関連するからである。妙さんの書は、子ども自身の経験や記憶、能力や意識といったものへの気づきをもとに、子ども自身が生きる中でそれらを意味づける実践の重要性を示しているように見える。つまり、経験や記憶などを意味づける力こそが、アイデンティティの構築につながり、Kanno & Norton（2003）らの

143

第1部　子どもの母語とアイデンティティ

いう「想像の共同体」を想定することができ、自分にとって意味のあるもの
に「投資」することによって生きていく力を得ると捉えることが重要なので
ある。経験や記憶などを意味づける力は自分の生をメタ的に捉える力でもあ
る。その力の育成が幼少期より複数言語環境で成長する子どもの教育実践の
中心にあると捉え、ことばの教育も、その点へ収斂することをめざして行う
ことが必要なのではないだろうか。

第5章　ことばとアイデンティティ

Column

「ベトナム難民」二世を、
私たちはいつまで「ベトナム人の子ども」と呼ぶのだろうか

川上郁雄

　NAM さんに会うのはもう何回目だろうか。NAM さんの両親はベトナムで生まれ、「ベトナム難民」として 1980 年代に来日した。そして、NAM さんは神戸で生まれた。「ベトナム難民」二世である。その NAM さんは、成長してラッパーとなった。彼の作った歌は多くの人々の心を打ち、マスコミは「難民二世のラッパー」として注目した。私はその歌を聞いた後、彼にインタビューをし、彼の幼少期からの成長の軌跡をまとめた（川上編 2010）。その後もたびたび神戸で彼に会った。

　20 代半ばの NAM さんは子どもの頃、母親に「ベトナム語、しゃべらんといて」と母語を拒否した。中学生になった時、「しょう」という通名を作り、学校では「しょうと呼べ」と友人に言った。ベトナム色を消そうとしたのだ。しかし、青年になった NAM さんは、ラップの歌を作るとき、母親から、ボートでベトナムを脱出した生々しい体験を聞き、親の難民体験を歌詞に盛り込み、自らの生い立ちと重ねて歌った。その頃から、NAM さんは自分のルーツを考えるようになり、ベトナム語を話せないのはおかしいと、ベトナム語を学ぶために自費で「ベトナム留学」を果たす。

　しかし、ベトナムへ行くと、周りから「ベトナム人ではない」と言われた。ベトナム語が話せるようになっても、日本で成長したことが彼の身体を作っていた。ただし、日本に帰国すると、彼自身は「日本人ではない」という思いがあった。

　その NAM さんが最近、帰化したという。つまり、日本人になったわけである。難民は居住国の国籍を取得した段階で「難民資格」は停止すると、「難民条約」には規定されている。今、「ベトナム難民」の二世たちの間で、帰化する人が増えている。帰化の理由は、日本社会の一員として生活するためだけではなく、日本のパスポートを取得するためでもある。帰化した NAM さんは、カトリック教会ではベトナム名で呼ばれ、日本人と仕事をするときは日本名を使うという。また、日本国籍を取得しても、自分のルーツは変わらないという。

　近年、外国にルーツを持つ日本生まれの子どもが増加している。その子どもたちの日本語教育の課題は重要だが、例えば、かつて「ベトナム難民」として来日した親を持つ子どもを、いつまでも「ベトナムの子」と呼ぶことは可能なのだろうか。そのことによって見えるものと見えないものがあるだろ

145

第1部　子どもの母語とアイデンティティ

うが、一方で、研究のため、教育のためと言い訳しても、「名づけ」の暴力があることも確かである。

　話を聞いた後、NAM さんが私を駅まで送ってくれた。私は、一緒に歩きながら考えた。幼少期より複数言語環境で成長する子どもを親の国籍や背景ではなく、人間の生き方によって捉える方法論を鍛えることが、21 世紀に生きる私たち研究者、実践者に課せられているのではないかと感じた。

【参考文献】川上郁雄編（2010a）『私も「移動する子ども」だった—異なる言語の間で育った子どもたちのライフストーリー』くろしお出版

第2部

多文化共生と教育

第6章

多文化共生社会の実現にむけて

坂本　光代

要　旨

　学校は社会規範や価値観を反映する場であるため、外国人児童生徒の
ように少数派の生徒にとって抑圧的力関係にさらされる場所だ。少数派
の生徒は、自己のアイデンティティを学校のカリキュラムや教師の接し
方などを通して形成していくが、抑圧的な力関係の中では彼らは自己肯
定感を高めることが難しい。教師の価値観や少数派の生徒に対する言動
が、生徒の自己肯定感を高め、ひいては国家に貢献できる人材を育成で
きるかどうかにも影響を及ぼしうる。「多文化共生」は多数派のみによっ
て成し遂げられるものではない。日本における「多文化・多言語国家」
への道は、日本人生徒の国際化に焦点が行き過ぎる傾向があるが、日本
に住む多文化を持つ人々との間に協力的権力関係を実現させるという視
点が必要なのではないだろうか。

キーワード◆言語と権力、少数派（マイノリティ）、多数派（マジョリティ）、
　　　　　　協力的力関係、アイデンティティ

第2部　多文化共生と教育

はじめに

「ご家庭では日本語を使ってください」。子どもの日本語能力をできるだけ伸ばしてあげたいと思うだけに、外国籍の保護者にこうアドバイスする教員は少なくないだろう。ただでさえ遅れをとっているので、できるだけ日本語に触れる場面を増やし、日本語力の向上に繋げてあげたい、と考える教育者は多い。しかしこうして良かれと思っていることが実際バイリンガル能力向上の妨げになっている、いや、それどころか母語にも日本語にも支障をきたすと知ったら、アドバイスした側はどう思うだろうか。第1章で述べたように、母語と第二言語は相互作用的な関係にある。教員が独断で母語発達を中断させ、第二言語習得だけに焦点を当てるのはバイリンガルの子どもの発達にとって危険だ。

　また、教育現場で第二言語のみを推奨することは、相手に「一番大事な言語は日本語である」と提言しているようなものである。悪気はなくても、このメッセージの余波は子どものアイデンティティ形成にまで及び、下手をすると家庭内の親子間の断絶にさえ繋がる。こう考えると家庭における言語使用に対する安易な助言は是非とも控えたい。

1　学校教育のマイノリティへの影響

　学校は社会一般の価値観を反映させているものであり、決して我々が本来追い求める「ニュートラルな」機関ではない。だからこそ学校内での児童生徒への接し方は後々社会への影響に繋がると考えてもよい。こうして多数派（マジョリティ）の意見に侵略され、少数派（マイノリティ）が抑圧された立場をそのまま受け入れてしまうことをヘゲモニーという。多数派が自分たちの利益にかなった策案だけを正当化することにより、他者を排他的に扱うプロセスを、ブラジルの教育学者フレイレは文化侵略（cultural invasion）と呼んだ（Freire, 1970; p. 151）。こうしたプロセスの根底には排外主義が働いており、マスメディアなどによって文化侵略が実践されているのである。メディアを介して人々をマインドコントロールすることをチョムスキーは「合意の産出」（manufacturing consent）としている（Chomsky, 1987）。

150

第6章　多文化共生社会の実現にむけて

これは人々の意識がメディアなどによって誘導、創造、再生されることを意味する。例えば「言語不適合仮説」（linguistic mismatch hypothesis）や「最大エクスポージャー仮説」（maximum exposure hypothesis）などがある（第1章参照）。一見納得いくように見えても、実際は研究で立証された結果とは異なる。これを知らずして独断でL2のみを奨励するのは無責任と言っても過言ではない。

　歴史的に見ても、マイノリティが自分たちの言葉、文化、果ては尊厳までマジョリティに剥奪された悲しい過去がある。カナダの原住民教育がその例である。彼らは幼少の頃から家族から引き離され、寮生活を強いられ、母語ではなく英語教育のみを施された。その過程で、自分たちの母語並びに文化は文明化には妨げとみなされ、蔑視された。母語の使用を禁じられ、それに背くと鞭で叩かれたりしたという。この様な強引な「文明化」によって、英語を学ぶどころか提供された白人主義のカリキュラムにもなじめず、結果として母語も失い、第二言語である英語の習得も中途半端で、白人社会に適応できない大人を多く排出してきてしまった。

　オグブ（Ogbu, 1978, 1992）によると、自発的（voluntary）に移住した家庭の子どもたちは非自発的（involuntary）に海外居住を選択せざるを得なかった家庭の子どもたちよりも現地に溶け込め、また学力的にも現地校で力を付けることができるという。もちろん認知的に双方に大きな差異がある訳ではない。ただ彼らを取り巻く環境が、彼らに対して肯定的なのか、否定的なのか、また本人たちが自分たちの尊厳を保持できているか否かが大きく関与している。オグブによると自発的移住者は、自国から持って来た本来のアイデンティティなどを肯定的に捉え、自己の尊厳を保ちつつ現地のイデオロギーに便乗することができるが、非自発的移住者に関してはヘゲモニーの結果その自尊心は奪われる。マジョリティと比較して、彼らが持ち備えているものでなく、持ち備えていない部分にばかり焦点を当てられた結果だ。そんな侮辱から自分たちを守るべく、非自発的マイノリティはマジョリティのイデオロギーを否定した独自のコミュニティを確立し、現地コミュニティから距離を置いてしまう。このことでマイノリティのコミュニティはますます社会から隔絶される結果となる。例えば、アメリカで黒人の生徒が学校で良い

151

第2部　多文化共生と教育

成績を取ることは「白人として振る舞う」（"acting White"）ことになり、自分の属する黒人コミュニティから離れてまで白人グループに同化することを意味する（Fordham, 1990, p. 259）。本来自分のコミュニティに誇りを持ちつつ、マジョリティ社会で成功を収めることが望ましい、白人と黒人のコミュニティが隔絶されてしまっている以上、生徒たちは二者選択を迫られる。

　本来、自己のアイデンティティの誇りまで捨ててマジョリティに溶け込まなければいけないはずはない。しかし現実にはこのような負の連鎖が続いてしまっている。この要因の一つに学校教育がある。教育を通して子どもたちは自分たちの社会での立ち位置を見いだしているのだ。提供されるカリキュラム、指導法、教師の児童生徒に対する接し方などによって、子どものアイデンティティは変化する。アイデンティティとは子どもが独自で形成するものではない。教師と児童生徒の間で交渉され、形づけられていくのだ。

2　新しいアイデンティティ形成にむけて

　カミンズは、社会には高圧的力関係（coercive relations of power）と協力的力関係（collaborative relations of power）の二種類の力関係があるが、現実の社会はマジョリティがマイノリティを権力をもってねじ伏せている力関係（高圧的力関係）にあるという。高圧的な力関係では資源は有限とし、個人がどれだけ多くの資源を独占できるかが課題となる。資源には限りがあるので、人々は少しでも多くの人を蹴落とすことで自己利益を優先させる。カミンズによるとこのような考えのもと、マイノリティたちはマジョリティによって抑圧されてきたというのだ（Cummins, 2000, 2001）。こうしてどんどん格差を生むことで、マジョリティは特権階級として君臨してきた。しかしカミンズはこの特権にも限界があると指摘する。なぜなら格差の拡大により、社会には犯罪が増え、受刑率が上がり、刑務所は犯罪者で溢れるようになる。刑務所は税金で運営されており、犯罪者を検挙するにはそれだけ警備費が掛かる。中・高校中退率が上がり、失業者が増え、国からの失業保険を頼りとする貧困層が大幅に増える……。廻り回って被害はマジョリティら自身にも及ぶのだ。この高圧的権力関係をどうにかして覆さなければ現状維持

どころか社会情勢はどんどん悪化していく。これに歯止めをかけるのが協力的権力関係を促す教育だとカミンズは訴える。

　協力的権力関係では、まず資源を有限と考えない。資源は多種多様な知識と経験で産出することが可能とするからである。これには力関係に携わる人一人ひとりが自分たちが持ち備えている知識と経験を肯定的に捉えることから始まる。すなわち個人一人ひとりがエンパワー（empower）されるような関係を指す。第1部でも述べられているように、多文化を持つ人々のアイデンティティは、常に経験や他者とのインタラクションで形成されている。ずっと同じではないのだ。よって、教師‐生徒間の交流が生徒のアイデンティティを肯定的に捉えることで、生徒は自己を肯定することができる。教師は生徒が持ち備えている能力やアイデンティティを卑下することなく奨励し、カリキュラムは生徒たちの経験や興味を反映したものであるべきである。さらにマイノリティの子どもたちだけでなく保護者もまた大切なリソースであり、学校側と保護者たちが連携した教育システムが望ましい（Moll et al., 1992）。また、社会のディスコースがどのように権力差を生み出しているかにまで言及し、どのようにして理不尽な高圧的ディスコースを回避、対抗するかまで授業で取り上げるべきである（Delpit, 1996, Morgan, 1998）。

　従来の教育は母語並びに文化保持を排除しようとする排他的／同化的教育（Exclusionary/Assimilationist）であった。模試など日本語による共通試験、日本語のみでの授業運営、日本語サポートが必要な児童生徒が5人以上いないと日本語教育専門家が派遣されないなど不十分な言語支援制度、日本語のみで実施される知能テスト、多文化・言語教育について言及しない教員育成、日本のイデオロギーのみを反映させたカリキュラム、などによって排他的な教育が実践されてきた。このような日本のやり方に強制的に適応させようというやり方では、エンパワメント教育とは呼べない。もちろんマイノリティ側の要求を全て聞き入れろ、という訳でもない。それよりも日本社会と外国人コミュニティの相互理解、向上に繋がるような改革的／異文化間教育となるような教育の導入が求められる（Cummins, 2000, 2001）。民族・文化の平等が約束され、誰でも大切な一員として参加できる民主的な社会、このような社会を実現するには、権力が我々の社会にどのように作用しているのかを

第2部　多文化共生と教育

社会に抑圧されている人々自身が究明する必要がある。その究明を促すような教育者が望まれる。

　今までは文部科学省が定めたカリキュラムを教員が一方的に児童生徒に教え、児童生徒らはただただそれらをそのまま吸収することが求められてきた。このように学生をまるで「器」のようにみなし、教師がどんどん知識でその「器」を満たしていくような教授法を「貯蔵モデル」[1](banking model, Freire, 1970) と呼ぶ。貯蔵モデルでは生徒の興味や持ち備えた経験や知識はまず反映されない。大人が決めた知識や価値観を生徒に植え付けることが主旨であり、これではますます社会構成は変わらず、現状が維持されていくだけである。

　これに異を唱えたのが構成主義（constructivist）アプローチである。構成主義では生徒の興味や経験に基づいた教育を実践する。ただ黙って座って教師の言うことを吸収するだけでなく、生徒側の積極的な学習態度が求められる。

　しかしカミンズが提唱するのはもちろん貯蔵型ではなく構成主義型でもない、改革教育（transformative pedagogy）である。改革教育では、学校で教えられることは何ひとつニュートラルなものはなく、「誰か」の主観が働いているとする。したがって、学校教育によって優遇される者もいれば、されない者も出てくるという事実を教え、授業で取り上げられる全てのことを、批判的な角度から解明していく。基本、生徒たちの積極的参加が求められる構成主義型授業であるが、生徒たちに自分たちの経験やアイデンティティが授業によってどのように形づけられているかまでを究明する。こうすることで子どもたちが現状を再生しようとする学校教育をそのまま受け入れ、現状維持に加担するのではなく、多様性に富んだ社会を実現させるのが狙いだ。アメリカ・デトロイト市で黒人の子どもたちに自分たちの言葉（エボニクス（ebonics）、黒人英語）を保持させつつ、白人英語も教え、なおかつ言葉がどのように個人のアイデンティティ形成、社会での位置などに影響を及ぼすかまでを教えた実例がある（Delpit, 1995）。子どもたちは「言語探偵（Language Detective）」として、自分たちの言葉と教科書などで使用されている言葉を比較したり、バイリンガル辞書を作成させ、自分たちの言葉もマジョ

154

リティの言葉同様の社会的価値、地位があると認識させた。ラップ音楽など
を授業に取り入れ、ラップの詩を材料にその構造などを説明した上で、シェ
イクスピアの劇の構造などと比較させたという（Delpit, 1995; p. 67)。従来
彼らの言葉は「間違った英語」として一般に認識され、負のイメージがつき
まとってきたが、その認識をこのような授業で覆したのである。

3　言語と権力

　マジョリティ側が高圧的に強要するものの一つが言語である。マジョリ
ティが話す言葉がその社会において「資本」となり得るものであり、他言語
は資本とはみなされない (Bourdieu, 1991)。黒人英語はその一例で、常々「正
しくない英語」というレッテルを貼られ、社会で、白人英語より劣るとされ
てきた。マジョリティ社会にとってはさほど価値のないものとされ、どれほ
ど高い言語運用能力が認められようとも、高い対価価値はないとされてしま
うのだ。

　日本において価値ある言語は日本語である。英語はもちろん国際語として
特別な社会的地位を獲得しており、日本社会でも英語の社会的地位は高い。
しかし日本では日本語が広く使用されているのは周知の事実であり、日本語
能力がないと日常生活に大きな支障をきたす。ある集まりで「日本で一番権
力のある言語は英語」とした人がいたが、日本で暮らす上で英語がマイノリ
ティの母語習得を妨げることはまずない。日常的に氾濫しているのは日本語
であり、知らぬ間に母語を侵略するのは日本語である。そういう意味で日本
に居住する非日本語話者の脅威は英語ではなく日本語であろう。同様に英語
圏で暮らす非英語話者にとっては英語が「脅威語」である。

　母語を保持し、「脅威語」から自分たちを「守る」のは容易ではない。い
くら大人が家庭で母語使用を推進しようとしても、多文化家庭の子どもが就
学する頃には家庭外での言語使用並びに言語プレッシャーというものが顕著
に増大する。学校でも日本語、友達とも日本語、テレビも日本語となれば、
子どもが日本語を使用する機会の方が圧倒的に多いのである。親が母語を使
用しても子どもは日本語で答える、というのはよく見られる言語使用パター

ンである。

これに対抗すべく様々な案を提案してきたのがフィッシュマン（Fishman, 1991, 2001）である。彼は子どもを持つ家庭だけでなく、婚姻前の男女にも言語シフト（language shift）についての認識を持たせるべきだと主張する。言語シフトが起こると元に戻すのは至難の技なので、減算的バイリンガリズム（母語がL2に置き換えられてしまう現象。第1章参照）に陥らないためにも、早期から心得ているべきだとする。それだけ言語シフトは一般的な現象であり、いったん起こると元に戻すのは安易なことではない。

4　言語習得と活動モデル

マジョリティ言語が必然的に奨励される社会の中で、頑張って母語を保持しようとしている人々がいる。第2章で、在日ペルー人とベトナム人保護者についての実証研究について説明した。受験、模試など日本独特の教育制度や、学校で提供される限られたL2サポート、教員のCALP/BICSについての理解不足や、非漢字圏出身者への漢字指導など様々な課題がある反面、本人たちは加算的バイリンガリズム（additive bilingualism、第1章参照）の可能性を信じ、母語保持に務めてきた。ペルー人パトリシア（仮名）の話を図で解説してみたい。用いるのはエンゲストロムの活動モデル（activity model）である（Engeström, 1999）（図6-1）。

「主体」とは「媒体」を用いて、「活動」を実現するために「対象体」に作用する人である。今回の例でいえば、パトリシア本人になり、対象体は子どもたちである。パトリシアの場合は母語であるスペイン語保持のためのペルーへの一時帰国旅行、スペイン語習得を目的としたケーブルテレビ視聴、自分の母語を駆使した子育てなど、自分で母語保持実現に向けてあらゆる媒体を導入してきた。母語運用や旅行、テレビを媒体として、子どもたちに働きかけたのである。

第6章 多文化共生社会の実現にむけて

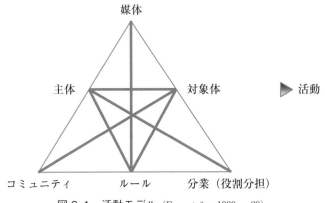

図6-1　活動モデル（Engeström, 1999; p. 29）

　上記三角形の上半分の三要因（主体、媒体、対象体）が個人による働きかけであり、下半分の三要因（コミュニティ、ルール、分業）はそれを支える（もしくは妨げる）社会背景となる。ここではコミュニティとはパトリシアが在住するS市、言語サポートを運営しているJ大学のサービスラーニングセンター、子どもたちが通う学校、などを指す。「ルール」とはコミュニティが従っている規則・規制であり（受験制度や進級制度など）、様々なコミュニティにおいてそれら規則の執行は分業されている。パトリシアの場合は、母語保持は家庭で行われ、日本語教育はS市の学校が担当している。学校の成績や受験対策についてなど、パトリシアの不安を排除するような学校側の働きかけは特になく、ただただ「お子さんは大丈夫です」と言うだけで詳細は伝えられなかった。

　現地にスペイン語学校が無いため、子どもたちの母語保持は家庭で行われていた。グロジャンが提唱するように、ドメイン別で言語使用パターンは違ってくる（Grosjean, 1989, 2008）。家庭での言語運用は特殊なものであり、家の外での言語運用とは異なる。よって、テレビや会話といった媒体を介して4技能（読む、書く、聞く、話す）全てを奨励するには限界がある。

157

第 2 部　多文化共生と教育

パトリシアのケースをまとめると図 6-2 のようになる。

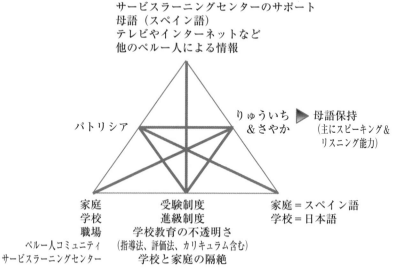

図 6-2　パトリシアの母語保持教育の現状

　下部分の様々な社会的制約の中で、パトリシアは自分がアクセスできるリソースを駆使して自分なりに母語保持教育を施してきた。同時にパトリシアの活動が、日本社会に少しずつ影響を及ぼし、社会の変容プロセスに作用しているのもまた事実である。

　上記の活動を、カミンズが提唱する協力的権力関係を反映させたモデル（図 6-3）にするとどのようになろうか。
　「一般日本人コミュニティからの情報・サポート」とはどんなものがあるだろうか。まず、情報提供源として、学校はもちろん市役所や病院などの地元の公共施設、またもっと範囲を広げると県庁や県の教育委員会、文部科学省に外務省、法務省など多岐の施設が発信する情報、そしてそれらが設立・整備するバイリンガル子育て支援のための社会インフラ（学校など）。また、マイノリティ教育や、言語習得理論、多文化教育に精通し、子どもたちが持ち備えているアイデンティティや言語、文化を奨励し、子どもたちのエンパ

第6章　多文化共生社会の実現にむけて

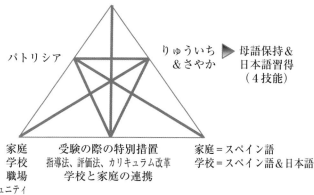

図6-3　協力的力関係を反映させたバイリンガル子育てモデル

ワメントに繋げられる教員などが挙げられる。

「コミュニティ」では外国籍居住者を歓迎する学校や職場などの日本人コミュニティの他に、同じ言語・文化背景の人たちが集まり、お互いのサポートができ、また同時に日本人も加わり国際交流ができる様なエスニックコミュニティが存在する。「ルール」では従来のテスト評価だけでなく、長期に渡った生徒の学習の伸びを評価するポートフォリオ評価などを導入した評価法、また受験の際には辞書使用などを認める措置、そして何よりも多文化の子どもたちと保護者のニーズ（例えば読み書き能力、特に非漢字圏出身者には漢字習得を促すようなもの）を反映したカリキュラムや指導を提供するために学校と家庭での連携は不可欠である。こうすることで従来の日本語偏重の教育ではなく、母語教育も充実させることができ、家庭で実践するのが難しいとされるCALP学習を補うことができる。

159

第2部　多文化共生と教育

5　外国籍の人々をエンパワーするために

　教員の価値観や言動が、マイノリティの児童生徒が遭遇する社会的負の連鎖を断ち切るきっかけになるとカミンズは指摘する。学校教育で一番肝心なのは教員と生徒の人間関係であり、教師が協力的力関係を追求することだという。協力的力関係とは、相手から権力を剥奪するのを目的とする高圧的関係と違い、お互いを尊重しあい、高め合うことで社会的利益が増幅するという考えである。多文化の子どもの自己肯定的なアイデンティティ形成を促し、彼らのニーズを反映させた指導を行い学力向上に繋げることは、国に貢献できる人材を育成することに他ならない。

　では、マイノリティ児童生徒のニーズを反映させた指導法は具体的にどのようなものであるのか。評価法を例にとって考えてみよう。従来のテストなどによる評価法だと、マイノリティ児童生徒の学力が言葉のハンディによるものなのか、それとも本質的に取り上げられている内容が理解できていないのか判別が困難である。それなのに一回のテストでその生徒の認知力・学力を計るのは拙速である。正確に生徒の学力を把握するには、テスト評価ではなく、長期間にわたって学力の変化を見るポートフォリオ法の導入が好ましいとされる。また、いきなりL2で授業を行うのではなく、まず予習を母語で行った後で新出内容を習い、復習する「予習、閲覧、復習」（"preview, view, review"）といったやり方もある。思考の段階を下から知識・理解・応用・分析・統合・評価の6段階とするブルームの分類法（Bloom's taxonomy）に基づき、基本的な下層段の知識、理解だけでなく、上層段の分析、統合、評価までをも含んだ高度な教育を提供することが肝要である。マイノリティ児童は認知力が発達していない訳ではない。言語サポートが必要なだけで、他の児童と思考力は変わらないはずである。よって内容的には高度なものを言語支援を通じて提供することが最も好ましい。例えば日本語が流暢な生徒とそうでない生徒をペアにしてアクティビティをさせたり、バイリンガル辞書の使用を許可することでこれは可能となる。また、第1章にもあった、認知力必要度が高く場面依存度も高い学習環境が望ましい。グラフや表、

絵、レアリアなどの多用や、インターネットや DVD の利用、児童生徒の母語や文化を導入したりすることによって、場面依存度の高い授業を展開することが可能である。また、デルピット（Delpit, 1988）が提唱するように、社会におけるディスコースがマイノリティをどのような社会的位置に導いているかを児童生徒たちに気付かせ、それを回避するような指導も効果的である（フレイレ（1979）はこのプロセスを「意識化」と呼んでいる）。母語は決して L2 に引けを取る言語ではなく、見下されるのは権力的な理由であることを幼いうちから把握することによって、マイノリティの子どもたちはエンパワーされるという。

　アダ（Ada, 1988）によると、従来の教授法だと半数以上のラテン系の子どもたちは高校進学前に退学していたという。これは現存の教授法が白人英語話者のニーズを反映したものであり、ラテン系の子ども達の需要を考慮したものではないからである。スペイン語は英語より劣り、ラテン文化はアメリカ文化に劣る、というような理不尽な社会の価値観の中、ラテン系子女は勉強意欲を削がれてしまう。そこでラテン系子どもの母語そして文化を守ろうと学校がマイノリティ保護者と連携し、新しいリテラシープログラムを導入したところ、子どもたちの学力、そして何よりも自信が回復したという。保護者は学校の図書館から母語で書かれた本を借り、家庭で子どもと一緒に音読する。その際、ただ読むだけではなく、学校側から提供された、子どもの理解力や想像力を促すための「質問リスト」を用いて会話をしながら一緒に読むというものだ。また、母語で書かれている本を子どもが英訳したりと、スペイン語と英語を同等に扱うことによって、子どもだけでなく親もエンパワーされたという。またマイノリティ教育をマジョリティが率先して「彼らのために」一方的にデザイン、導入するだけでなく、マイノリティ・コミュニティ、特に保護者と連携をとったカリキュラムデザインが望ましい。マイノリティ児童生徒の現状そしてニーズを把握するためにも、マイノリティ保護者とのコミュニケーションを積極的に図りたい。

　日本ではさらに受験という制度が、マイノリティの生徒にとってエンパワメントの大きな壁となっている。話す・聞く能力は日本人の子どもたちと比べ遜色ないとしても、読み書き能力が学年相応にまでつくのには時間を要す

第2部　多文化共生と教育

る。その点、日本人の子どもたち同等のリテラシー能力を前提とした受験制度は、マイノリティ生徒の知能を正しく評価できるものではない。よって、模試や受験の際には、バイリンガル辞書の持ち込みや時間の延長を許可するなどの特別措置が望まれる。

　マイノリティ教育に精通した教員育成も求められる。今後国際化が進む中、日本語を話さない、もしくは話しても国語における読み書き能力が乏しい子どもたちが増えていくことは避けがたい。第二言語習得のメカニズムや母語保持の重要性について十分な認識を持たない教員のせいで子どもの母語保持・日本語習得、そして学習全般が危険に晒されることは、ぜひとも回避しなければならない。カミンズが提唱するように「教室内の教師と生徒間の交渉の中で、エンパワメントは生まれる」とするならば、多文化・多言語共生に対し、肯定的な姿勢そして正しい知識を持つ教員の育成が緊急の課題となる。

6　おわりに

　これまで一マジョリティ教員・研究者の立場から、多文化・多言語教育を確立するに当たってマジョリティ社会ができる事を述べてきたが、我々はあくまでもファシリテーターであって、本質的・抜本的な教育改革は当事者であるマイノリティら自らによるところが大きい。フレイレ（1979）は、「被抑圧者自身が、調整者の助けを借りながら、対話と学習を媒介にして被抑圧状況を対象化し、その状況を自覚的、主体的に変革してゆく、実践と省察の人間化の過程を〈意識化〉と名づけて、被抑圧者の教育学の最重要概念として」いくことを唱えた（p. 261）。

　一例として国内の民族学校である、中国人学校に焦点を当ててみよう。日本には現在在日華人・華僑の人々が設立し、運営に当たっている民族学校が5校ある（杉村 2009, Sugimura & Sakamoto, 2009）。民族学校は日本の学校教育法が定める一条校ではないため、各種学校という位置づけとなる。国が定める義務教育を終えたことにならないため、卒業時には学校教育を修了し

第6章　多文化共生社会の実現にむけて

たと日本国からみなされず、結果日本の学校への進学の際、大変不利となる。例えば東京中華学校は高等部までであるが、大学進学となると日本の大学か海外の大学に進学するしかない。ところが、高校教育を修了したとみなす私立校ならまだしも、国公立大学への進学は厳しくなる。この事が原因で、せっかく中華学校に進学し、中国語だけでなく日本語・英語も習得し、中国の文化に親しむことができる恵まれた環境にあるにもかかわらず、途中で日本の高校に転校してしまうケースが多いという。これはみすみす軌道に乗っている多文化・多言語教育を日本の法律が妨げていることになる。日本政府は日本人の外国語教育の向上に勤しんでいる一方、在日外国籍の人々が持ち備える叡智には目もくれていないのではないだろうか。日本の法律では日本人子女の教育ばかりに注目し、民族学校等で学ぶ子どもたちの教育政策は確立されていない。

　例えば、在日外国籍子女は国内において就学義務が生じない。学校に通わなければ通わないで違法ではないのである。日本政府を頼らず、華人・華僑の人々らは自分たちで子どもたちの教育機関を発足させ、運営している。文部科学省からの介入がないことによって「自分たちが推奨するカリキュラム」を提供できるという利点もある。皮肉にもこうした隔絶された学校システムが、多文化・多言語教育の提供、そしてフレイレが言う在日華人・華僑の「意識化」に繋がっている反面、今後も日本政府と中華学校間の断絶が継続される限り、日本における本質的・改革的な「多文化・多言語国家」の確立は望めない。既存のシステムでは中華学校は華人・華僑、そして一部の日本人子女以外の支えはない。日本政府は日本の学校を国際化することに重点を置き過ぎて、多文化・多言語国家への道のりを必要以上に険しいものにしてしまっている（Sakamoto, 2012）。日本人だろうがなかろうが、国内の叡智を集結させ、カミンズの提唱する協力的権力関係を実現させることでしか多様性を尊び、国際性に富んだ真の多文化・多言語国家には成り得ないであろう。

　同様に前述の地域の試みであるが、サービスラーニングセンターのように、第二言語支援を施す機関はパトリシアの例を見ても貴重な役割を果たしているのは確かである。しかしそれが「多文化・多言語主義」から逸脱し、「援助主義」を基盤とする日本社会への「適応促進主義」を目的とするものになっ

163

第2部　多文化共生と教育

た場合、現存の社会における権力構造の変革を呼び起こすどころか、国家が
呈する国粋主義へと発展する危険がある。「日本人が外人に日本語を教えて
あげている」「（自分たちはマイノリティの母語はわからないので）日本語の
お手伝いのみに焦点を置いて指導する」このような試みで終わってしまって
は、カミンズの提唱する協力的権力関係の構築には繋がらない。

　「多文化共生」はマジョリティのみによって定められ、提唱されるべきも
のではない。意識化を経たマイノリティら自身からも派生すべきなのだ。そ
のためにはマジョリティはファシリテーターに徹し、日本語・日本文化偏重
にならないような配慮が欲しい。その際、ただ相手の異文化・異言語を肯定
するに留まってしまってはいけない。文化交流イベントなど、表面的な文化
の称賛で終わるのではなく、マイノリティらと積極的そして協働的に協議し、
社会の不公正に対し異議を唱え、本質的な社会変革をもたらすことが望まれ
る。ただし、「マイノリティ」と一概に言っても現実は多種多様な個の集ま
りであり、様々な人々の声にまず耳を傾けることが今後の大切な課題であろ
う。

【注】

(1)　直訳の結果「銀行型モデル」「預金型モデル」とも呼ばれるが、器に貯める、
　　というイメージに沿うのは「貯蔵型」が適しているのではと考える。

第6章　多文化共生社会の実現にむけて

Column

多文化家庭に育って　その4
―大学生活の現実と将来の夢―

松田デレク

●アルバイトと勉学の両立

　大学では、国からお金を借りて、アルバイトもしながら勉強をした。私立大学の費用は非常に高く、その頃借りていたお金だけでは全然足りなくて、朝昼夜と時間を問わずに空いていればアルバイトをしていた。片道2時間半の通学とアルバイトの両立で、体がいよいよもたなくなり、大学の授業中に寝てしまうこともよくあった。欠席することも増え、卒業を諦めかけたこともあった。そんな時は、「ここでやめたら今までの努力が水の泡となる」と自分に言い続け、気力で頑張った。

●日系人大学生との出会い

　3年生の前半、英語のクラスで一緒だった友人に「日系ブラジル人の友達がいるから紹介するよ」と言われ、その日はアルバイトができないと少し心配ながら、その日系ブラジル人に会いにいった。日系ブラジル人の彼は、給付型奨学金をもらって、大学に通っていた。大学に通う日系南米人に会ったのは初めてだった。ましてや日系人のための奨学金を受けながら高等教育に通っているということを知ったのも初めてだった。彼は詳細を一生懸命に伝えてくれた。その頃、自分は国際公務員の夢は半分諦めていた。というのは、国際公務員になるには少なくとも修士が必要だと大学に入って知ったからだ。学部だけでもこんなに借金をして困っているのに、さらに2年はもう体がもたないと思っていた。

●あらたな夢に向かって

　奨学金の話は本当に信じ難いものだった。授業料とは別に、生活費、住居手当、交通費、研究費、医療費までもがカバーされて返さなくてもいいというのだ。半信半疑だったが、帰宅後すぐにインターネットでその奨学金のことを調べ、大急ぎで手続きをした。こうして、国際公務員への夢は復活した。また、奨学金のおかげで、国連でのボランティアに2年以上取り組むことができた。

　奨学金は18歳以上で、日本と自国をつなげる具体的な夢があり、中南米を中心とする日系人であればどこの人でもいいという条件だった。高い倍率の中ありがたいことに奨学金をもらえ、学部卒業後も継続して博士前期課程

165

第2部　多文化共生と教育

に進学することもできた。国連でボランティアとして働くうちに、新たな目標ができた。教育学を学び、自分と同じような立場にある日本に住むマイノリティの子どもたちの状況を研究している。

●多文化の子どものエンパワメント

　現在、勉強の傍ら外国の子どもと保護者たちへの日本語と学習支援も行っている。将来はこのような子どもたちが、不自由することなく、日本あるいは自国で生活が営めるようにしていくことに私の研究や調査が役に立てれば幸いだ。私自身も、これまでの経験を活かして、ペルーと日本の間を行き来する国際人となれるよう努力したい。そして、子どもたちが彼らのバックグラウンドや経済的な問題で夢を諦めることのないようにサポートしていけたら、私の夢へもう一歩近づけると思っている。

166

第7章

多様化する外国籍の子どもと多文化教育の変容

杉村　美紀

要　旨

　今日、日本における外国籍の子どもたちの教育問題は、「外国人学校」における教育の枠におさまることなく、日本の公教育そのもののあり方を問い直すことを求めている。グローバル化の時代を生きる外国籍の子どもたちは、越境によってそれぞれ新たな見方や考え方、生き方を身につけ、それを軸に自分の将来を構想していく。そこには、これまでの外国人学校が居住社会である日本社会との間の共生を中心にしてきたのに対し、外の世界に開かれた新たな文化創造の多様な糸口がある。移動する「外国籍の子どもたち」の存在は、日本の社会の中にあって「動かない存在」であることを前提としてきた従来の多文化教育とは異なり、一方で進むグローバル化や国際化と、他方で生じている多文化化の「間」にたって、越境とそこでの文化の変容という課題に教育がいかに対応すべきかという問いを投げかけている。

キーワード◆多様化、越境、外国人学校、多文化教育

第2部　多文化共生と教育

はじめに

　近年、日本の学校教育の現場には、外国籍の子どもたちが学ぶ姿が少なからず見られるようになっている。もともと、日本には「在日外国人」と総称される韓国籍、朝鮮籍、中国籍（台湾籍を含む）といった人々が生活をしているが、今日ではそうした人々に加え、ブラジル籍、ペルー籍、フィリピン籍の人々が増え、国籍も多様化している。

　こうした多様化の背景には、1990年代はじめに日本の「出入国管理及び難民認定法」が改正され、日系人については日本国内での就業規制が緩和されたことが大きな要因として挙げられる。これは日本社会の少子高齢化とそれに伴う労働者不足を遠因とし、経済成長のための人材確保が求められているからであるが、労働者の増加は同時に家族の増加も促し、定住化志向が高まるにつれ、福祉や医療問題とならび子どもたちの教育が大きな課題となるようになった。これに伴い、従来からあったいわゆる「外国人学校」と呼ばれるものの中に、新たにブラジル人学校やペルー人学校、インド人学校なども加わるようになった。同時に、今日では日本の公立学校にも外国籍の子どもたちが多く編入学するようになっており、外国籍の子どもたちの教育問題は、「外国人学校」における教育の枠におさまることなく、日本の公教育そのもののあり方を問い直すことを求めている。本章では、そうした日本における外国籍の子どもたちの教育が、今後はどのような課題に対応していかなければならないのか、その場合に、従来考えられてきた「多文化教育」、すなわち社会において不遇な立場にあるマイノリティの教育機会を保障するための教育に、どのような観点が新たに求められているのかという点について考察する。

1　「外国籍の子どもたち」の立ち位置

（1）　多様化する「外国籍の子どもたち」

　人の国際移動が進む中で、日本における「外国籍の子ども」の多様化が進んでいる。従来、外国籍の人々は、1980年代以前に来たオールドカマーの人々と、1980年代以後に来たニューカマーの人々という枠組みのもとに分類さ

168

第7章　多様化する外国籍の子どもと多文化教育の変容

れてきた。このうち、オールドカマーとして取り上げられるのは、韓国籍、朝鮮籍、中国籍の人々である。すでに100年余りにわたる歴史を持つオールドカマーは、日本と中国、韓国、北朝鮮との政治的外交関係に影響を受け、国籍問題や定住化問題をはじめとする様々な課題を抱えながら今日にいたっている。その比率は1970年代半ばまでは外国人登録者数の9割を韓国籍・朝鮮籍が占めていた。しかしながら、以下に述べるニューカマーの増加に伴い、1990年には韓国籍・朝鮮籍の人々の比率は64％にその比率が下がり、2002年には34％に、2011年には26％となっている。

　これに対してニューカマーとして取り上げられるのは、1980年代以降、来日した日系ブラジル人、日系ペルー人、フィリピン人、中国人、中国からの帰国者などである。特にニューカマーが増加するようになったのは、1990年の「出入国管理及び難民認定法」（以下、入管法とする）の改正以降であり、翌1991年の入管法施行以来、特に南米からの日系人が急増した。また、中国籍のニューカマーの増加により2006年には中国籍が韓国・朝鮮籍を抜いて最も多くなった。全体としては、ニューカマーとしての南米からの日系人と中国籍者の増加が著しく、フィリピン籍の者が漸増している状況である。

　もっとも法務省入国管理局の外国人登録者数の統計によれば、2010年末、213万人余りであった外国人登録者数は、東日本大震災直後の2011年3月末には209万人余りと約4万人減少し、2012年末には203万3,656人となっている。国籍別では、中国が65万2,555人で全体の32.5％を占め、以下、韓国・朝鮮53万46人、フィリピン20万2,974人、ブラジル19万581人、ペルー4万9,248人、米国4万8,357人と続いている。

　こうした外国人登録の動向を反映して、公立学校に在籍している外国籍の子どもの数は、文部科学省の「学校基本調査」によれば、2012年5月現在で7万1,545人となっている。このうち小学校が4万263人、中学校2万1,405人、高等学校8,948人、中等教育学校105人、特別支援学校等824人である。ただし、外国籍の子どもの数も2010年以後は減少傾向にある。また、小学校、中学校、高等学校において日本語指導が必要な生徒数は、文部科学省の「日本語指導が必要な外国人児童生徒の受入れ状況等に関する調査」によれば、2012年9月現在で2万7,013人であり、調査開始以来最多となった

169

第2部　多文化共生と教育

2009年と比べ、同じく減少傾向にある。

　オールドカマーとニューカマーの今日的特徴は、それぞれのエスニック・グループの中でも、世代間の違いや、社会状況を反映して生活に対する考え方の違いがあるということである。例えば、韓国籍、朝鮮籍の人々のあいだでも、ハングルを母語とし朝鮮半島を故郷とする一世に対し、三世以降はハングルよりも日本語を中心に育っており、朝鮮半島についても祖父母の生まれ育った土地という捉え方になっており、世代間によって差異が生じていると言われる。

　また外国籍の中で最も人数の多い中国籍の人々については、彼らの間にさらに「老華僑」（オールドカマー）と「新華僑」（ニューカマー）という違いが生じている。老華僑と新華僑は、一般には来日の時期が異なるものの、同じ中国系として捉えられがちであるが、実際には同じ中国籍を持ちながらも考え方に違いが見られる。日本に移り住んですでに三世、四世の世代を数えるまでになっている老華僑は、今なお国籍を変更することなく、引き続き中国籍のまま、自分たちの言語や生活習慣、中華文化を継承することを重視する傾向が強い。「落地生根」として、移り住んだ土地に根を張り、そこで生活をするのが彼らの生活スタイルである。それに対して、1980年代以降、国際化やグローバル化の波にも後押しされながら、日本に来た新華僑の場合は、伝統文化の存続は重視しながらも、同時に仕事や進学などの理由で国籍を変えたり、その時々の状況に応じオールドカマーに比べると柔軟に対応する。彼らはまた、一定の場所にとどまることなく、生活の場を様々なところに戦略的に求める存在である。そのため、一度日本に来て仕事や勉強を始めるとしても、将来的にもそのまま日本に留まるとは限らない。

　こうした外国籍の人々の多様化には、彼らが様々な目的や理由で日本に来ていることも影響している。外国籍の人々の中には、就労者、留学生、国際結婚など様々な立場がある。その場合、日本での生活のあり方や家庭環境、将来設計についての考え方や目標がそれぞれ異なり、単に「外国人」として一括りには解釈することはできない。さらに多様化を促す要因としては、彼らの国籍や母語、宗教が挙げられるが、特に母語の違いは、必ずしも国籍を反映していない点でより複雑である。例えば同じ中国系でも、北京出身の者

170

と上海出身の者とでは、いわゆる「中国語」と称される共通の「普通話」とは別に、実際の母語はそれぞれ北京語と上海語に分かれており、相互には通じない。この結果、例えば同じ「新華僑」の中でもさらに母語によってグループが分かれてしまうということがあり得る。また宗教による多様化への影響も大きい。特にイスラム圏の人々については、食生活をはじめとする普段の慣習が大きく異なる。

(2) 国境を越えて「移動する子どもたち」

　今日のニューカマーの人々のもう一つの特徴は、日本社会にあって、移動する存在としてのマイノリティであるという点である。こうした状況は同じくニューカマーである日系人にも見られる。ドン・トシアキ・ナカニシ（2012）は、日系三世としてアメリカで生まれ育った自らの立場を振り返りながら、「トランスナショナルな日系人」には、より多様な日本人移民とその子孫たちが含まれ、彼らは、「社会的、経済的、教育的、政治的、文化的な通信網において、越境的、国際的な、そしてもっと広い範囲のディアスポラネットワークに関わっているのはもちろんのこと、2カ国以上—たいてい祖国と移民先の国—の活動、関係、そして問題に関わっている」と述べている。そして、「現代のトランスナショナルな日系人は、社会階級、ジェンダー、年齢、専門または技術といったそれぞれの特性や、移住する動機、彼らを惹きつけたり、関心を持たせたり、拒否したりする移住先や帰国先、グローバリゼーション、人口変動、移民と国籍、景気後退のように、移民に影響を及ぼす国内外の動向と政策といった観点からみると、驚くべき発展と多様性をみせている」ことを指摘している。このナカニシの指摘にもあるとおり、日系人の立ち位置は、まさに従来の研究の多くが依拠してきた国民国家の枠組みというものにとどまらず、国境を越えて移動し、活動していくところにこそあると言える。

　こうした越境し活動する多様な子どもたちを、川上郁雄（2006、2009a、2009b）は、「移動する子どもたち」という概念を提唱することで明確に特徴づけている。川上（2009b）は、彼・彼女らが、「ある国からある国へ移動したり、あるいは、ある国の国内移動を繰り返したりするように、空間的

第2部　多文化共生と教育

な移動を繰り返す子どもたちである。同時に、これらの子どもたちは、家庭内では母語を、また家庭外ではホスト社会の言語を話すなど、言語間を日々移動している」として、「『移動』という概念が子どもたちの教育を考えるうえできわめて重要な点を内包している。」と述べている。

　以上のことを踏まえると、外国籍の子どもたちの立ち位置は、多様化とともに、彼らはかつてのように、移り住んだ先に定住してその社会での多文化共生を考えるという存在だけでなく、場合によってはそこから先にさらにトランスナショナルな移動をしていく可能性もある存在である。こうしたトランスナショナルな移動を可能にしたのは、交通移動手段の発達や、情報およびメディアの発達といったグローバル化を支える要素に他ならない。時間的にも空間的にも移動がより容易になった今日において、外国籍の人々の生活の場そのものにも様々な場面が登場しているのである。

2　外国籍の子どもたちの不就学・不登校問題と教育行政の対応

(1)　不就学・不登校問題

　多様化し、かつトランスナショナルに移動する主体としての外国籍の子どもたちに対して、日本の教育はどのように対応してきたのだろうか。前述のように、1990年の入管法の改正により、ニューカマーの外国籍の子どもたちが増加し、かつ多様化する中で、外国籍の子どもたちの不就学問題が深刻化するようになった。そもそも外国籍の子どもたちは、現行の日本の教育制度では義務教育の対象とはなっていない。そのため、就学するかしないかは個人の判断に任されている。しかしながら、義務教育の年齢に達しながら、学ぶ機会を得ていないという不就学は、親や子ども自身があえて教育は受けないとする場合を除くと、数の増加とともに、行政側からも社会問題として捉えられるようになったのである。佐久間（2006）によれば、地域差もあるが、外国籍の子どものうち、日本の公立学校に就学している者が40％前後、民族学校や塾が30％前後、帰国や転校で把握できなかった者が20％、不就学者が10％であるという。

172

第7章　多様化する外国籍の子どもと多文化教育の変容

　不就学になる要因はいくつかある。まず就学案内・通知が届かないという場合である。特に外国籍の生徒の場合、保護者が超過滞在者となり住所をあえて明らかにしていないという場合には、学齢期の子どもを把握するのが難しい。こうした事例には、保護者が日本語がわからず、連絡を取るのが難しいという場合も含まれる。これに加え、両親や家族がそもそも教育にどのくらい価値をおき、子どもを学校に通わせるべきだと考えているかという問題もある。

　またいったん就学しても、その後継続して学校に通うことができなくなってしまう不登校の問題もある。不登校の原因としては、本人の学習意欲がしばしば取り上げられるが、外国籍の子どもの場合には、問題はさらに複雑である。その一つは日本語力である。現行の日本の公立学校では、日本語がわからないと日々の学校生活についていくのは難しい。異文化への適応には個人差もあるが、日本の学校文化に慣れずにそれが原因で不登校になるという例が見られる。また、言語の問題とは別に、外国籍の子どもに限らず日本人の間でも広く問題になっているいじめなどの人間関係をめぐるトラブルが原因で不登校になる者もある。さらに、こうした一連の課題に対して、日本の学校側の受入れ体制がどのくらい整っているかということも大きな要因である。

(2)　行政の施策

　こうした状況を受けて、2001年には外国人が集住する13の自治体が「外国人集住都市会議」を発足させた。同会議は、「ニューカマーと呼ばれる南米日系人を中心とする外国人住民が多数居住する都市の行政並びに地域の国際交流協会等をもって構成し、外国人住民に係わる施策や活動状況に関する情報交換を行う中で、地域で顕在化しつつある様々な問題の解決に積極的に取り組んでいくこと」を目的としている。そして、国・県及び関係機関への提言や連携した取り組みを検討するとともに、分権時代の新しい都市間連携を構築し、今後の我が国の諸都市における国際化に必要不可欠な外国人住民との地域共生の確立を目指している。2001年に浜松で開催された第1回の会議では、外国人住民との地域共生に向けた「浜松宣言及び提言」が採択さ

第2部　多文化共生と教育

れ、以後活動を続けており、発足当初13自治体だった参加都市は今では29
都市となっている。

　こうした自治体の動きを背景に、総務省は2003年に「外国に児童生徒等
教育に関する行政評価・監視結果に基づく通知─公立義務教育諸学校への受
入れ推進を中心として」を文部科学省に提出している。日本の場合には、た
しかに外国籍の子どもたちに就学の義務は課していないが、就学案内をより
きめ細かく対応すべきであるという考えに基づいて行われたものである。そ
の後、2005年、総務省は「多文化共生の推進に関する研究会」を設置し、
翌2006年には各都道府県・指定都市外国人住民施策担当部局宛に、「地域に
おける多文化共生推進プランについて」を提出し、実態把握と不就学の子ど
もへの取り組みを指摘した。佐久間孝正（2011）は、同文書が、中央省庁の
中でも「多文化共生」という言葉を初めて使用したものであり、2006年を「国
レベルでの多文化共生誕生の年」と言えるとしている。

　この後、2006年には外国人労働者問題関係省庁連絡会議が「生活者とし
ての外国人」に関する総合的対応策を公表した。同連絡会議は1988年であり、
設立当初は「不法就労」対策に重点が置かれていたが、「生活者としての外
国人」への対応を問題とするようになった。佐久間孝正（2011、前出）は、
この「生活者」というのは、「国家に対して種々の義務をもつと同時に権利
を有する『市民』とは異なり、外国人住民の権利・義務関係を見えなくする
巧みな表現といえなくもない」としながらも、「外国人が地域社会に生きる
外国人として捉えられ、『顔のみえない』労働請負人ではなく、日本人同様
の『顔のみえる』地域の生活者として捉えられたことは重要である」として
いる。

　こうした一連の動きとともに、文部科学省は2007年に「初等中等教育に
おける外国人児童生徒教育の充実のための検討会」を設け、翌年には『外国
人児童生徒教育の充実方策について』という報告書を提出した。また2009
年には「定住外国人施策推進室」が設けられ、「定住外国人の子どもの教育
等に関する政策懇談会」が設置された。同懇談会は、翌2010年に「定住外
国人の子どもの教育等に関する基本方針」を発表した。この基本方針は日系
人等のいわゆるニューカマーと呼ばれる外国人の子どもの就学や留学生に対

第7章　多様化する外国籍の子どもと多文化教育の変容

する日本語教育等に焦点を絞って、今後の政策の要点を示したものである。
同方針では、外国籍の人々が、公立学校とブラジル人学校等の外国人学校の
どちらを選択するかは、子ども・保護者の判断に委ねられるべきであるとし
たうえで、日本での滞在の長期化・定住化傾向が見られることを踏まえ、就
学機会を確実に確保するために、1）公立学校については、「入りやすい公立
学校」を目指し、これを実現するための日本語指導、適応支援、進路指導等
の受入れ体制を整備すること、2）外国人学校については、経営を安定させ、
充実した教育内容を提供できるように、各種学校・準学校法人化を促進する
こと、3）定住外国人の大人や不就学の子ども等に対応するため、学校外に
おける日本語指導等の学習支援を促進するとともに、留学生に対する日本語
教育や就職支援の充実を図るという方針が示された。

　この「定住外国人の子どもの教育等に関する基本方針」に即して提示され
た要点は次のとおりである。まず「入りやすい公立学校」を実現するための
施策としては、1）日本語指導の体制の整備、2）定住外国人児童生徒が、日
本の学校生活に適応するための支援体制の整備、3）公立小中学校へ入学・
編入学する定住外国人児童生徒の受入れ体制について、制度面の検討を含め、
環境整備を行うとともに、上級学校への進学や就職に向けた支援を充実させ
ることの3点が掲げられた。また学校外での教育については、子どもだけで
なく大人に対する日本語学習支援についても充実を図ることとし、あわせて、
ブラジル人学校等の外国人学校については、経営を安定させ、充実した教育
内容を提供できるように、各種学校・準学校法人化を促進する必要があるこ
と、このため、認可権を有する都道府県に対して、適切な範囲内での基準の
適正化を引き続き求めていくこと、さらにブラジル人学校等に在籍している
子どもについても、日本社会で生活していく上で日本語の習得が必要不可欠
であり、学校外での日本語学習の機会を充実させるとしている。そこでは留
学生に対する日本語教育や就職支援についても抜本的な充実を図るとしてい
る。

　当然のことながら、そこでは今後の課題にも言及されている。それらは、
外国人の受入れに関する基本方針の策定（日本語教育、子どもの教育、雇用、
職業訓練、社会保障、住宅等）、外国人の子どもの教育課題に対処するため

175

第2部　多文化共生と教育

の関係機関との連携のあり方（行政と NPO 法人との情報・課題共有、国・
地方自治体・企業等による基金の創設等）、外国人に対する行政サービスの
あり方（ワンストップサービスでの対応、地方自治体間の行政サービスの格
差の是正、地方自治体における外国人の生活全般に関わるソーシャルワー
カーの育成の支援等）、日本語教育の総合的推進である。特に、日本語教育
の推進については、地域における日本語教育の推進体制の充実、日本語教員
等の養成・研修のあり方、日本語学校をはじめとする日本語教育機関の充実、
日本語教育に関する各種情報の共有化（優良事例の収集等）、外国人研修生、
技能実習生等に対する日本語教育の充実（日本語学校等の活用）、国際交流
基金と我が国の大学等との連携・協力を通じた海外での日本語教育の推進、
外国人学校の法的な位置付け及び日本語教育への支援が挙げられた。

(3)　行政の取り組みと特徴

　「定住外国人の子どもの教育等に関する基本方針」については毎年、方針
に即して示された政策のポイントについて、その後の進捗状況が明らかにさ
れている。それによれば、2010 年には、日本語指導と教科指導を統合した
指導方法（JSL カリキュラム）の普及、適応指導・日本語指導等に関するガ
イドラインの作成、日本語能力の測定方法及び教員研修マニュアルの開発に
着手した。また、外国人児童生徒に対して日本語指導を行う教員については、
日本語指導を必要とする定住外国人児童生徒に対し、きめ細かな教科指導の
充実を図ることができるよう、日本語指導に係る加配定数の拡充について検
討を行うとともに、今後、外国人児童生徒の実態把握に努め、将来の需要に
対応した定数改善や配置基準の明確化について検討を行うとした。2011 年
には、それらの具体的な成果として、「外国人児童生徒の受入れの手引き」
が発行され、全都道府県・市町村教育委員会等に配布された。この「外国人
児童生徒の受入れの手引き」では、はじめに「外国人児童生徒」の多様性に
対応する必要性が述べられ、次いで学校管理職、日本語指導担当教員、在籍
学級担任、都道府県教育委員会、市町村教育委員会それぞれの役割に細かく
言及されている。さらに、外国人児童生徒の総合的な学習支援事業として、
「外国につながりのある児童・生徒の学習を支援する」情報検索サイト「ク

ラリネット」及び「カスタネット」が整備され公開されている。また日本語
能力測定方法及び教員研修マニュアルの開発も開始されている。

　以上概観したように、行政の施策は、全体として、公立学校とブラジル人
学校等の外国人学校の選択については、子ども・保護者の判断に委ねられる
ことを前提とし、公立学校における外国人教育の拡充のみならず、かつ外国
人学校における日本語教育の拡充を図ろうとしている点で注目できる。これ
まで外国人学校は、学校教育法第一条に規定された正規の学校とはみなされ
ず、無認可のものも多くあった実態を踏まえると、外国人学校の経営を安定
させ、各種学校・準学校法人化を促進するという方針が提示されたことは外
国籍の子どもをめぐる教育改革の一つの方向性と言える。

　また、日本語教育支援を特に重視している点も特徴と言えよう。これは、
公立学校においても外国人学校においてもいずれも日本語教育の拡充を図る
のは、日本で生活する以上、日本語の習得が必要不可欠であるという考えに
立つ。文部科学省の「外国人児童生徒の受入れの手引き」（前出）によれば、
日本語学習の必要性として、外国人児童生徒が直面している課題として、1)
学校への適応、居場所の確保、2)「学習するための言語能力」の習得、3)
学力の向上、4) かけがえのない自分をつくりあげていくこと、5) 新たな課
題（母語・母文化の保持、進路の問題、不就学）を指摘している。日本語学
習支援は、これらいずれの問題についても、その基盤となるものであり、外
国籍の人々が日本の学校教育を受ける上で必要不可欠な施策である。

3 「定住する外国籍の子ども」から、 「移動する外国籍の子ども」へ

(1)　越境が生み出す新たな学びの空間：外国人学校の意義

　今日の日本において、外国籍の子どもの学びの場の中心は公立学校である
が、他方、公立学校ではなく外国人学校で学んでいる子どももいる。日本に
おける外国人学校のうち、オールドカマーである韓国・朝鮮籍の人々が維持・
継続してきたものとしては、朝鮮学校や韓国学校と、中国籍の人々が維持・
継続してきた中華学校がある。これらはいずれも、本国政府との繋がりも強

第2部　多文化共生と教育

く、民族学校として位置づけられている。他方、ニューカマーが立ち上げて
いる外国人学校としてはブラジル人学校やペルー人学校、インド人学校など
があり、さらに国際学校（インターナショナルスクール）や、アメリカンス
クール、ドイツ人学校、インドネシア人学校など各国政府が独自に運営して
いるものなどがある。このうち、インターナショナルスクールは、完全に英
語で授業や教育活動を行うこと、並びに学費が高いことを特徴とし、主とし
て短期に滞在する企業駐在員や外交官の子弟などが通っている。それ以外の
学校は、それぞれの母語で教育を行う学校であり、比較的長期に、かつ母語
による教育に関心を寄せる外国籍の人々が子弟を通わせる。外国籍の人々に
とって、こうした外国人学校は、インターナショナルスクールとは異なり、
自分たちの歴史や文化、言語を継承することをまず念頭に置き、帰国した際
に本国との連携が図りやすいという利点を持つ教育機関である。

　ところが近年では、こうした旧来の外国人学校の類型に加え、新たな教育
理念や目的を持った外国人学校が登場してきている。例えば、朝鮮学校や韓
国学校と同様に、ハングルを教授用語として採用しながらも、大阪に設立さ
れた「コリア国際学園」は、日本語と英語を加えた三言語を重視する外国人
学校である。在日コリアンを中心に2008年に創設された同校は、「在日コリ
アンをはじめとする多様な文化的背景を持つ生徒たちが、自らのアイデン
ティティについて自由に考え学ぶことができ、かつ確かな学力と豊かな個性
を持った創造的人間として複数の国家・境界をまたぎ活躍できる、いわば『越
境人』の育成」を目指している。この背景には、グローバル化が加速する時
代、「個性と多様性の尊重を基礎とした創造力の溢れる人間が求められてお
り、柔軟な発想と幅広いコミュニケーション能力を兼ね備え、問題解決能力
に優れた人間の育成」が重要であり、「地域社会に根ざし、コリアにつながり、
世界に開かれた国際学校として、世界と東アジアの持続可能な発展に貢献す
る」という教育理念がある。いわば、韓国学校、朝鮮学校が持ってきたハン
グルを軸とするコリアと、国際学校の要素を両方あわせた学校が志向されて
おり、そこでは、日本社会との共生という課題とともに、国境を越え、将来
的により幅広い活躍の場を想定した教育のあり方が模索され始めている。

　このように、外国人学校を単に日本社会と外国籍の子どもとの間にあるも

178

第7章　多様化する外国籍の子どもと多文化教育の変容

のと捉えるのではなく、より多様な文脈で位置づけようとする視点は、ブラジル人学校の子どもたちのキャリア選択を越境という概念を分析枠組みとして分析した拝野寿美子（2010）の研究からも読み取ることができる。拝野は、ブラジル人学校への就学が、就学者の滞在の長期化と、終了後も単純労働者に従事する者が多いことで批判の対象となってきたことに対し、そうした「日本的評価基準」ではなく、当事者であるブラジル人学校就学者は、それまでの「越境しなければならなかった」経験や、あるいは「越境できる」立場から、ブラジル人学校に何を期待し、キャリア選択にブラジル人学校がどのような影響を及ぼしているのかという点に注目してブラジル人学校の役割と課題を検討している。拝野がいう「越境」は、1）日本—ブラジル間の国境をまたぐ越境、2）日本におけるブラジル人学校と日本の学校をまたぐ越境、3）在日ブラジル人コミュニティと日本社会をまたぐ越境という3つの類型を指しており、「子どもたちをとりまく生活世界とそこに接触、あるいはそれを取り囲んでいる別の生活世界との往来を指すもの」としている。そして、ブラジル人学校就学者のキャリア選択は、国境間越境に関わる4つの選択肢の組み合わせにより、ブラジルに帰国したり、あるいは再び日本に戻るといった越境を繰り返してキャリア形成を図るストラテジーを示している。

　ここでいう越境は、「コリア国際学園」が考える越境とは異なるコンテクストであるが、共通しているのは、越境によってそれぞれ新たな見方や考え方、生き方を身につけ、それを軸に自分の将来を構想していく姿である。そこには、これまでの外国人学校が居住社会である日本社会との間の共生を中心にしてきたのに対し、外の世界に開かれた新たな文化創造の多様な糸口がある。

（2）　多様化に伴う母語教育の意義とその変容

　外国人学校における越境と文化創造という観点とともに、多様化が進み、様々な考え方が登場する中でもう一つ注目されるのは、母語教育の問題である。すなわち、前述のコリア国際学園にしても基軸はあくまでもハングルにありながら、そこに日本語と英語を導入することで、より幅の広い教育理念を追求しようとしている。他方、ブラジル人学校の場合には、教授用語とし

179

第2部　多文化共生と教育

てのポルトガル語が中心となるが、近年では日本語も様々な局面で重要であり、母語とともに、生活に必要な言語として重視し習得する必要性があると考えられるようになっている。このことは、多様化により、各エスニックグループにおける母語教育の意味が変容していることを示すものである。かつては、母語教育＝民族としての歴史や文化、アイデンティティの保持といった図式があったが、今日の外国籍の人々の教育の中では、むしろ母語よりも、より豊かな安定した生活を守るための言語を重視する傾向がある。庄司博史（2010）はそのことを、日本の中華学校を対象として「バイリンガル能力を『資産』とする方向」として提示することで、「資産としての言語」と説明している。

　言語の位置づけの変容については、中華学校でも認められる。杉村美紀（2011）は庄司（2010、前出）の概念枠組みを参照して、日本の中華学校における母語教育の今日的意義を論じている。今日の中華学校における母語教育は、多様化が進む中で、一方で歴史と文化的伝統を保持・伝達する機能を持つと同時に、中国語の他に、日本語、そして英語の三言語をともに重視することで「資産としての言語」の教育という意義を強く持つようになっている。同時に、そうした中華学校に、中国国籍以外にも、三言語教育に期待する日本人や、あるいは他の国籍の生徒が入学を希望するようになっており、多様な背景を持つ生徒が学ぶ多文化化が起きている。そして、こうした母語教育をめぐる変容は、「一方で民族の伝統文化を保持するという旧来の目的を保持しつつ、多様性に配慮した『多言語的公共圏』（木村護郎クリストフ2006）を形成しているとみなすべきであり、そこには国家の枠組みが絶対であった旧来型の公教育には見られなかった新しい学校教育の場がひろがっている」とする。本書第8章で山西優二が、文化・ことばを、「その多様性への尊重のみをする静的アプローチ」からではなく、「文化・ことばの対立・緊張状況を克服するための動的アプローチ」からとらえることの必要性を主張しているのも、固定化されたものとして文化・ことばの多様性を考えるのではなく、変容するものとして文化・ことばを認識することの大切さを示唆している。

第7章　多様化する外国籍の子どもと多文化教育の変容

4　「多文化教育」概念の問い直し

(1)　「多文化主義」概念の枠組みの変容

　以上の状況を踏まえると、これまで「社会的に不遇な対応を受けているマイノリティのための教育機会の保障」という理念で展開されてきた多文化教育には、今日、従来の多文化教育の概念が視野に含めてこなかった異なる様相が出現していることが指摘される。すなわち、「外国籍の子ども」は、ある地域社会のマイノリティとして一様に位置づけられるだけではなく、多様な存在であり、その地域に定住する者もいれば、土地から土地へ移動を繰り返す者もいるという点である。すなわち、マイノリティ自身は今や越境を繰り返し移動する存在なのである。

　このことを踏まえた時、ある社会のマイノリティに焦点を当てるという多文化主義の考え方そのものも見直しを求める必要がある。すなわち、従来の多文化主義では、「多・文化主義」か「多文化・主義」かの二つの観点の差異が問題とされてきた。前者は文化の本質は不変であるという文化主義の立場に立ち、そうした文化主義が複数あるという考え方であり、他方、後者は様々な文化が並存する状況を認め、それぞれの文化もまた変容する可能性があるという考え方である。この2つの枠組みに対して、「マイノリティ自身が多様な存在であり、かつ移動する存在である」という観点を考慮すると、マイノリティ自身が持っている文化も、多様化や移動に伴い変化する可能性があること、また多様な文化が「並存する」という現象それ自体も、一定不変のものなのではなく、並存のあり方そのものが変化していく可能性があるということである。

　この点について、馬淵仁（2010、初出：2009）による文化本質主義の問題性に対する指摘は興味深い。馬淵は、「様々な文化の本質をもっと理解しよう」という言説は、文化本質主義的な発想に基づいた主張であるとする。そして、そうした文化観こそが、「摩擦や、衝突や社会の力関係に無頓着な『文化相対主義』や『異文化理解』を生み出す糧となり、『多文化主義』に閉塞性を与えている」としている。この指摘は、「全ての文化を平等に扱う」と主張

181

第2部　多文化共生と教育

する文化相対主義が、現実には多くの問題を引き起こしていることに由来している。馬淵は、実際に、学校教育で全ての言語に同等の権利を与えて同時に教えるようにするといったことは不可能であるし、逆に多文化主義を推進すると、結果的には必ずどれかの文化に有利なものとならざるを得ない現実を考えると、社会の全ての異文化を同等に理解し、受入れることは不可能であると述べている。

　それではそうした変容する多文化主義を、どのような枠組みで捉えるべきだろうか。この点について、平野健一郎（2013）は「従来の多文化主義は水平的な多文化主義であるが、垂直的な多文化主義も考えてみるべきである」と指摘する。平野のこの言及は、「多文化教育」についてなされたものではない。「国際文化関係史」という新たな研究枠組みを提起する中で、国際関係の主体を歴史的な時間軸においた場合に、「前近代―近代―ポスト近代と、国際関係の歴史を一つの枠組みで貫いて、通時代的に考察する可能性がある」ということと同時に、あわせて空間軸もとりいれることで、「国際文化集団」という主体を複数の次元上に重層的に措定する」という考え方である。もちろんここで想定されているのは、国際関係というよりマクロな次元での構図も含む。しかしながら、平野はそうした立体的、重層的な構図の最小単位が「個人」であることもあわせて指摘している。そして、「個人の内部でも異なる文化要素の対立・摩擦がしばしば生じることは、現にわれわれが経験するところであり、対立する文化要素のそれぞれがわれわれの外に存在する上位の文化集団から浸透してきているものであることもしばしば感じられる」と述べている。この個人の内部での文化要素をめぐる変容を、本章で取り上げた「外国籍の子どもたち」の変容に応用した時、時間軸による変容と空間軸による変容をともに考慮した分析枠組みによって外国籍の子どもたちの持つ文化変容を捉えることが、教育実態に即した研究として重要であると考える。従来の研究では、外国籍の子どもが持つ個々の文化を不変的で一義的なものとして捉え、「多様な文化」という場合も、「多・文化」という側面から捉えられることが多かった。しかしながら、外国籍の子どもの現状を見ると、こうした文化本質主義的な考え方ではなく、文化そのものが決して固定的なものではなく、流動的であり、かつ一人一人の中でも、時間的経緯を経る中

で様々な文化の層となって積み重なっていることを考慮する必要があると言える。

(2) 「多文化教育」の新たな観点

　外国籍の子どもたちが移動を繰り返しながら、様々な文化を経験していることを踏まえると、従来の多文化主義が「多文化共生」を問題としてきたように、当該社会におけるマイノリティという前提にたってその機会均等を保障するという従来の多文化教育だけではなく、対象そのものが変化することを踏まえた多文化教育が求められると考える。もちろん改めて繰り返すまでもなく、日本の行政施策で今日取り組まれているように、日本の公立学校及び外国人学校のいずれにおいても、外国籍の子どもたちがより良い学びを享受できるように、日本語教育支援や制度の拡充を図ることは重要である。そもそも外国籍の子どもに対しては就学義務制度がない中で、深刻な不就学や不登校の問題にどのように対応するかという問題もある。しかし同時に、現実の外国籍の子どもたちの学びの場を見ると、公立学校以外に外国人学校を選択している子どもたちもいる。そこでは、母語教育の保証を求める一方で、移動を繰り返す中で様々な学びを経験し、新たな文化が創出される可能性もある。その場合、固定化された文化を前提とするのではなく、文化そのものが変容することを考慮した新しい視点が求められる。

　この点を踏まえると、言語教育を行う場合に、マイノリティに対して、母語教育を「アイデンティティを保持するための言語教育」として意義づけ、その機会均等を保障するということだけでは十分ではない。移動による越境経験を経る中で、外国籍の子どもたちのアイデンティティそのものが変化する可能性があり、あるいは彼ら／彼女らにとっての言語の意味づけ自体もする可能性がある。「資産としての言語」という考え方にたてば、時に母語よりも、当該社会での就職や進学など生活により有利な言語を習得する方が優先されることもある。多文化化が進行し、それぞれの民族に固有な言語が保持されるべきであるという考え方と、そうではなくグローバル化のもとで社会的上昇志向により有利な言語を選択しようとする際の葛藤がそこにはある。こうした現実を考えれば、多文化教育においては、母語教育の意味を従

第2部　多文化共生と教育

来のようにアイデンティティ保持という一義的に定義づけるのではなく、多
文化化とグローバル化という相異なるベクトルの均衡を考慮に入れながら、
取り上げる多言語をどのように取捨選択するのかを柔軟に考える必要がある
と言えよう。

5　まとめ

　本章では、グローバル化、国際化のもとで国際移動が加速する今日、社会
が多様化、多文化化する社会の中で、「外国籍の子ども」に対する多文化教
育にどのような新たな観点が求められているのかを明らかにしようとした。
「外国籍の子ども」は、オールドカマーとニューカマーという歴史的な時間
軸でいえば、明らかにニューカマーに属する日本社会の新たな主体である。
同時に、彼らは、海外から日本に来て、そこで暮らし共生する存在であるが、
それにとどまらず、今日ではさらにまた移動していく越境の可能性も持って
いる。いわば空間的に異なる社会をまたいで移動する存在である。彼らを特
徴づけるこうした二重の特性は、多文化教育の中でも十分に考慮されるべき
点であり、日本社会への定着と多文化共生を考える上でも、彼ら／彼女らの
文化そのものが将来的に変容する可能性を含むことを視野に入れる必要性を
提起する。移動する「外国籍の子どもたち」の存在は、日本の社会の中にあっ
て「動かない存在」であることを前提としてきた従来の多文化教育とは異な
り、一方で進むグローバル化や国際化と、他方で生じている多文化化の「間」
にたって、越境とそこでの文化の変容という課題に教育がいかに対応すべき
かという問いを投げかけている。

第8章

文化・ことばと国際理解教育
―文化力形成の視点から―

山西　優二

要　旨

　本章は、国内外にみる文化・ことばを取り巻く状況を読み解いたうえ
で、その状況に即した教育課題を探り、その文脈の中から文化力の視点
を示し、国際理解教育のあり様をその文化力形成の視点から捉え直すこ
とを目的としている。国際理解教育のあり様としては、文化力形成の視
点を組み入れることで、「文化理解」「コミュニケーション能力」「問題
解決」という三つのアプローチの個別化という問題を超えていくことが
可能になること、さらには、受容的、共感的、批判的、協働的な関係性
の必要性が浮びあがることを示している。

キーワード◆文化力、多文化共生、道具としてのことば、対象としてのことば、
　　　　　　国際理解教育、関係性

第2部　多文化共生と教育

はじめに ─問題意識とねらい─

　文化は生きている。ことばは生きている。人間が、この地球上で、共に生きていくために創り出してきたものが、文化であり、ことばである。人間は、自然との関係、社会との関係、歴史との関係の中で、文化そしてことばをつくり出し活用し、またそれらの関係のあり様の変化の中で、徐々に文化そしてことばを変容させてきた。まさに文化そしてことばは動的なものであり、生き物のようでもある。

　ただこの文化そしてことばの変容のプロセスが、いま地球上で急速に起こりつつある。グローバル社会と言われるように、特に経済や政治におけるグローバル化が進展する中で、グローバル的文化・価値が急速に広がる一方、「グローバル」と「ローカル」、「現代」と「伝統」、「物質」と「精神」の間などに見られるように、数多くの文化・価値間に緊張・対立関係が生み出されつつある。またボーダレスの時代と言われるように、人・情報の移動が活発化するのに伴い、国内外を問わず、地域社会の多文化化、多言語化は急速に進展している。まさに今、世界の文化そしてことばは大きな変動の波にさらされている。

　そんな中、人間はその変動に十分に対応できているのだろうか。変動があまりに速くかつ多面的に生じているために、文化そしてことばの創造の主体である人間が、その主体性を見失っているかのようにも見える。ではこのような状況の中で、人間がまさに文化創造の主体としての力、「文化力」を形成していくには、人間は何を学んでいけばよいのだろうか。またその学びを紡ぎ、その学びをより意味あるものにするための働きかけである教育は、今の文化・ことばの状況にどのように対峙していくことが求められているのだろうか。

　文化・ことばを扱う教育の一つとして国際理解教育がある。国際理解教育は、永年にわたり文化理解の促進やことばを通してのコミュニケーション力の育成に力点を置いてきた。しかし筆者は、これまでの国際理解教育のあり様では、今の文化・ことばの状況に十分には対応できないと考えている。その理由の詳細は後述することにしたいが、簡単に言えば、教育実践における文化の扱い方が静的相対主義的であり、理解の対象としてのみ文化を扱って

第8章　文化・ことばと国際理解教育

いることや、ことばの捉え方として「道具」としての側面のみに力点を置き、ことばそのものに内在する文化や問題などを「対象」として十分に注視してこなかったため、文化力を形成するレベルまで実践を引きあげることが難しいためである。

　そこで本章では、国内外にみる文化・ことばを取り巻く状況を読み解いたうえで、その状況に即した教育課題を探り、国際理解教育のあり様を文化力形成の視点から捉え直してみることにしたい。

1　文化・ことばを取り巻く状況

　この節では、まず文化そしてことばの特性を踏まえた上で、今の社会にみる文化・ことばを取り巻く状況を読み解いておくことにしたい。

(1)　文化とは、ことばとは

　文化に対してはこれまでにも多くの論者により多様な定義が示されているが、ここでは、「集団によって共有されている生活様式・行動様式・価値などの一連のもの」という基本的な捉え方をまずは提示しておくことにしたい。ただこの定義以上に重要なのは、なぜ人間は文化をつくり出したのかという点である。

　人間が集団をなして生きる存在であることを考えると、人間が文化をつくり出したことには必然性がある。人間が、集団で自然との関係、社会との関係、歴史との関係を生きる上で、集団で共有される文化は必要不可欠なものである。この点に関して、ベルギーの社会学者であるティエリ・ヴェルヘルストは「文化を英語で言う corping system 対処手段、つまり問題解決のための一連の方法論というふうに捉えるべきではないかと考えています」(ヴェルヘルスト 1997; p. 53)、「文化は、人間社会を取り囲む様々な問題に対して、伝え、採用し、あるいは新たに創造する解決策の全体である」(ヴェルヘルスト 1997; p. 54) と指摘している。つまりこの指摘を踏まえると、人間が、自然的、社会的、歴史的関係の中で、共に生活していこうとする時に、遭遇する様々な問題を解決するために生み出してきた方策が文化であると捉える

187

第2部　多文化共生と教育

ことができる。文化はそこに生み出される必然性を持ち、その文化は生活の中で、生活様式・行動様式・価値などとして繰り込まれてきたのである。したがって、文化は博物館や美術館に展示するためにつくり出されたものではなく、また学校での学習・教育の対象、理解の対象となるためにつくり出されてきたものでもない。まさに文化は生活の中で生きており、また自然的、社会的、歴史的関係の変化の中で、変容していく動的なものであると言うことができる。

　またことばも、文化と同様、動的なものである。人間の他者との関係、自然との関係、社会との関係、歴史との関係の中でつくり出され、そのような関係をつなぎ合わせながら、越境しあいながら、変容していくものとしてのことばは、動的であり、まさに生きたものである。例えば、そのようなことばの本質と人間との関係について、リービ英雄は古代の日本語を例に、1300年前の昔から、古代の日本語にも越境はあり、日本語は渡来人にも開かれたものであり、バイリンガル的な感覚は、万葉歌人にもあったと指摘している（リービ 2007; pp. 214-5）が、人間が移動し、ことばが移動する中で、人間とことばが昔から動的な関係をつくり出してきていることに気づかされる。

　さらに「ことばは文化である」という表現の持つ意味を考えてみると、ことばは、文化を伝達し、表現し、創造する上での重要な道具であることにとどまらず、ことばそのものが、語彙の中に、用法の中に、音の中に、表現方法の中に、多様な文化を内在化させていることに気づかされる。つまり人間がつくり出したことばと人間がつくり出した文化は、不可分な関係にあり、それぞれがそれぞれに大きな影響を与え合っているのである。

(2)　文化・ことばを取り巻く状況

　上記のように、人間が永い時間をかけ醸成し変容させてきた文化とことばは、いま多様かつ急激な変動の中にある。

　身近のところから眺めてみると、特に日本の1980年代以降にみられる国際化・グローバル化の進展の中で、例えば学校では海外からの帰国生が増加し、また社会ではアジア・中南米などからの外国人労働者とその家族、中国からの帰国者、アジアからの留学生など、日本に在住する外国人は飛躍的に

第8章　文化・ことばと国際理解教育

増大している。そしてこのような状況は、アイヌ民族、琉球民族、在日コリアン・中国人といったそれまで日本社会が内包させてきた民族・文化問題とも相まって、個人レベル・集団レベルで文化的言語的アイデンティティをどのように形成していくのかという問題を、また地域レベルでいかにして多文化化、多言語化に社会的に対応していくのかという問題を浮かびあがらせている。

　例えば各地域では、新たな住民となった「外国につながる大人・子ども」にとっての生活言語としての日本語の習得と、文化的言語的アイデンティティの形成や家庭内でのコミュニケーションに大きな影響を及ぼす母語の習得という問題への対応、多くのマジョリティである日本人との相互の文化交流・文化理解の必要性が問われている。また以上のような新たな外国人住民に関連した問題状況にとどめず日本全体を眺めてみると、海外生・帰国生にとっての文化・ことばの問題、アイヌ民族・琉球民族・在日コリアンにとっての文化・民族語の保障の問題、障害者にとっての手話・点字の保障の問題など、文化・ことばに関わる問題状況は数多く見てとれる。

　一方世界的な問題状況に目を向けてみると、21世紀に克服すべき重要課題としての緊張状況に関する指摘がある。例えばユネスコ21世紀教育国際委員会の報告書『学習：秘められた宝』（天城 1997）は、21世紀の克服すべき重要課題として、主だった7つの緊張を指摘している。それらは、「グローバルなものとローカルなものとの緊張」「普遍的なものと個別的なものとの緊張」「伝統性と現代性との緊張」「長期的なものと短期的なものとの緊張」「競争原理の必要と機会均等の配慮との緊張」「知識の無限の発達と人間の同化能力との緊張」「精神的なものと物質的なものとの緊張」である。この報告書が指摘する緊張は、まさに広義かつ本質的な意味での人間の多様な文化が、地球レベルで緊張状況にあることを示している。

　また文化・ことばに対する国際的な政策としての、世界言語権会議「言語の権利に関する世界宣言」（1996年）、「文化の多様性に関するユネスコ世界宣言」（2001年）、ユネスコ「文化多様性条約」（2005年）、国際言語年（2008年）といった動きは、世界の少数言語が急速に消滅しつつある現状など文化・言語に関する問題状況が世界的に顕在化する中にあって、文化の多様性、言

189

第2部　多文化共生と教育

語の多様性、言語権の保障を、それぞれ不可分な関係の中で政策的にめざそうとしていることを示している。また欧州各国にみる「言語意識・言語意識教育」、「欧州言語共通参照枠：CEFR」といった動きは、多言語・複言語政策が教育政策として具体的な動きとなってきていることを示している（丸山2010）。

　つまり今の社会を取り巻く文化・ことばの状況とは、個々人のレベルからみれば、単に個々人の周りに多様な文化・ことばが存在しているといった静的な状況ではなく、複数の文化・ことばにまたがって生きる人々が急増し、「人の中」[1]の文化・ことばの多様性・多層性が活性化される中にあって、個々の文化的言語的アイデンティティの形成の過程が多様かつ流動的になっていることを示している。また社会的なレベルから見れば、文化間・ことば間の緊張・対立関係は、「人の間」[2]に、文化・ことばの同化・融合・並存・創造といった動的な関係が多面性をもって存在していることを示している。さらには、地球的諸課題として取り上げられる貧困・経済格差・環境破壊・人権侵害などの問題も、その根底には、「人の間」に、個別と普遍、伝統と現代、効率と公正、競争と平等、物質と精神など、多様な文化・価値が対立・緊張状況をつくり出していることを読み取ることができる。

　したがって、このように文化・ことばが「人の中」「人の間」において動的な関係をつくり出している状況の中では、文化・ことばを静的固定的相対主義的に理解し、その多様性への尊重のみを強調する静的なアプローチでは、今の状況に対応できないことは明らかである。「人の中」「人の間」に文化・ことばの対立・緊張状況が生じていることを認識し、その状況を克服するための文化・ことばへの動的なアプローチが必要とされているのである。

2　文化・ことばの状況に即した教育課題

　この節では、上記のような文化・ことばを取り巻く状況に即した教育課題を探っていくことにしたい。また付言的にはなるが、その教育課題や文化力形成の視点から、ことばの教育のあり様や多文化共生の概念についても、捉え直しておくことにしたい。

第8章　文化・ことばと国際理解教育

(1)　三つの教育課題

　では現在の文化・ことばの状況に対応するために、教育はどのような役割を担っていくことが求められていると言えるのだろうか。これまで教育では、文化に関しては、多くの場合、「○○国文化」「○○民族文化」というように特定の文化に国や民族を背負わせて、その異質性・共通性・多様性を理解することに主眼を置いてきた。しかし、多文化社会にみる「人の間」「人の中」の文化・ことばの状況を読み解き、その状況を克服するための動的なアプローチを想定してみると、教育が担うべき課題として、相互に関連し合う以下の3点を指摘することができる。

①　「文化の人間的役割」を理解する

　文化を理解するというと、その文化の中身への理解と解されることがほとんどである。しかし、文化の動的な特性から文化を捉え直すと、文化の中身への理解にとどまるのではなく、文化の持つ人間にとっての役割への理解の重要性が浮かびあがってくる。例えばティエリ・ヴェルヘルストは、文化において重要なのは、文化が個々の人間と社会の両方に影響をもたらす役割としての「文化の人間的役割」であると指摘している。この「文化の人間的役割」に関して彼は4点をあげている（ヴェルヘルスト　1997; pp. 16-18）。第一は人間に自尊心をもたらしてくれる役割であり、第二は選択の基盤を与えてくれる役割であり、第三は不正行為に抵抗して闘う武器となり得る役割であり、そして第四が人間の抱く根本的な問題に意義を与える役割である。

　いま日本の各地域において、多文化が進展する中にあって、文化的アイデンティティの問題として顕在化している多くのものは、文化の中身への無理解・誤解というよりは、ヴェルヘルストの言う「文化の人間的役割」に関する問題として捉えることができるのではないだろうか。つまり日本人・外国籍住民を問わず、この「文化の人間的役割」を十分に受容的共感的に理解していないことが、自他の文化的アイデンティティを軽視し、自他の文化的アイデンティティを弱体化させることにつながっていると考えられる。

②　文化の多様性とその動的状況を読み解く

　文化は、既述したように、「人の中」「人の間」で、緊張の様相を顕在化させている。一方、2000年が「平和の文化」国際年であったように、諸問題

191

第2部　多文化共生と教育

の解決に向けて、個別な文化を活かしつつより普遍的な文化を創り出そうとする動きも国際レベルでは活発である。例えば1999年に新しい千年紀に向けて、国連総会で「平和の文化に関する宣言」が採択され、さらに国連はユネスコの提唱を受けて2000年を「平和の文化国際年」と定め、この国際年は2001年から2010年の「世界の子どもたちのための平和と非暴力の文化の10年」へ引き継がれたことはそのことを示している。

　そのような中では、多様な文化の違いや共通点への理解にとどまるのではなく、個々の文化に内在する階層性・差別性・排他性などに対しても、共生・平和の視点から批判的に読み解くことが求められてくる。また多文化間の対立・緊張の状況も、ただその状況を表面的に眺めるのではなく、自らの日々の生活の中にみる自文化と他文化の関係として、また伝統的文化・社会慣習などとの歴史的関係として、動的に共感的に読み解き、さらにはその多文化化が進展する背景としてのグローバル化の進展や、多文化を取り巻く地域社会での政治的経済的状況についても、構造的批判的に捉え直していくことが求められてくる。

③　文化の表現・選択・創造へ参加する

　教育にとって、参加はキーワードであり、学習過程への参加、問題解決への参加、そして社会づくりへの参加など、多面的に参加は捉えられてきている。この参加という視点から文化を捉えてみると、文化的参加という概念が浮かびあがる。ここで言う文化的参加は社会参加に含まれる概念ではあるが、社会参加が、これまでの参加の概念に見られるように、一般的に社会的意思決定過程への制度的参加や組織・集団への参加などの側面から、社会性や社会的意義に関連づけて捉えられることが多いのに対し、文化的参加は、文化的存在としての人間の精神的・情緒的側面に注目し、それらの表現・選択・創造活動への参加を意味する概念である。佐藤一子によると、この文化的参加は、「創造的・探求的な関心や興味の共有、情緒的一体感などを通じて個々人の精神的充足や人間関係の形成、心身の解放などが促進されるプロセスを重視し、文化を媒介とするより内面的な価値を持つ活動とその人らしい表現をつうじて個人が社会や集団とかかわる個性的方法に注目する捉え方」（佐藤・増山 1995; p. 15）と概念化されている。またこの概念は、特に子どもと

いう立場、そして地域づくりという立場にたつ場合、より重要になる。それは、学校という制度的枠組みをこえた地域という空間において、「子どもたちみずから表現し、異なる世代とのコミュニケーションを発展させ、多様な価値との葛藤を経験しうる場として、地域社会における文化的生活への参加は大きな意味を持っている」（佐藤・増山 1995; p. 11）ためである。

　またいま世界各地での地域づくり、震災後の日本での地域づくりを眺めてみると、そこには、歌があり、踊りがあり、祭りがあり、また芸術があるように、大人・子どもを問わず、全ての人に心の躍動を生み出すような文化的な動きが一つの核になってきていることが見てとれる。このような動きは地域づくりにおいて、協働性を再生し人間の生へのエネルギーを活性化するうえで非常に重要であるが、この動きを文化的参加と呼ぶなら、この文化的参加は、政治的参加や経済的参加の根底に見られる文化性を再考する動きと相互に関連し合いながら、共生・平和の文化創造に向けて必要不可欠な課題となりつつある。

　以上のように、多文化社会にみる文化・ことばの状況に応じるために教育に求められるのは、従来の文化の異質性や共通性を文化相対主義的に理解することではなく、人間一人一人が、自然的社会的歴史的関わりの中で、文化の人間的役割を受容的共感的に理解し、「人の中」「人の間」に見られる文化の多様性及びその文化の対立・緊張の様相とその背景を共感的批判的に読み解き、より公正で平和な文化の表現・選択・創造に、協働的に参加していく力を育んでいくことではないだろうか。筆者はこの三つの課題を探求する力を「文化力」と呼びたいと考えている。

(2)　文化力形成に向けてのことばの教育

　文化力の形成という視点から、教育実践を想定してみると、ことば、文化としてのことばが、大きな可能性を有していることに気づかされる。しかし、これまでの教育にみることばの扱い方を捉え直してみると、コミュニケーションスキルとしてのことば、異文化や世界の問題を知るためのことばなど、「道具としてのことば」を重視してきているが、一方、ことばの身体性やことばの音の力、ことばに内在する文化性、言霊という表現に示されることば

第2部　多文化共生と教育

の持つ霊的な力、ことばを取り巻く社会構造的な問題状況など、「対象としてのことば」に十分な関心を払ってきたとは言えないことが指摘できる。この「道具としてのことば」観に立つ教育と「対象としてのことば」観に立つ教育は分離したもの、対立するものではなく、相互に関連し、またそれぞれの教育がめざそうとする力が他方の力に大きな影響を及ぼすことは容易に想像がつく。つまりことばは、文化と同様、その内実において非常な多様性・豊饒性を有しており、「対象としてのことば」の観点の教育実践的意味は非常に大きいと考えられる。以下、前節で指摘した三つの教育課題に即して、「対象としてのことば」観に立つことばの教育の要点を確認しておくことにしたい。

　第一の課題である「『文化の人間的役割』を理解する」に関して言えば、文化としてのことばそのものが、「文化の人間的役割」を有し、「文化の人間的役割」を具現化していると言うことができる。「自尊心をもたらす」「選択の基盤を与える」「不正行為に抵抗して闘う武器となり得る」「人間の抱く根本的な問題に意義を与える」という文化の人間的役割は、まさに主語をことばに置き換えても成立する役割であり、文化としてのことばが持つその役割に、ことばの教育がアプローチしていくことには必然性がある。

　第二の課題である「文化の動的状況を読み解く」に関して言えば、地域社会にみる多言語化の状況、そしてことばの問題状況の読み解きは重要である。ことばを取り巻く問題状況としては、世界の危機言語問題に加え、言語権保障の問題、学習者のアイデンティティ形成上の問題、ことばに内在する文化に見られる差別性などの問題、ことばの使用（談話）に見られる権力性などの問題などを指摘できる。ことばの教育は、改めてことばの動的状況、ことばを取り巻く問題状況を読み解き、それらの状況に対峙していくことが求められている。

　第三の課題である「文化の表現・選択・創造へ参加する」に関して言えば、地域社会に見られる多様な母語、方言を含む多様な日本語など、多様なことばの表現を可能にしていくことが、文化的存在としての人間の精神的情緒的充足を促し、そのことが政治的経済的文化的参加を含む社会参加につながり、上記に指摘したようなことばを取り巻く問題の解決を通してより豊かな文化

第8章 文化・ことばと国際理解教育

を創造していくダイナミズムを生むことになる。共生の文化創造に向けて、ことばの表現からのアプローチは教育にとって大きな意味を持っている。

　以上のように、ことばの教育は、文化力形成に向けての教育課題にアプローチすることは可能であり、またことばを取り巻く状況はそのことを求めているのである。

(3)　多文化共生とは

　日本の各地域で多文化化・多言語化が進展する中で、国や地域の政策レベルで、また国際理解教育、異文化間教育、開発教育、日本語教育など多くの教育レベルで、多文化共生について論じられるようになっているが、この多文化共生は、多文化がどのような状態にあることを指しているのかが必ずしも明確にされているわけではない。

　日本では特に1980年代以降、地域での外国人住民の増加に対応する形で、地方自治体での外国人住民に対する取り組みは進展し始めるが、2006年に総務省が『多文化共生に関する研究会報告書～地域における多文化共生の推進に向けて～』（総務省 2006）を提示し、各地方自治体での多文化共生の推進を求めたことから、多文化共生は各自治体の重要な行政施策となっている。ただこの多文化共生の推進にみる文化の捉え方、また文化間の関係に視点をあててみると、上記の総務省の報告書が「本研究会においては、地域における多文化共生を『国籍や民族などの異なる人々が、互いの文化的ちがいを認め合い、対等な関係を築こうとしながら、地域社会の構成員として共に生きていくこと』と定義し、その推進について検討を行った」（総務省 2006; p. 4）という記述に示されるように、静的で相対主義的な文化観が浮かびあがってくる。しかし、既述したように、多文化間の対立・緊張の中にあって、「互いの文化的ちがい」を認め合えば多文化共生社会が実現すると考えることは難しい。

　したがって、動的な文化観、文化力形成の視点に立つと、多文化社会の目標として掲げられる多文化共生も、より動的なものとして捉え直すことが可能になる。つまり多文化共生は、「現在の社会において、『人の間』に『人の中』に、文化・ことば間の対立・緊張関係が顕在化する中にあって、それぞ

195

第2部　多文化共生と教育

れの人間が、その対立・緊張関係の様相や原因を、自然的社会的歴史的関係の中で読み解き、より公正で共生可能な文化・ことばの表現・選択・創造に、参加しようとしている動的な状態」と捉えることができる。このような多文化共生の捉え方は、社会統合の視点から見ると、静的な文化観に基づくサラダボウル論的多文化主義ではなく、動的な文化観に基づくジャズ論的多文化主義（関口・中島 2010; pp. 181-206）に共通点を見出せるが、それに教育的な視点を加味して捉え直したものである。

3　国際理解教育のあり様

　ここまでは文化・ことばの状況に即した教育課題を探ってきたが、この節では、それらの教育課題をもとに、国際理解教育のあり様を理念的かつ実践的に捉え直してみることにしたい。そのためにまずは、これまでの国際理解教育を簡単に振り返っておくことにする。

(1)　これまでの国際理解教育

　国際理解教育は、その歴史から見ても、20世紀の二度にわたる大戦への反省にたって、平和への希求の中から生まれた教育活動と言うことができる。例えばその理念はユネスコ憲章前文の「戦争は人の心の中に生まれるものであるから、人の心の中に平和のとりでを築かなければならない」という広く知られた言葉に見ることができる。またこの前文では、相互の風習と生活を知らないことが世界の諸人民の間に疑惑と不信を生み、戦争の原因となって来たことを指摘し、平和実現にとっての「文化理解」の重要性を明らかにしている。

　また1974年のユネスコによる「国際理解、国際協力及び国際平和のための教育並びに人権及び基本的自由についての教育に関する勧告」（国際教育勧告）では、教育政策の指導原則として、「すべての民族並びにその文化、文明、価値及び生活様式に対する理解と尊重」「他者とコミュニケーションする能力」にとどまらず、「国際的な連帯及び協力の必要についての理解」「個人がその属する社会、国家及び世界全体の諸問題の解決への参加を用意する

こと」などを新たに明示し、地球的な諸問題が顕在化する中、平和実現に向けての「問題理解・問題解決」の重要性を指摘している。

さらに 1994 年に開催された第 44 回国際教育会議では、1974 年国際教育勧告をさらに充実・発展させるため、「国際教育会議宣言」が採択され、さらに「平和・人権・民主主義のための教育に関する包括的行動計画案」が審議され、この行動計画は翌年ユネスコ総会で採択されている。この行動計画では「平和・人権・民主主義のための教育」の目的について、「平和・人権・民主主義のための教育の究極的目的は、個々人の中に、平和の文化を想定したうえでの普遍的な価値及び行動様式の感覚を育成することである」と述べ、その具体的な価値・行動様式として、「自由の価値を測れる能力」「個人・性別・文化などの多様性の中にある価値の認識」「非暴力による紛争解決の能力」「寛容・慈愛・わかち合い・思いやりの資質」「未来を選択する能力」などを示している。つまり国際教育のねらいとして、価値・態度・行動様式といった能力の育成に力点を置いていることが確認できる。

そして既述したように、1999 年には国連総会にて「平和の文化に関する宣言」が採択され、そして国連は 2000 年を「平和の文化国際年」と定め、さらにこの国際年は 2001 年から 2010 年の「世界の子どもたちのための平和と非暴力の文化の 10 年」へと引き継がれたのである。

このように国際理解教育は、国際レベルでは、呼称の変更を伴いつつも、国際的な平和の実現、平和の文化の創造を希求する動きの中で、そのための教育活動として、その時代状況を反映させ、ねらいも「文化理解」「コミュニケーション能力」「問題理解・問題解決」「価値・態度・行動様式の育成」といったようにその枠を広げながら、その実践がめざされてきたものである。

一方、日本の国際理解教育の 1950 年代以降の動きを眺めてみると、実践レベルでは「文化理解」を基軸とした動きに大きな変化が見られないことを指摘することができる。1990 年代の都道府県・政令指定都市の教育委員会宛ての調査（図書教材研究センター 1994; pp. 105-111）によると、多く取り上げられている領域は「異文化理解・多文化理解」「コミュニケーション能力」であり、比較的取り上げられることの少ない領域が「地球的諸問題」である。つまりユネスコは、1970 年代以降、国際理解教育の領域を、「地球的諸問題」

第2部　多文化共生と教育

を含むより包括的なものへと転換させたのに対し、日本ではその転換が十分になされず、「文化理解」「コミュニケーション能力」を中心とした活動を踏襲している状況を指摘することができる。

　またこのような動きに対して永井は、国際理解教育へのアプローチとして、文化人類学的な観点からの過去志向的な「文化理解的アプローチ」と政治的経済的社会的観点からの未来志向的な「問題解決的なアプローチ」を示し、その志向性において矛盾するような両者を止揚していくことが理論的に国際理解教育にとって重要であることを指摘している（永井 1989; p. 144）。

　しかしそのような指摘にもかかわらず、日本の多くの実践の現場では、「文化理解」「コミュニケーション能力」「問題理解・問題解決」といったそれぞれのアプローチが、それほどの関係性を持たずそれぞれが個別化し、また「文化理解＝国際理解教育」「英語のコミュニケーション能力の形成＝国際理解教育」といったように国際理解教育が偏って捉えられ[3]、さらには平和・平和の文化構築といったねらいさえも十分に認識されていないといった状況が生み出されている。

(2)　文化力形成の視点から見る国際理解教育―個別化への対応―

　前項までに指摘してきたように、文化・ことばを捉え直し、文化・ことばの状況に即した教育課題と文化力形成の視点を踏まえてみると、いくつかの観点から国際理解教育のあり様を捉え直すことが可能になる。まずは、これまでの国際理解教育にみる「文化理解」「コミュニケーション能力」「問題解決」といったそれぞれのアプローチの個別化という問題状況への捉え直しである。

　既述した文化力形成に向けての教育課題、つまり文化力形成へのアプローチでは、これまでのように文化の異質性や共通性を文化相対主義的に理解するのではなく、人間一人一人が、自然的社会的歴史的関係に基づく協働の中で、文化の人間的役割を理解し、「人の中」「人の間」に見られる文化の多様性及びその文化の対立・緊張の様相とその背景を読み解き、より公正で平和な文化の表現・選択・創造に参加していく力を育んでいくことを課題として浮かびあがらせたわけである。そしてこのアプローチでは、これまでの国際

第8章　文化・ことばと国際理解教育

理解教育にみる「文化」「ことば」「地球的諸問題」の捉え方・扱い方に大き
な変容を求めることになる。つまりこれまでの国際理解教育は、「文化」
→「理解」、「ことば」→「コミュニケーション能力」、「地球的諸問題」→「問
題理解・問題解決」といったように、それぞれの対象と目標を対応させ、そ
れらを個別的に捉えがちであった。その理由は「文化」「ことば」の捉え方
自体が静的、相対主義的、限定的であったためである。一方、文化力形成へ
のアプローチでは、「文化」→「理解」＋「問題理解・問題解決」＋「表現（コ
ミュニケーション能力）」といったように、「文化」を対象としながらも、「理
解：文化の人間的役割への理解、文化の多様性への理解」「問題理解・問題
解決：文化の対立・緊張の様相とその背景への理解」「表現（コミュニケーショ
ン能力）：文化の表現への参加」といった目標が想定され、それぞれの教育
目標を絡め合わせながら教育実践を展開していくことが可能になる。

　同様に「ことば」へのアプローチでも、これまでの「道具としてのことば」
にとどまるのではなく、ことばの身体性やことばの音の力、ことばに内在す
る文化性、言霊という表現に示されることばの持つ霊的な力、ことばを取り
巻く社会構造的な問題状況など、「対象としてのことば」に注視してみると、
「ことば」→「コミュニケーション能力」＋「理解」＋「問題理解・問題解
決」といったように、「ことば」を対象にしながらも、「コミュニケーション
能力：多言語・複言語コミュニケーション、非言語（音・身体など）コミュ
ニケーション」＋「理解：ことばに内在する文化理解」＋「問題理解・問題
解決：ことばを取り巻く社会構造的な問題状況への理解と解決」といった目
標が想定され、それぞれの教育目標を絡め合わせながら教育実践を展開して
いくことが可能になる。

　さらに「問題理解・問題解決」アプローチで、地球的諸課題として取り上
げられることの多い貧困・経済格差・環境破壊・人権侵害などの問題も、『学
習：秘められた宝』で指摘されていたように、その根底には、個別と普遍、
伝統と現代、効率と公正、競争と平等、物質と精神など、対立・緊張状況に
ある多様な文化・価値を読み取ることができる。つまり「地球的諸問題」を
対象とした場合でも、これまでの政治的経済的観点からの「問題理解・問題
解決」にとどまらず、「理解：諸問題の根底にあり、対立・緊張状況にある

199

第2部　多文化共生と教育

多様な文化・価値への理解」といった目標も想定され、それぞれの教育目標を絡め合わせながら教育実践を展開していくことが可能になる。

　以上のように、文化・ことばを捉え直し、文化力形成の視点を組み入れることで、国際理解教育に見られる「文化理解」「コミュニケーション能力」「問題解決」の三つのアプローチの個別化という問題を超えていくことが可能になり、また現在の文化・ことばを取り巻く状況は、このことを求めているのである。またこのことは、永井が、国際理解教育へのアプローチとして、その志向性において矛盾するような「文化理解的アプローチ」と「問題解決的なアプローチ」を止揚していくことが理論的に国際理解教育にとって重要であると指摘した課題に対しての一つの解決方策であると筆者は考えている。

(3)　文化力形成の視点と国際理解教育—「関係性」の再構築に向けて—

　次にもう一点、より本質的なテーマである「関係性」の観点から、文化力形成の視点と国際理解教育との関連について確認しておくことにしたい。

　筆者は国際理解教育の本質を「関係性の再構築」という概念で捉えていることをこれまでにも指摘してきた（山西 2002; pp. 9-20）。筆者は、この「関係性」という言葉には、従来の、経済・政治・文化・人間の発達・心理などの特定の領域から個別に分析的に世界や人間のあり様、そして教育のあり様を探ろうとするいわゆる「機械論的パラダイム」の立場ではなく、世界や人間を全体的な関係性の中で捉え、その関係性の中に人間のあり様や教育のあり様を探ろうとするいわゆる「システム論的・全体的（holistic）パラダイム」の立場に立とうとする意味を込めている[4]。そしてこの「関係性」を、人間を軸に相互に関連し合う、「遺伝・発達などの内なる自然」「人間を取り巻く外なる自然」「宗教・霊の世界などに見られる超越的自然」といった「自然」との関わり、政治・経済・文化といった「社会」との関わり、過去・現在・未来といった「歴史」との関わりのあり様として捉えている。

　人間とは本来こういったダイナミックな関わりの中を生きる全体的存在であるが、現在の人間のあり様を考えてみると、あまりにも機械論的に断片的に人間のある特定の要素のみが強調され、その結果、全体としての関わりが分断化、希薄化し、また個別化していることに気づかされる。

200

第8章　文化・ことばと国際理解教育

　例えば日本の場合、特に1960年代以降、社会が高度経済成長を遂げ急速に変化していく中で、多くの大人たちは企業社会に囲い込まれ、経済的効率性や合理性が強調されるあまり、他者そして地域社会との地縁的な関わりを希薄化もしくは分断化してきた。多くの子どもたちも、そんな社会状況の中で、学校そして学校での受験・成績といった価値に囲い込まれ、また核家族化・少子化の中の家庭に囲い込まれ、他者・世界との協働的な関わりを希薄化してきた。このような関わりの希薄化・分断化・個別化は、個々の人間の成長・発達に大きな支障を与えるであろうことは容易に察することができる。昨今話題になりつつある子ども、大人を取り巻く心の問題、各種の問題行動などは、関わりの希薄化・分断化・個別化という問題と密接に関連している。またこの関係性の問題が、個にではなく社会に顕在化したのが、文化間摩擦、民族紛争、貧困、南北格差、環境破壊などの地球規模での諸問題である。文化と文化、地域と地域、国家と国家、先進国と途上国、人間と自然といった相互の関わりが十分に認識されていない状況、その関わりが構造的に見えにくくなっている状況、特定の価値が経済的グローバル化の中で拡がり、既存の価値が大きく揺らいでいる状況が、これらの問題を生み出す要因の根底にある。

　また、本章で指摘してきた現在の社会にみる文化・ことばを取り巻く状況を、この「関係性」という視点から読み解くと、「人の中」「人の間」にみる人間と文化・ことばとの関わりが、十分に認識されていない状況、構造的に見えにくくなっている状況、既存の関わりが揺らぎ、対立・緊張を生み出している状況にあることを指摘することができる。

　本来人間は、他者、地域、社会、自然、歴史などとの直接的な関わりを通しての肯定・承認といった過程の中で、個性、人格、生きる力といったものを形成していく存在である。しかし現在、その関わりは、時には希薄化・分断化・個別化し、時には対立・緊張状況を生み出し、その過程がうまく機能していない。「問題解決のための一連の方法論」としての文化は、関係性の中で生まれるものであり、平和・共生の文化創造には、関係性を再構築していくことが求められる。

　さらに本章が指摘してきた文化力形成の視点をこの「関係性」という視点

201

第 2 部　多文化共生と教育

から捉え直してみると、ある関わりのあり様を改めて確認することができる。それは、受容的、共感的、批判的、協働的といった関係性のあり様である。

　　　「多文化社会にみる文化・ことばの状況に応じるために教育に求められるのは、……人間一人一人が、自然的社会的歴史的関わりの中で、文化の人間的役割を受容的共感的に理解し、「人の中」「人の間」に見られる文化の多様性及びその文化の対立・緊張の様相とその背景を共感的批判的に読み解き、より公正で平和な文化の表現・選択・創造に、協働的に参加していく力を育んでいくことではないだろうか。筆者はこの三つの課題を探求する力を「文化力」と呼びたいと考えている。」

　上記の引用文章は、筆者が本章で記述したものであるが、文化力として提示した「①文化の人間的役割を理解する」「②文化の多様性とその動的状況を読み解く」「③文化の表現・選択・創造へ参加する」という三つの教育課題は、表記に明らかなように、その基礎に、受容的、共感的、批判的、協働的な関係性を想定したものである。それは、文化力形成のプロセスにある関係性が文化力にみる文化の質の素地を規定し、その素地の上に①②③の課題が機能することで、文化が形成されると考えられ、国際理解教育がめざす平和・共生の文化創造には、受容的、共感的、批判的、協働的な関係性が必要であるとの考えからである。また循環的ではあるが、この文化の質が、教育の質、教育の方法の質を規定していくことにもなる。つまり文化力形成の視点は、人間の自然・社会・歴史との関係性をより平和的なものに再構築するための視点であり、また教育そのものの質、教育の文化をより平和的なものに再構築するための視点でもあると考えている。

4　おわりに

　本章は、生きている文化、生きていることばを取り巻く状況を改めて読み解き、その状況に即した教育課題を探り、またその文脈の中から文化力の視点を示し、国際理解教育のあり様をその文化力形成の視点から捉え直したも

第 8 章　文化・ことばと国際理解教育

のである。

　文化そしてことばを取り巻く状況は急激にかつ大きく変動しているが、人間が文化創造の主体として、文化そしてことばに対応していくには、まさに文化力を形成していくことが求められる。その文化力の形成に向けて、教育そして国際理解教育が担う役割は大きい。筆者は、今、多言語・多文化教材開発を目的とした科研費研究「多言語・多文化教材の開発による学校と地域の連携構築に向けた総合的研究（H 23〜25 年度）」（研究代表者：山西優二）に携わっている。この研究では、国際理解教育・開発教育・異文化間教育・日本語教育・英語教育・社会言語学・言語意識教育などに理論的実践的に関わっている関係者が協働し、ことばの多様性・身体性・文化性・問題性といった特性に着目した教材開発に取り組んでいる。教材開発を含め文化力形成に向けての実践上の課題は多々指摘できるが、状況に即した実践をていねいにつくり出し、それらの実践をつないでいくことが求められている。

【注】
(1)　本章でいう「人の中」とは「ひとりの人間の内部」のことを指している。
(2)　本章でいう「人の間」とは「複数の人々の間」のことを指している。
(3)　この国際理解教育の偏りに対して、文科省内に設置された検討会の報告書である『初等中等教育における国際教育推進検討会報告—国際社会を生きる人材を育成するために—』（2005 年）は「英語活動を実施することがすなわち国際理解であるという考えが広がっていたり、国際教育に関する活動が単なる体験や交流に終わってしまうなど、以前に比べ内容的に薄まっている、矮小化されているとの声もある」（5 頁）と指摘している。
(4)　この 2 つのパラダイムに関しては、例えばグラハム・パイク、デイヴィッド・セルビー共著『地球市民を育む学習』（明石書店、1997 年）を参照。

203

第9章

教師の多文化の子どもに対する意識と
国際理解教育の実践

杉村　美佳

要　旨

　本章では、児童生徒の多国籍化が見られる神奈川県西部の公立小中学校において、教師が外国籍児童生徒をどのように認識しているのか、また、そうした認識が国際理解教育の実施にどのようにつながっているのか、小中学校教師に対するアンケート調査を中心に明らかにした。その上で、外国籍児童生徒のエンパワメントにつながる国際理解教育のあり方を、多文化共生の視点から検討した。考察の結果、第一に、S市では、外国籍児童生徒の日本語能力の不十分さ、低学力、文化や風習といった問題に、いまだ困惑している教師が多いこと。第二に、S市では、小学校の国際理解教育の実施率は比較的高いものの、中学校では低く、こうした国際理解教育の実施の有無は、教師の外国籍児童生徒に対する意識が影響していること。第三に、S市では、国際理解教育の目標を多文化共生に向けた態度の涵養に置く教師が比較的多く見られ、一部の教師は、外国籍児童の母国の言語や文化を取り上げた授業実践を行っている。そして、こうした実践が外国籍児童生徒のエンパワメントにつながっていること。第四に、小中学校では、国際理解教育を実施するにあたり、ボランティアスタッフの人材等を求めていることが明らかとなった。

キーワード◆外国籍児童生徒、教師の意識、国際理解教育、多文化教育、
　　　　　　多文化共生社会

第2部　多文化共生と教育

はじめに

　第2章で述べられたように、神奈川県西部に位置するS市では、児童生徒の多国籍化・多文化化が進んでいる。2011年4月7日の段階で、S市の外国籍児童生徒数は、286人であり、このうち、国籍はブラジルが最も多く、76人、次いでペルー60人、ベトナム40人、ボリビア23人であり、合計で21国籍であった[1]。S市は、人口約16万人、外国籍市民は約3,600人と、全国平均1.7%を上回り、南米とインドシナ系住民が多いのが特徴である。市内には工業団地があり、外国人住民のための雇用機会を創出している。この地域はいわゆる集住都市ではないが、ニューカマーを中心に外国籍住民の定住化は進んでおり、公立学校に通う日本生まれの次世代の子どもが増加している（宮崎・河北 2012）。

　S市在住の外国籍児童生徒やその保護者たちは、第2章で指摘されたように、差別やいじめ、母国語保持に対する不安を抱いている。いじめに巻き込まれたわが子をどう守るか、母語をいかに保持するか、日本語が不自由な外国籍児童生徒や保護者にとっては、学校や教師に自ら訴えることも大変な困難なため、不安は増すばかりであろう。また、第3章で明らかとなったように、外国籍児童生徒たちは、同級生に外部の「外国人」としてラベルを貼られ劣等感を感じさせられる結果、日本の社会に同化することを選択してしまう傾向があるといった問題を抱えている。

　こうした不安や問題を抱える外国籍児童生徒のアイデンティティ形成にとって、教師の意識や態度、授業実践は、大きな影響を与えると考えられる。教師の意識については、バイリンガル教育研究の第一人者であるカミンズも「教師の意識次第では、マイノリティの子どもをエンパワーすることも可能である」と指摘している（カミンズ 2011）。

　そこで本章では、こうした不安や問題を抱える外国籍児童生徒が在籍しているS市の小中学校において、教師が彼らをどのように認識しているのか、また、そうした認識が国際理解教育の授業実践にどのように影響しているのか、小中学校教師に対するアンケート調査を中心に明らかにする。その上で、多文化共生社会における教師と外国籍児童生徒のエンパワメント（協働的に力を創り出すこと）のあり方について論じていきたい。

第9章　教師の多文化の子どもに対する意識と国際理解教育の実践

　なお、本章において、Ｓ市の授業実践の実態を明らかにする際に国際理解教育に焦点を当てたのは、外国籍児童生徒が抱える不安や問題を解決し、学校における共生を実現するには、国際理解教育によって、日本人児童生徒、外国人児童生徒ともに、多文化共生社会を構成する一員として育成することが、彼らのエンパワメントにつながっていくと考えるからである。

　近年、文部科学省も学級担任に総合的な学習の時間を中心に国際理解教育を行い、計画的に「学級の国際化」を進めることを促しており（文科省 2011）、国際理解教育を通して多文化共生社会を構成する一員としての資質や能力を育成することを目指している。小中学校の多国籍化・多文化が進む今日、教育現場は、多文化共生の視点から国際理解教育を実践する必要性に迫られているのではないだろうか。

　このような問題意識から、以下では、Ｓ市の小中学校教師の外国籍児童生徒に対する意識を明らかにし、そうした意識が国際理解教育の授業実践にどのように影響しているのかを検討していきたい。

1　先行研究レビュー

　まず、外国籍児童生徒に対する教師の意識や思考に関する先行研究を検討する。近年、志水は、「学校世界の多文化化」についての研究で、外国籍児童が学校「不適応」に陥る要因の一つとして、教師特有の思考パターン（脱文脈化、同質化、個人化）を挙げている（志水 2002）。すなわち、日本の教師たちは、ニューカマーの子どもたちの文化的背景の「異質性」を極力排除する傾向が強く（脱文脈化）、その上で「私のクラス」に所属する同質的集団の一員として扱い（同質化）、さらに学習上あるいは生活指導上の原因をもっぱら子どもに帰属させ、なお一層の努力や心がけの変化を求めようとする姿勢を強く有している（個人化）という。

　また、清水は、神奈川県内の公立小中学校でのフィールドワークにより、ニューカマーの子ども（インドシナ系）と教師の日々の相互行為を分析し、子どもたちの日常世界を描き出している（清水 2006, 清水・児島 2006）。清水によれば、教師は、ニューカマーの子どもの「エスニシティなるもの」

第2部　多文化共生と教育

の顕在性が「高」から「低」へと変化するのに合わせて、子どもとの関わり方を、「手厚い支援」から「特別扱いしない」関わりへと転換しているという。そして、こうした関わり方の転換の背景には、子どもが教室で大きく逸脱することなく「やれている」という認識が強く働いているという。

　一方、金井は、ニューカマーの子どもたちが増加する神奈川県の2校の公立小学校で6人の教師を対象とした調査を行い、こうした志水らの研究に問いを投げかけている。すなわち、教師は意図的にニューカマーの子どもの文化の差異を無視し、子どもに対して同化を促したり、差別をしているのではないという。むしろ、文化的背景による差異を配慮しようと試みており、子どもとの関わり方をめぐって葛藤や困難を経験している。さらに、教師がニューカマーの子どもの文化的背景を考慮し、他の子どもたちとは異なる対処をすれば、ニューカマーの子どもを教室での学びから排除するといった事態も生起する可能性があると主張している（金井 2012）。

　そして、このような外国籍児童生徒が抱える問題を解決する方策として、国際理解教育が注目を集めており、多文化共生をめざす国際理解教育の理念と方法が模索され始めている。日本における国際理解教育の発展については、第8章で山西が詳述しているため、ここでは省略するが、山西は、国際理解教育のあり様を文化力形成の視点から理念的かつ実践的に捉え直し、日本の多くの実践の現場では、「文化理解」「コミュニケーション能力」「問題理解・問題解決」といった三つのアプローチが、関係性を持たず個別化していると指摘した上で、それら三つの要素をそれぞれ絡め合わせながら国際理解教育の実践を展開していくことが課題であると述べている（本書第8章）。また、森茂は、国際理解教育学会が開発した多文化共生を目指す国際理解教育のカリキュラムや、その実践を紹介している（森茂 2011）。

　次に、国際理解教育と外国籍児童生徒教育とを結ぶ実践のあり方を論じた研究には、齋藤、見世らの論文がある（齋藤・見世 2005）。また、荒井は、外国人集住都市の群馬県大泉町の公立小学校で、教師と児童に聞き取り調査を行い、国際理解教育と国際理解に対する意識を明らかにした。その結果、4人中3人の教師が「国際理解教育」イコール「英語教育」と捉えていた。しかし、児童は必ずしも「国際理解教育」と「英語教育」とを同一視してお

らず、複数の国籍の児童が共生する環境から、自然に国際理解の感覚を培っていると指摘した（荒井 2005）。

　一方、杉村は、多国籍化する神奈川県Ｓ市の市立小中学校教師を対象としたアンケート調査を行い、国際理解教育の実施状況を検討した。その結果、Ｓ市では、小学校の国際理解教育の実施率は比較的高いが、中学校では低いこと、また、国際理解教育の目標を多文化共生に向けた態度の涵養に置く教師が比較的多く見られ、一部の教師は、外国籍児童の母語や母文化を取り上げた授業実践を行っていること等を明らかにした（杉村 2013）。この研究結果の詳細については、後述することとする。

　以上のようにこれまでの研究では、神奈川県西部の教師が外国籍児童生徒をどのように捉えているのか、そして、そうした意識が国際理解教育の実践にいかに影響を及ぼしているのかについては、明らかにされてこなかった。そこで本章では、神奈川県西部のＳ市の小中学校教師を対象としたアンケート調査結果の分析を通して、外国籍児童生徒に対する教師の認識と、そうした認識が国際理解教育の実践に及ぼす影響を検討し、Ｓ市における国際理解教育の現状と課題について明らかにしていきたい。

2　アンケート調査の手順と分析の視点

（1）　アンケート調査の手順

　本アンケート調査は、2010 年 10 月〜2011 年 2 月にかけて、神奈川県Ｓ市立小・中学校の「総合的な学習の時間」の担当教員を対象に、Ｓ市教育委員会によるアンケート用紙の配布、郵送による回収という手法で実施した。「総合的な学習の時間」の担当教員を調査対象としたのは、国際理解教育が主に「総合的な学習の時間」に行われるためである。回答は、小学校 13 校中 13 校、中学校 9 校中 6 校、計 19 校から回収し、回収率は約 86％であった。

（2）　アンケート調査結果の分析の視点

　本章で小中学校教師の外国籍児童生徒に対する認識を分析する際には、カミンズ（2011）の視点を参考にする。先述のように、カミンズによれば、学

第2部　多文化共生と教育

校には、その社会における抑圧的な力関係が存在するため、マイノリティの子どもの多言語・多文化アイデンティティは、マジョリティの力によりつぶされてしまう。しかし、教師の意識次第では、その抑圧的な力関係を「協働的な力関係」に転換させ、マイノリティの子どもをエンパワーすることも可能であると主張する。本章では、こうした「外国籍児童生徒に対する教師の認識を高めることが、彼らのエンパワーにつながる」というカミンズの観点から分析を行う。

　次に、国際理解教育の現状の分析には、多文化共生の視点から国際理解教育の構造化を図っている山西（2007，本書第8章）の理論を主に用いる。山西によると、国際理解教育には、「人間理解・人間関係づくり」という基礎目標の上に、①文化を動的に理解する「文化理解・文化創造」、②地域と世界をつなぐ「問題理解・問題解決」、③未来づくりに参加する「未来想像・未来創造」という三つの目標を設定するべきであり、多文化共生を実現するには、「心の中の平和のとりで」、「平和の文化」を構築する「平和の実現」を最終目標とすることが求められるという。また、日本の国際理解教育実践の多くの現場では、「文化理解」「コミュニケーション能力」「問題理解・問題解決」といった三つのアプローチが個別化していると指摘した上で、それら三つの要素をそれぞれ絡め合わせながら国際理解教育の実践を展開していくことが課題であると述べている（本書第8章）。そこで本章では、こうした山西の理論に基づき、S市の小中学校における国際理解教育の現状を分析する。

3　小中学校教師の外国籍児童生徒に対する認識

(1)　外国籍児童生徒に対する指導経験と印象

　まず、S市立小中学校の教師が外国籍児童生徒とどのように関わっているか、指導経験について述べておきたい。外国籍児童生徒の担任経験がある教師は79％と多く（図9-1）、国際教室を担当したことがある教師は、16％であった。

　次に、「担当した児童生徒について印象に残っていること」（複数回答可）

210

第9章　教師の多文化の子どもに対する意識と国際理解教育の実践

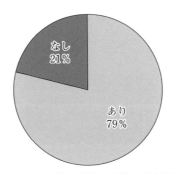

図9-1　外国籍児童生徒の担任経験

を尋ねたところ、「日本語能力の不十分さ」を挙げた教員が7人、「母国語能力の低さ」1人、「低学力」4人、「親の日本語能力の低さ」7人、「発達の遅れ」1人、「給食費や教材費の支払いの遅れ」1人であり、本人や親の日本語能力の不十分さを挙げた教員が最も多かった。例えば、「4年男児。日本生まれだが、母がボリビア人。本人は日本語の会話は何とかできるが少し難しい、込み入った話になるとよくわからないようだ。算数の計算力はあるが、掛け算は完ぺきではなく、国語はひらがなが読める程度。母親は片言の日本語しか話せず、家庭での会話はスペイン語」、「家族誰一人日本語がわからない」という回答があった。

このように、外国籍児童生徒に対する印象を尋ねると、児童生徒や親の日本語能力の不十分さや、本人の学力の低さを挙げた教師がほとんどであり、児童生徒の性格等に関する回答はみられなかった。

(2)　担当した児童生徒の指導で苦労したこと・工夫したこと

また、児童生徒の指導で苦労した点としては、日本語能力の不十分さを挙げた教師が6人であった。工夫した点としては、「学校からの連絡は、市で作成したスペイン語の見本文が載っている冊子を利用した。しかし、これだけには頼れない内容もあり、外国語支援の先生に手伝ってもらった。本人が、日本語をしっかり身につけようとする意欲に欠ける」、「中国語を話せる日本語指導協力員や学生ボランティアを積極的に活用した」という回答があった。

S市では、近隣の大学のボランティア学生を小中学校に派遣して、外国籍

第2部　多文化共生と教育

児童生徒の日本語学習支援を行っているが、こうした外国籍児童生徒の現状を鑑みると、地域ボランティアと小中学校とのさらなる連携による支援が必要であると考えられる。

この他、苦労した点については、「服装、食事」、「子どもにトラブルがあった時、日本人の子も外国籍の子も同じように対処しているつもりだが、考え方、習慣の違いからか差別されているような、被害者的な意識を持っている外国籍の子の親もいるように思えた」など、文化や風習の違いに起因する問題に苦労している様子がうかがえる。

以上の結果から、外国籍児童生徒の担任経験がある教師が約8割に増加する中、外国籍児童生徒に対し、本人や親の日本語能力が不十分であると感じている教師が多いことや、文化や風習の違いによる苦労があると感じている教員がいることが明らかとなった。その一方で、担当した外国籍児童生徒の印象として、「母国語能力の低さ」を挙げたのは、1人のみであり、母語の能力に関心を持っている教師はほとんどいないことがわかった。

先述のカミンズの指摘によれば、外国籍児童生徒は、言語的、文化的、知的アイデンティティが肯定されると、学校で成功することにも自信が持てるようなパワーが生まれてくるとされることから（カミンズ 2011; p. 102）、まずは早急に、教師、児童生徒、地域社会がともに協働し、日本語学習及び母語学習支援などの学習支援を進めるべきであろう。

（3）　外国籍児童生徒が他の児童生徒に及ぼす影響

次に、「外国につながりを持つ子どもが学級にいることは、他の児童生徒にどのような影響があると考えますか」と尋ねたところ、以下のような回答が寄せられた。

まず、否定的な意見としては、「負担が多いだけに少人数とか補助教員とかの措置が必要」、「いきなり転入してきた生徒は言葉の障害もあり、周りの生徒がどう対応してよいのか困るのではないか」などの意見があった。その他、「学力に大きく差があると、偏見や差別につながる恐れがあるので注意したい」、「良い面と悪い面がある」という回答があった。

一方、肯定的な意見としては、「その子どもの母国、ルーツにつながる国

第9章　教師の多文化の子どもに対する意識と国際理解教育の実践

を理解、受容していくことにとても良い影響がある。大人になった時にも子どものころに接した外国籍児童の母国になんらかの興味や理解を示すきっかけにもなる」、「互いの違いや良さを知るチャンスととらえて学級経営をすることで子どもの視野や心を広めることができる」、「自分とは違う文化や習慣に触れ、寛容性を身につけるために良い。それがうまくいくためには担任や周りの職員の配慮やていねいな取り組みが必要」、「互いに気を使うことが多いし、トラブルも多い。ですが、生徒にとって外国籍に限らず、様々な子どもがいたほうが成長する材料が多く、結果的に良いことと考えている」など、多文化共生社会を担う人材を育成する上で、外国籍児童生徒の影響を肯定的に捉える意見が見られた。

　先述のように、カミンズによると、教師の意識次第では、抑圧的な力関係を「協働的な力関係」に転換させ、マイノリティの子どもをエンパワーすることも可能であるとされるため（カミンズ 2011）、外国籍児童生徒に対し、教師がこうした多文化共生社会の一員としての認識を持つことから、彼らのエンパワーは始まると考えられる。また、それと同時に、教員養成課程に日本語非母語話者への教育という視点を取り入れる必要があるのではないだろうか（齋藤 2009b）。

4　S市における国際理解教育の現状

　以下では、これまで杉村が行ったS市の国際理解教育の実態に関する研究結果（杉村 2013）を要約し、外国籍児童生徒に対する教師の意識が、授業実践にどのように影響しているのかを検討してみたい。

（1）　小中学校教員の国際理解教育に対する認識

　次に、「S市における外国籍児童生徒の増加や、帰国子女や国際結婚などによる児童生徒の多様化に対して、国際理解教育はどのような意味があると思いますか」という質問に対する回答をカテゴリー別に集計すると、「受容と共生」と答えた教師が最も多く、次いで、「相違の確認」と答えた教師が多かった（表9-1）。

第2部　多文化共生と教育

　詳細を見てみると、「国際理解教育は、互いを理解するために必要」と答えた教師が最も多かった。また、「その国の文化や慣習、考え方の違いなどでトラブルになることがあるので、それを知ることだけでもトラブルが減ると思うので、国際理解教育は意味があると思う」という意見もあった。中には、「外国籍児童はこれからどんどん増えていくことが予想されるので、日本人児童が彼らの国や文化を理解し、受入れ、共生する態度を養っていくことに意味があると思う。また、外国の文化に目を向けることは同時に自国や自国の文化を見直すことにもつながる。児童が大人になったときに日本にはもっと多様な人々が住んでいることが予想される。そのときに外からの文化を受け入れられる日本、共に生きていくことができる日本人を育てていくために意味があると思う」というように、国際理解教育の目的を多文化共生に向けた態度の涵養に置く教師が多く見られた。このような高い意識を、「問題解決アプローチ」による国際理解教育の実践に生かしていくことが今後の課題であろう。

表9-1　S市における国際理解教育の意味

カテゴリー	意　　　味	数
受容と共生	お互いの立場・人格を尊重し、偏見なく受容と共生の態度を養い、広く深い人間関係を築く	15
相違の確認	歴史・文化・思想・慣習・生活・伝統・価値観の違いを認識する	11
情報の取得	政治情勢・世界の現状を把握する	1
人材育成	国際交流で働ける、世界的視野を持った人間を育成すること	1
外国人との交流	外国人との交流、留学生の派遣・受け入れを行うこと	1
親善と友好	各国、各民族の平和共存のため、親善・友好に努力すること	1
自国文化の再発見	外国の文化を知ることで自国の文化を見直す	1
外国語教育	意思疎通のために外国語を習得する	1

(2) 小中学校における国際理解教育の現状

小中学校における国際理解教育の実施状況と関心の有無

　国際理解教育を実施していると答えた小学校は、13校中8校（62％）と比較的多いが、中学校では、6校中1校（17％）のみであった。これは、中学校では受験準備などがあり、進路指導に時間がとられるためであると考えられる。

　国際理解教育を実施していなくても、「実施することに関心がある」と答えた小学校教師は80％と高く、中学校教師は60％であった。こうした回答や、実施していない理由の記述から、小学校・中学校ともに教師は国際理解教育の実施には意欲的ではあっても、時間的余裕がないなどの理由で実際には実施できていない実情がうかがえる。

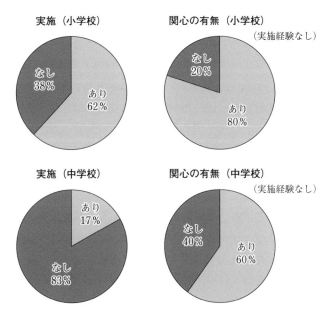

図9-2　国際理解教育の実施状況と関心の有無

第2部　多文化共生と教育

外国籍児童生徒に対する教師の意識が国際理解教育の実施に及ぼす影響

　先述のように、中学校教師6人のうち、国際理解教育を実施したことがある教師は1人であった。この教師は、外国籍生徒の印象や、指導において苦労、工夫した点について、詳細に回答を記入している。例えば、印象について、「ブラジル出身の男子。低学年の時来日。本人は会話等は全く問題はなかった。学習に対する意欲はなく、学力も低かった。母親は日本語の会話はできたが、父親はあまりできず、友人から特別視されることに敏感であった」と述べており、外国籍生徒の国籍や来日年齢、本人の日本語力、性格や特徴、両親の日本語力等について認識していたことがうかがえる。また、苦労した点については、「男子のグループとは共にならず、常に一人であったが、それゆえのトラブルもあった。……大変であったが、本人と私との信頼関係はあった」と述べ、教師生徒間で強い信頼関係が築かれていたことがわかる。さらに、外国籍生徒が他の生徒に及ぼす影響について、「互いに気を使うことが多いし、トラブルも多い。ですが、生徒にとって外国籍に限らず、様々な子どもがいたほうが成長する材料が多く、結果的に良いことと考えている」と回答している。

　一方、国際理解教育を行ったことがない中学校教師は、外国籍生徒の印象や、指導において苦労、工夫した点について、「家族誰一人日本語がわからない。通訳できる人がいない」、「コミュニケーションで困ったことはない」などと述べ、外国籍児童の国籍や来日年齢、性格や特徴については記述がなかった。また、外国籍生徒が他の生徒に及ぼす影響については、「良い面と悪い面がある」、「国際理解、国際協力という点から他国籍の生徒がいた方がよいと思われる」などと述べている。

　こうした傾向は、小学校教師にも見られる。「国際理解教育を実施したことがある」と答えた教師全員が、外国籍児童の国籍や来日年齢、本人の日本語力、両親の日本語力等について詳細に記述している。例えば、担当した外国籍児童の印象について、「ベトナム出身の女子。年齢は6年生より2つ上。6年に転入。友達を作ろうとはせず、ベトナム語の本を読んで自国の文化を大切にしようとしている姿が印象に残っている」という記述や、「ブラジル出身。日本語力はあるが学力は高くない。母の日本語力は乏しいが、姉は日

第9章　教師の多文化の子どもに対する意識と国際理解教育の実践

本語力が高いため通訳などをしてくれた。期限に対する意識が低い。ブラジルの話をすることに抵抗はなく、授業中に『ブラジルではどうだった？』と聞くと、知っていることを話してくれて、みんな関心をもって聞いていた」という記述が見られ、外国籍児童の特徴をよく把握していることがわかる。

　以上の記述から、外国籍児童生徒の国籍や来日年齢、本人の日本語力、特徴や抱えている問題、両親の日本語力等を詳細に把握し、信頼関係を築いている教師の方が、国際理解教育を重視して実践しているのではないかと考えられる。

　次に、国際理解教育の実施の有無と教師の国際教室の担当、もしくは外国籍児童の担任経験の有無の相関関係を検討したい。国際理解教育を「実施したことがある」と答えた小学校教員8人のうち、全員が、国際教室の担当、もしくは外国籍児童の担任を経験したことがあることが明らかとなった。一方、国際理解教育を「実施したことがない」と答えた5人の教師のうち、4人が、国際教室の担当も外国籍児童の担任も経験したことがないことがわかった。

　この結果からは、国際理解教育の実施の有無は、教師の国際教室の担当、もしくは外国籍児童の担任経験の有無が影響していると考えられる。すなわち、国際理解教育の実施は、教師の外国籍児童への認識の高さと関連があると推察される。今後、外国籍児童生徒がさらに増加し、彼らへの教師の認識が高まるにつれ、国際理解教育の実践の充実が図られていくのではないだろうか。

(3)　国際理解教育の授業実践例—母語・母文化の導入に注目して—

　各教師に国際理解教育の代表的な授業実践例を尋ねたところ、表9-2のような事例が挙げられた。先述のように、山西によれば、国際理解教育には、「人間理解・人間関係づくり」という基礎目標の上に、①「文化理解・文化創造」、②「問題理解・問題解決」、③「未来想像・未来創造」という三つの目標を設定するべきであり、多文化共生を実現するには、「平和の実現」を最終目標とすることが求められるという（山西 2007）。

　また、カミンズ（2011; p. 148）によれば、「言語マイノリティの子どもを

第２部　多文化共生と教育

表 9-2　国際理解教育の授業実践例

学年	教科名	授業時数	活動名	目　標	展　開
(小)1年	道徳	1	みんなちがって、みんなおなじ	人はそれぞれ違いがあっても、それによって差別されてはならないことを知り、皆仲良くしようとする意識を高める。	1人1人の違いに気付かせる。それによって意地悪をしたり悪口を言ったりしてよいのか考える。互いに違いを認め合い、仲良くしていこうとする気持ちを持つ。
4年	総合的な学習の時間		世界を知ろう	世界の国々を調べ、知ることによって国際理解を深める。	世界の国々の名前や位置、国旗、文化などを調べて発表する。
6年	総合的な学習の時間	10	英会話教室	簡単な質問を理解し、答えることができるようにする。	これまでに教わった単語の復習（お店、学校、消防署…）
6年	総合的な学習の時間	10	外国のことを知ろう	興味のある外国の文化、制度、自然について調べ、日本との違いに気付き、理解を深める。	興味のある外国の文化、制度、自然について話し合う。グループごとにテーマを絞って調べる。発表する。
6年	学級活動	1	おいしい給食をありがとう	様々な国の給食、食生活について知ることで自分の食に関する考えを深める。	様々な国の給食、食生活を知る（写真の展示）。自分たちの給食、食生活を振り返る。今後の日本や自分自身の食について考えを深める。
6年	総合的な学習の時間	20	世界の米料理、小麦料理	世界の米料理、小麦料理を調べ、調理して食べる活動を通して様々な食文化に触れ、異文化を理解するとともに日本の食文化を再認識する。	米、小麦を栽培し収穫する。世界の料理を調べ、調理して人にふるまう（調理する料理の国についても調べる）。日本の食文化について考える。
6年	総合的な学習の時間	10	ブラジルの子どもたちと交流しよう	世界の様々な国や文化に興味や関心を持つことで、それぞれの国の文化を理解し、共生する態度や能力を身につけることができる。	ブラジルに行った東海大学の学生たちの話を聞こう。ブラジル、カノア、ケブラーダの子どもたちへビデオレターを作ろう。ビデオ撮影。
(中)全学	総合的な学習の時間	1	ルワンダから学ぶこと	アフリカの実情について知識を持つ専門家から民族の紛争の現状を聞くことにより、異文化に触れる。	講師による講演（メモをとりながら視聴）。質疑応答。教室に戻り、振り返りながら感想を書く。

〈備考〉：表中の（小）は小学校、（中）は中学校を意味する。

218

第9章　教師の多文化の子どもに対する意識と国際理解教育の実践

エンパワーすることは、母語を授業の中で積極的に使用させることや、母文化に関して教科の中で取り上げマジョリティの子どもと教えあう協働作業をするなど、言語マイノリティの子どもの言語と文化をクラスの資源として活用すること」とされる。そこで以下では、こうした山西やカミンズの理論に基づき、S市の小中学校における国際理解教育の事例を分析してみたい。

　表9-2のように、授業実践の内容をみると、「みんなちがって、みんなおなじ」のように、「人間理解・人間関係づくり」を目標としているものや、「世界を知ろう」、「世界の米料理、小麦料理」、「ルワンダから学ぶこと」のように、諸外国の国名、地理、自然、食事、情勢など、「文化理解」を目標としているものが多い。各自がテーマについて調べて発表するという学習方法の工夫も見られる。一方で、人権侵害や南北格差等の地域や世界の問題の解決を志向する「問題解決」や、未来づくりへの参加を促す「未来創造」を、学習目標や学習方法に用いた事例は見られなかった。この結果は、第8章で山西が指摘した「実践レベルでは『文化理解』を基軸とした動きに大きな変化が見られない」という調査結果と一致している。山西が指摘するように、今後「文化理解的アプローチ」と「問題解決的アプローチ」を止揚していくことが求められるであろう。

　次に、母語・母文化の導入に注目してみたい。これらの授業事例のうち、クラスに在籍する外国籍児童生徒の母国の言語や文化を取り上げた実践を行ったことが「ある」と答えた教師は、1人のみであった（以下、この教師をA教諭と表記する）。A教諭が実施した授業のテーマの一つ目は、「ブラジルの子どもたちと交流しよう」であり、活動のねらいは、「世界の様々な国や文化に興味や関心を持つことで、それぞれの国の文化を理解し、共生する態度や能力を身につけることができる」であった。また、工夫した点は、クラスに外国籍（ブラジル）の児童がいるのでその児童の保護者に自国について紹介してもらうなど協力してもらう。自分がブラジルに行った経験なども生かして計画を立てた」ことであった。外国籍児童だけでなく、その保護者にも協力を仰いだ点が特徴的である。

　A教諭の授業実践の二つ目のテーマは、「ブラジルのことを知ろう。ポルトガル語」であり、「クラスの子どもたちにポルトガル語を教えるときに（ブ

219

第2部　多文化共生と教育

ラジル国籍の子どもたちが）前に出てポルトガル語を紹介してくれた。自分たちの母国語に自信を持つようになった」と述べ、外国籍児童の母国の文化や言語を取り上げたことによる教育的効果を指摘している。

　外国籍児童の母言語・母文化を取り上げる際には、慎重を期すべきではあるものの、カミンズも指摘するように、外国籍児童生徒の言語と文化をクラスの資源として活用することによって彼らをエンパワーし、個別化しがちな国際理解教育のアプローチに関係性を持たせることが、今後さらに求められるのではないだろうか。

国際理解教育の実施に必要な資源や情報

　次に、「国際理解教育を実施するにあたり、どのような資源や情報が必要か」を尋ねたところ、図9-3の「国際理解教育に必要な資源・情報」に見られるように、「人材」と答えた教師が最も多かった。「人材」の内訳は、図9-4の「人材の内訳」に示した通り、「人員の確保」、「外国に詳しい日本人」、「外国人教師」「ボランティア」、「人材バンク」であり、具体的には、「現地のことに詳しい人を講師として呼び、講演をしてもらう」、「多くの情報はインターネットなどで取得できるが、一方それが必ずしも正しい情報とは限らないので、情報の発信源の一つとして大学からも提供をお願いしたい」、「外国のことをよく知る人たち、また外国の方で児童の学習を支援してくれるようなボランティアスタッフ、あるいは人材バンク」、「来校し、学習に協力してもらえるボランティア人材」などの意見があった。

　次に多かったのが「事例（教材）」である。具体的には、「現状を知る上での現地の映像（写真やビデオなど）」、「まず国際理解教育とは何かを教師（と生徒）が周知するための資料」などの意見があった。

　次いで多かったのが、「文化・習慣・言葉」であった。具体的には、「その国の生活習慣や、物事の考え方」、「その国の常識と日本の生活習慣との比較ができるもの。その場面が視聴できるもの」という回答があった。

　なお、「図9-3　国際理解教育に必要な資源・情報」のうち、「時間」は時間的余裕、「連携」は、国際教室との連携を意味する。

　以上の結果から、教育現場では児童生徒の多国籍化・多文化化が進み、国

220

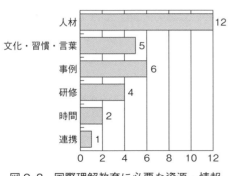
図9-3 国際理解教育に必要な資源・情報

図9-4 人材の内訳

際理解教育を支援する人材や資源・情報を切実に求めていることが明らかとなった。このため、地域と学校、教員、児童生徒との協働関係を構築していくとともに、政府や地方自治体が国際理解教育を推進するための教員養成政策、教師教育政策を立案・実施し、早急に国際理解教育の専門知識と方法論を有する教員の養成や研修を行っていく必要があるのではないだろうか。

5 おわりに

　最後に、本章で明らかになった点をまとめ、多文化共生社会における教育の課題を考えてみたい。

　まず、第一に、S市では、外国籍児童生徒の担任経験がある教師は79％と、約8割にのぼる中、外国籍児童生徒の日本語能力の不十分さ、低学力、文化や風習といった問題に、いまだ困惑している教師が多かった。その一方で、多文化共生社会を担う人材を育成する上で、外国籍児童生徒の影響を肯定的に捉える意見が見られた。カミンズも指摘するように、教師の意識次第では、外国籍児童生徒をエンパワーすることも可能であるとされることから、教師が外国籍児童生徒に対し、多文化共生社会の一員としての認識をもち、教師、児童生徒、地域社会がともに協働して日本語や母語学習支援などの支援を進める必要があるであろう。

　第二に、S市では、国際理解教育への関心は、小学校教師は80％、中学校教師は60％であり、実施率も小学校では62％と比較的高いことがわかっ

第2部　多文化共生と教育

た。一方で、中学校では時間的余裕などの要因で実施率は17％と低い。また、外国籍児童生徒の国籍や来日年齢、本人の日本語力、特徴や抱えている問題、両親の日本語力等を詳細に把握し、信頼関係を築いている教師の方が、国際理解教育を重視して実践していることがわかった。さらに、国際理解教育の実施の有無は、教師の国際教室の担当経験、もしくは外国籍児童の担任経験の有無が影響していると考えられる。すなわち、国際理解教育の実施は、教師の外国籍児童への認識の高さと関連があると考えられる。今後、外国籍児童生徒がさらに増加し、彼らに対する教師の認識が高まるにつれ、国際理解教育の実践の充実が図られていくであろう。

　第三に、S市では、国際理解教育の目標を多文化共生に向けた態度の涵養に置く教師が多く見られた。一方、国際理解教育の授業実践を見ると、「文化理解」にとどまる内容がほとんどであり、今後、多文化共生社会を担う一員として児童生徒を育成するには、「問題解決」や「未来創造」を目標とした授業実践を導入し、「文化理解的アプローチ」と「問題解決的アプローチ」を止揚していくことが必要だと考えられる。また、一部の教師は、外国籍児童の母国の言語や文化を取り上げた授業実践を行っており、こうした国際理解教育における外国籍児童の母国の言語や文化の導入には、彼らの自信を高めるなどの教育的効果が見られることから、さらなる導入が期待される。近年、日本の研究でも、外国籍児童生徒の母文化の尊重がもたらす教育的効果が指摘され始めているが（浅沼 2011）、バンクス（James A. Banks, 1981）の多文化教育の理論[3]を勘案しても、国際理解教育における母語・母文化の導入により、子どものエンパワメントを促すようなカリキュラム作りが重視されていくべきであろう。

　第四に、小中学校では、国際理解教育を実施するにあたり、ボランティアスタッフの人材等を切実に求めており、大学側も地域ボランティアとして学生を派遣し、教員、児童生徒との協働関係を構築するとともに、早急に国際理解教育の専門知識と方法論を有する教員の養成や研修を行っていく必要があることなどが挙げられる。

　今後の課題としては、再度、調査対象者数や対象地域を拡大してアンケート調査を行うことが挙げられる。今回のアンケート調査は、旧学習指導要領

第9章　教師の多文化の子どもに対する意識と国際理解教育の実践

実施下において行ったため、「総合的な学習の時間」における国際理解教育
には、外国語活動も含まれていた。したがって、現行の新学習指導要領のも
とで、改めて調査を行う必要があるであろう。

【注】
(1)　S市教育委員会学校教育課の集計による。
(2)　山西は、「多文化共生」を、「人間が相互に、それぞれの文化を理解し、それ
　　ぞれの文化の表現・創造に主体的に関わりながら、緊張・対立関係の解決を通
　　して、全体として、より公正で平和的な関係をつくり出そうとしている動的な
　　状況」と定義している。
(3)　同書においてバンクスは、それまで少数民族集団のためだけのものと考えら
　　れていた民族学習を、全ての民族的文化的集団への学習とするとともに、そう
　　した全ての集団による民族学習によって少数集団の不利益・不平等の克服が可
　　能となると主張している。

〔本章で用いたアンケート調査の実施にあたっては、S市の高木先生と古木先生に
ご指導、ご協力をいただいた。また、アンケートにご回答下さった先生方には、
お忙しい中、教育実践について詳細に記入していただいた。記して感謝の意を表
したい。〕

第10章

多文化家庭、学校、地域の連携と
エンパワメント

宮崎　幸江

要　旨

　社会における権力構造が隠されている学校文化の中で、マイノリティとして学校生活を送る多文化の子どもたちが、マジョリティとは異なる多文化アイデンティティを形成することは易しいことではない。多文化の子どもたちが、複数の言語や文化に接してきた経験やことばの力に向き合い、価値づけるために、学校と家庭は最も重要な役割を担う。では、地域社会は、多文化の子どもと保護者をエンパワーするために何ができるだろうか。

　この章では、地域が多文化家庭と学校、行政をつなぐ試みとして、Ｊ大学のサービスラーニングの実践を紹介する。またエンパワメントの効果を測る「多文化社会型居場所感尺度」を用い、エンパワメントの方法や課題について考察する。

キーワード◆エンパワメント、学校、地域、連携、日本語教室、居場所

第2部　多文化共生と教育

はじめに

　カミンズ（Cummins 2001）によれば、マイノリティ教育の最終目標は言語マイノリティの子どものアイデンティティを強化することにより彼らをエンパワーしていくことにある。エンパワーにより力を与えられた個人又はグループは、他の個人やグループに「力」を与えることができることから、エンパワメントは「協働的に力を創り出すこと」（カミンズ 2011）と定義される。

　第6章でも述べたように、学校教育の構造には抑圧的な力関係が存在するため、マイノリティの子どもの多文化アイデンティティは、既存の学校教育の中でマジョリティの力によりつぶされてしまう（カミンズ 2011）。マイノリティを単に平等に扱うだけでは、公正、つまり「結果の平等」（佐藤 2010）にはなりえない。日本の学校教育でも多文化の子どもたちが学校内で「周辺化」された存在となり、その責任は彼ら自身の問題とされることが観察されている（清水 2006）。どうすれば、既存の権力構造の中で、複数の言語や文化に接することで培われた多文化の子どもが持つ経験やことばの力に価値を与え、マジョリティとは異なるハイブリッドなアイデンティティを育てることができるのだろうか。それには、マイノリティの子どもに接する教師と保護者こそが、最も重要な役割を担う。

　多文化の保護者が子どもをエンパワーするためには、まず保護者をエンパワーする必要がある。保護者が子どもの教育に参加できるために必要な支援とは何か。この章では、「協働的な力」を学校の外に広げる試みとして、Ｊ大学のサービスラーニングの実践を紹介する。さらにエンパワメントの効果を測る尺度として「多文化社会型居場所感尺度」を用い、エンパワメントの方法や課題について検証する。

1　学校、行政、地域との連携

（1）　なぜ連携が必要か

　子どもの健やかな成長と発達にとって、家庭は学校と同様に重要な役割を担う。しかし、外国で子育てをする保護者は言語や文化の違いから、子ども

第10章　多文化家庭、学校、地域の連携とエンパワメント

に対して学校や教員に働きかけることはおろか、家庭学習の補助や学校から保護者に求められる様々な協力に十分に対応できないとしても不思議ではない。多文化家庭の保護者も、日本の「単一文化化」志向の強い学校文化（太田 2000）の中では、周辺的な立場におかれがちである。

　学校現場では、多文化家庭を学校教育に包摂していくために様々な取り組みが行われている。例えば、第9章で述べたS市の多文化の子どもが多く在籍する学校では、参観日には、日本語支援を受けている児童の保護者に、国際教室（日本語教室）での授業を参観してもらったり、保護者会には通訳をつけたりするなど、多国籍の保護者に対する配慮を行っている。保護者をどうエンパワーしていくか、現実的には言語の壁もあり、日本人の保護者と全て同じようにはいかないため、個々の教師が保護者に対して学校内で行える支援には限りがあるだろう。

　第2章でも述べたように、多文化家庭のバイリンガル子育てで、外国籍の保護者が必要としているのは、学校文化、勉強や進学に関する情報や日本社会でのキャリア構築の方法と同時に、多言語環境で育つ子どもの認知的発達や言語習得、成長に伴う子どもの内的な変化についての適切な知識とガイダンスだ。この点については、文科省も国際教育課を中心に教員だけでなく、学校長や教育指導課など、それぞれの役割と指導方法、保護者との関わり方について、ようやく本格的に指針が示されるようになった（文部科学省 2012）。

　しかし、学校に保護者との協働を求めるといってもそれは子どもの教育に関してのみである。多文化家庭が、学校とどのように連携できるかと同様に、地域の資源をどのように活用できるかが重要な意味を持つのではないだろうか。保護者たちが、子どものために学校や教師と「協働する力」と自信をつけることができる場所が地域社会だろう。ところが、多文化家庭の親世代は職場においても同国人のネットワークの中で仕事をしていることが多く、日本人との接触の機会はそれ程多くないため日本人のネットワークは限定的だ。親世代にとって地域社会レベルでのネットワークの入り口としての機能が注目されるのが、地域日本語教室である。

227

第2部　多文化共生と教育

(2)　地域リソースの活用

すでに繰り返し述べてきたように「日本語指導が必要な児童生徒」には、国際教室での取り出し授業などの支援が行われているが、日常生活の日本語習得は終えていても、教科学習の理解に必要な学習言語の習得はまだ十分とは言えない子どもたちは多い。しかし、多言語環境にある子どもの「ことばの力」を適切に測定する評価法が、教育現場に浸透していないため、彼らの多くは、「日本語指導が必要な児童生徒」には含まれていない可能性もある。したがって、日本生まれや滞在年数が長く学校の中では支援を受けられない多文化の子どもたちをエンパワーしていくには、教師や学校が地域社会の中へ学習支援の「協働」を求めて働きかけていくことも解決策の一つだと考える。

本書で中心に取り上げられてきた事例は神奈川県であるが、神奈川県は全国でも愛知県に次いで、2番目に多文化の子どもが多いため、行政だけでなくNPOや民間の支援団体が比較的早くから、多文化の子どもの支援に取り組んできた。

乾（2008）によれば、神奈川県には外国人生徒の高校入試に対し、時間延長やルビふりの特別措置に加え、来日3年以内の受験者には8校において特別入学枠が設けられている。神奈川県では、外国籍の生徒の約50％が高校進学を果たすと言われているが、実際に卒業する比率は日本人のそれと比べると低い。2010年5月のデータで、神奈川県内の外国籍の高校生（日本国籍は含まない）は、1,122人（公立高校1,029人、私立高校93人）で、県内高校生総数の5.7％である（坪谷・小林 2013）。また外国籍の高校生の34％（382人）が、日本語指導を必要としている。

神奈川県において、かながわ国際交流財団（KIF）は、多文化の子どもの教育に対して、早くから専門的な知見に基づいた支援や、ボランティアやNPOなどの地域の資源をまとめる役割を果たしてきた。また、多文化の子どもの進路に関しては、かながわ多文化共生ネットワーク（ME-NET）が、1995年から多文化の子どものための進学相談会を毎年行っている。2012年には、県内4か所で相談会を開催するほか、ホームページで多言語の情報を発信している。

228

第 10 章　多文化家庭、学校、地域の連携とエンパワメント

　進学相談会では、公立と私立高校の違いや、進学のための勉強方法、学費
や高校生活、高校卒業後の進路について母語で説明を聞くだけでなく、個別
相談をすることができる。さらに、県内で育った多文化の若者が自らの体験
談を語ったり、相談に加わる。そのため、それぞれの在籍する学校の中でマ
イノリティとして埋没しがちな多文化の子どもが、広い視野から学校選びや
進路の可能性について考える場を提供している。この進学相談会の情報は、
現在は神奈川県の教育委員会を通して、学校教員から県内の中学生に配られ
るようになっている。また教員も進学相談会に参加するなど、NPO の活動
と公教育が連携をしている。2007 年度より、神奈川県教育委員会と NPO 法
人多文化共生教育ネットワークかながわの共同事業で、「多文化教育コーディ
ネーター」を高校に派遣する事業も行われている。このような地域と教育行
政の協力が望ましい連携の形ではないだろうか。県レベルでの広域のリソー
スを活用するためには、地域のリソースが仲介となり多文化家庭を多様なリ
ソースへと繋ぐことが重要である。

(3)　地域日本語教室の役割

　1990 年代以降の定住外国人の増加を受けて、多様化する日本語学習者の
受け皿になったのは、ボランティアを中心とする地域日本語教室などの団体
だ。日本語教室は、単に言語を教えるだけではなく、地域の特性に合った教
育ニーズに対応し、多文化家庭をエンパワーできる可能性がある。佐藤（2010）
は、年少者を対象とする日本語教室のタイプを次の 6 つ：①日本語教育、②
教科学習支援、③進学支援、④居場所、⑤フリースクール、⑥母語支援に分
類している。成人を対象とする日本語教室との違いは、学力や進路など、多
文化の子どもの成長や発達段階により支援内容や目的が変化することだ。

　学校と地域の連携が注目されているものの、連携のあり方に多くの課題も
残されている。学校は地域ボランティアや NPO との連携を委託という形で
認識することが多い。地域の団体を学校の下請けとするような認識は、学校
と地域の間の権力の差を前提としているため、真の協働とは言えない。同様
に、地域ボランティアと日本語教室参加者の間にも力関係は存在しうる。そ
のようなボランティアと学習者の関係を見直し、「共に学びあう」ことを前

第 2 部　多文化共生と教育

提とした活動も各所に生まれている。東京都武蔵野市国際交流協会（MIA）の日本語教室は、「武蔵野方式」と呼ばれ、外国人学習者・ボランティア双方にとっての「学びあいの場」を目指す（武蔵野参加型学習実践研究会 2005）。従来の「先生対学習者」という関係性を見直し、日本人ボランティアを「学習者の社会参加を促すネットワーカー」と位置づけることにより、縦の力関係を排除し協働的な力を生み出すことを意図している。

2　大学、行政、学校の連携

　大学が、教育活動の一環として外国籍市民の支援に関わっている例は数多くあるが、行政や学校と連携する活動はまだそれほど多くはないのではないだろうか。本章では、Ｊ大学が、神奈川県Ｓ市との地域連携事業協定のもと行っている、地域の多文化の子どもに関わる活動について紹介する。

（1）　サービスラーニングの概要

　1988 年に教職員と学生によって始まった外国籍市民に対するボランティア活動は、2009 年から行政と連携しサービスラーニングへと発展した。Ｊ大学のサービスラーニングには、公立小・中学校に出向いて国際教室等で日本語や教科学習支援を行う活動（カレッジフレンド）と学内や地域に設けた拠点で行う幼児から成人までを対象にした活動（コミュニティフレンド）の 2 種類ある。地域の窓口になるのは、学内に設置されたサービスラーニングセンターで、多文化コーディネーターを中心とする教職員が様々な支援を行う。

　サービスラーニングに参加を希望する学生は、まずサービスラーニング入門講座（全 7 回、1 単位）という科目を履修し、次の学期から希望する活動に参加する。主な活動は小学生や幼児を対象とした英語活動と外国籍市民を対象とした日本語・教科学習支援活動である。

　コロナ禍により活動は一時的に縮小、停止を余儀なくされたが、2018 年度まで、カレッジフレンドについては大学の学期中週に 1 日、2 時間ずつ派遣され、年間約 40 名の学生が支援に参加した。コミュニティフレンドは、コロナ前は週 3 日平日の夜間、公民館や学内で活動が行われ、年間の活動日

230

第 10 章　多文化家庭、学校、地域の連携とエンパワメント

はのべ 86 日、125 名の支援者（宮崎 2022）、100 名を超える外国籍市民が継続して参加していた。学習者の約半数は小学生で、残りは保護者、未就学児、高校生や大学生であった。外国籍市民の母語はスペイン語、ポルトガル語、ベトナム語が上位 3 言語であった。

表 10　2018 年度と 2022 年度のサービスラーニング

（日本語・教科学習支援）

活動年度	種　類 （科目名・単位）	活動内容・参加者数	支援形態	対象
2018	カレッジフレンド（春秋学期派遣、単位なし）	小学校 中学校 2 時間/日	国際教室取り出しか在籍学級入込み	日本語指導が必要な小中学生
	コミュニティフレンド（春秋学期活動、単位なし）	夜 1 時間半/日	地域児童館等3 拠点/週	多文化の幼児・小中高校生・成人
2022	サービスラーニング入門講座（春秋開講、各 1 単位）	100 分、全 7 回	講義、アクティブラーニング	在学生
	カレッジフレンド（サービスラーニング小中学校日本語支援、春秋、各 3 単位）	小学校 中学校 2 時間/日	国際教室取り出しか在籍学級入込み	日本語指導が必要な小中学生
	コミュニティフレンド（サービスラーニング地域日本語支援、春秋、各 3 単位）	夜 1 時間半/日	地域児童館等2 拠点/週	多文化の幼児・小中学生・成人
	ソフィアオンライン教室（春秋、休暇中、週 2 日）	夜 1 時間半/日	オンライン	多文化の小中学生・成人

　表 10 は、2018 年度と 2022 年度のサービスラーニングの活動概要である。5〜7 月、10〜1 月の学期中が活動の中心で、8 月や 2 月はオンラインを中心とした活動となる。2019 年度から、サービスラーニングの大半が正課授業となり単位が付与されることになった。これはサービスラーニング活動自体の質と、学生の学びの深化、そして地域連携の持続可能な体制づくりのための改革であったが、結果として安定した地域貢献が可能になった（宮崎

第 2 部　多文化共生と教育

2022)。

　サービスラーニング自体の教育効果を測ることは不可能ではあるが、S 市では多文化の生徒の高校進学率が比較的高い。筆者が教育委員会の協力を得て実施している調査によれば、直近の 10 年間で多文化の生徒の高校進学内容が向上した。2013 年度は全日制 61％、定時制 33％、未定 3％であったものが、2017 年度には、全日 79％、定時制 11％、通信制 4％、特別支援 7％、未定 0％となった。全日制への進学が増加し、定時制が減少したことは、生徒の学力の向上と教員のサポートを意味するといえるだろう。次節では、それぞれのサービスラーニングにどのような特徴があるかを見てみよう。

(2)　多文化の子どもと保護者のエンパワメント

　2020 年以降、世界中がコロナウイルス感染拡大により大きな影響を受けたが、サービスラーニングは 2021 年から徐々に対面での支援を広げてきた。パンデミックを経て、カレッジフレンドとコミュニティフレンドには対面ならではの機能や人間関係づくりがあることを再認識した。

　カレッジフレンドは、小中学校内において多文化の子どもの学習だけでなく、授業時間以外にも、休み時間も子どもと行動を共にするため、日本人の児童生徒と多文化の子どもをつなぐ役割も果たす。通常 1 学期程度は同じ学生が担当することで、子どもとの信頼関係が築かれ、安心感を与え学習意欲を高めることも期待できる。カレッジフレンドで接した同じ子どもが、コミュニティフレンドに参加してくることもある。

　一方、平日の夜間に公民館など公共施設で行われるコミュニティフレンドは、教室自体が一つの多様な文化的背景を持つコミュニティとして存在する。幼児から大人まで、様々な国々から来た人々が集い、共に学びあう場となっている。学生は、外国籍参加者 1 人に寄り添う形で日本語や教科学習の支援を行うが、場合によっては複数の学習者に寄り添うことや、学生の方が複数になることもある。

　コミュニティフレンドでは、多文化コーディネーターに加え教職員が常駐し、学生と学習者のマッチングや活動内容に配慮する。学生同士が教えあったり、子どもと共に参加している保護者が、学生に対して自国の文化につい

第 10 章　多文化家庭、学校、地域の連携とエンパワメント

て教えたりというように、協働していく場の創出を目指している。学校では、母語で話したり、親が母語を話すのを見られるのを嫌がったりする子どももいるが、コミュニティフレンドでは学校でのマジョリティとマイノリティは逆転し、子どもも親も伸び伸びと過ごせる場となっている。

(3)　連携の利点

カレッジフレンド・コミュニティフレンドには、次の5つの特徴が見られる。

①多文化の子どものニーズ中心

カレッジフレンドは、学校現場のニーズに応え学期途中などであっても、可能な限り支援に対応することにしている。教育委員会、学校、サービスラーニングセンター間の信頼関係ができてきた結果、多文化の子どもを担当する教員が、コミュニティフレンドを保護者に紹介してくれたり、子どもを拠点へと連れてきてくれることもある。

②対等な関係と情報の共有

カレッジフレンドとコミュニティフレンドにより、学校と地域の両方から多文化の子どもの支援を行うため、サービスラーニングセンターは子どもや家族に関して様々な情報を得る。そこで得た情報は必要に応じて多文化コーディネーターを通して、学校や教育委員会とも共有し、多文化の子どもの教育環境整備に役立てることができる。

③支援の継続性

小学校、中学校で分断されがちな支援を、コミュニティフレンドやカレッジフレンドがつないでいく。特にコミュニティフレンドには、幼児から成人までが参加できるため、「日本語支援が必要な児童生徒」とはみなされなくなった多文化の子どもや義務教育を終えた高校進学後の支援までが可能になる。実際、大学進学の手伝いや、大学在学中の就職活動においても、大学生やコーディネーターなどの教職員が相談に乗ることもあるが、このようなことを可能にしているのは、多文化家庭とのつながりを単に学習者と支援者という関係とはせず、人と人との関係性を

233

第2部　多文化共生と教育

もって繋いでいるからに他ならない。

④多文化の子どもと保護者のエンパワメント

コミュニティフレンドには、親子で参加したり、大人だけの参加もある。保護者の日本語支援だけでなく、子育てに関する助言や教育事情については、大学生だけでなく、多文化コーディネーターや教職員が対応する。学習や日本語の支援以外にも仕事や保険の話など第三者として相談に乗り、どう問題を解決するか糸口を探すこともある。

⑤エンパワメントの連鎖

コミュニティフレンドに参加することでエンパワーされた保護者は、参加していない保護者へと情報や支援を広げていく。また、支援にあたる大学生の中には帰国子女や国際結婚家庭の学生や、両親が外国籍などと自分自身が多文化を持つ人たちもいる。彼女らは、多文化の子どもや子育て中の保護者にとって、「言語資源」やロールモデルとなるだけでなく、自分自身も力を与えられている。大人になった多文化家庭の出身者は、活動を通して自らのアイデンティティを強化することが多い。同時に子どもたちのアイデンティティ形成にも多大な影響を与えていることは言うまでもない。また、日本人の大学生も社会的な役割を担うことで、多文化共生コミュニケーション能力（石井 2011）とグローバルな視野を持つ社会人として成長していくきっかけになる。

以上、家庭、学校、行政、地域の連携という観点からカレッジフレンドとコミュニティフレンドの活動の特徴について述べた。しかし、エンパワメントについてみた場合、個々の学習者や学生が、これらの活動によりどのようにエンパワーされているのか、またはいないのか、課題は何なのかということは、明確にすることは難しい。次節では、エンパワメントの実態を調査する尺度とそれを用いた調査結果について述べる。

第10章　多文化家庭、学校、地域の連携とエンパワメント

3　エンパワメントの実態

　地域日本語教室がいかに参加者をエンパワメントしているか、実態を把握することは非常に難しいことは前述のとおりであるが、その理由はエンパワメントを測る具体的な指標となるものがないことによる。本節では地域日本語教室における「居場所」という機能に注目し、教室参加者の居場所感によってエンパワメントの状況を視覚的に把握し課題を明確にする指標として開発された「多文化社会型居場所感尺度」（石塚・河北 2013）を用い、コミュニティフレンド参加者のエンパワメントを分析した結果を紹介する。

(1)　多文化社会型居場所感尺度

　石塚・河北（2013）は、エンパワメントを、「人が、周囲の環境に対して『統御感』をもち、さらにそれだけでなく、周囲の環境に働きかけ、それを改善していくに至るプロセス」と定義し、「統御感」を「居場所感」と同義であるとした。さらに、異なる言語や文化的背景、価値観を持つ人々が参加する地域日本語教室が、「物理的、心理的な側面を兼ね添えた社会とのつながりのある居場所になるためには、対等な人間関係の中で、お互いを理解しながら自分らしく居られる場を形成していくプロセスが必要である」とし、「多文化社会型居場所」と呼び、「その場で個々人がどのように感じているのかという感じ方を『多文化社会型居場所感』」と定義した。

　「多文化社会型居場所感尺度」は、日常生活における居場所感（24項目）と日本語教室における居場所感（24項目）の両方を問うアンケートで測定できる。日本語教室の居場所感は5因子：①役割、②被受容、③社会参加、④交流、⑤配慮、日常生活の居場所感は、4因子：①交流、②役割・被受容、③社会参加、④配慮によって表される。

　2011年に、「多文化社会型居場所感尺度」の前年度版を用い、コミュニティフレンドの3拠点で、幼児・小中学生を除く14人の学習者と、33人の学生ボランティアに調査を行った結果（宮崎・河北 2012）の概要を述べる。

235

第2部　多文化共生と教育

(2)　コミュニティフレンド参加者の居場所感

　全体の傾向として、学習者の居場所感の平均値は日本語教室（コミュニティフレンド活動の場）の方が日常生活における居場所感の平均値よりも全ての因子について高かった。コミュニティフレンドと日常生活で差が最も大きいのは、「社会参加」因子で、日常生活での社会参加がマイナス15であるのに比べて、コミュニティフレンドでは7と、「役割感」もコミュニティフレンドの方が日常生活を3程度上回っている。

　一方、居場所感はコミュニティフレンドの拠点によって違いも見られた。教室ごとにその立地や拠点規模、参加者の背景、参加者の年齢や性格などの社会的、個人的要因や参加期間によって違いが出ると考えられる。例えば、コミュニティフレンドに参加するようになって約3か月の保護者の場合、「役割感」において高い数値を示すのに対して、参加して1年になる保護者2人の場合、「社会参加」において高い数値を示す。結果だけでは、「役割感」と「社会参加」がそれぞれ高い理由が、活動への参加の期間の長さによるものか、それとも学生ボランティアとの人間関係によるものか、又は拠点特有の事由が影響しているかわからない。しかし、低い因子を知ることで今後の場の改善に活かすことができるのではないだろうか。

　学習者と学生ボランティアの「居場所感」を比較すると、学習者にとっての方がコミュニティフレンドは「社会参加」の場であり、そこでは「役割感」を得られていることがわかるが、他の因子においては両者に大きな違いは見られない。学習者より、学生ボランティアの方がほとんどの項目で評価が低いことから、コミュニティフレンドによってエンパワーされているのは、主として学習者で、学生ボランティアにとっては、日常生活における居場所感の方が高いことがわかった。

4　エンパワメントを推進するための課題

　コミュニティフレンドに参加する学習者に居場所感尺度を使用したことで、コミュニティフレンドが地域の資源として多文化の高校生や大人をエンパワーしていることを確認できたことは重要だ。コミュニティフレンドは、

236

第 10 章　多文化家庭、学校、地域の連携とエンパワメント

日本語や教科支援というだけではなく、多文化の子どもやその保護者にとって、「社会参加」のための手段として機能しており、エンパワーされた人々が、コミュニティフレンドをきっかけに、さらに幅広い広域のネットワークを構築し、日本社会に参加していくようになれば、次世代を担う外国籍の子どもたちの将来にとっても望ましいことだろう。

　しかし、この多文化社会型居場所感尺度の弱点は、子どもの「居場所感」を測ることができないことではないだろうか。調査では、15 歳未満は対象外としているため一部中学生を除く子どもたちにとってコミュニティフレンドが「居場所」としてどのような意味を持っているかを調査することはできなかった。多文化の子どもにとって学校内の居場所は、学級だけでなく「日本語教室」や「保健室」など、「自分を受け入れ、安心させてくれる人のいる場所」（阿比留 2012）であると言われているが、コミュニティフレンドが多文化の子どもたちにとって、地域の中で「居場所感」を得られる場所となるにはどうするべきかの指標の開発が待たれる。

　多文化の子どもにとってのコミュニティフレンドの役割として、受け入れられる安心感を得られることも大事だが、人との関係を学びあう場となることも可能だと考えている。時には不愉快な思いをすることもあるかもしれないし、思い通りにならないこともあるかもしれない。しかし、子どもであっても、コミュニティフレンドという「場」を構成するメンバーの 1 人として接することを心掛けなければならないと思う。第 2 章、第 6 章で取り上げた事例の家族の状況から推測されるのは、両親とも外国人の場合、親の地域社会での人間関係は日本人ほど広くない。そのため、多文化の子どもは、必然的に学校以外での地域レベルのネットワークでの経験が乏しくなることが容易に想像できる。そのような子どもたちにとって、コミュニティフレンドへの参加は、本国を離れたために断ち切られた人間関係を補い、様々な人間関係での経験を提供する言語教育資源として、多文化家庭と実社会の架け橋になることが可能である。

　石塚・河北（2013）は、

　　地域日本語教室を利用している人々が、そこで居場所感を得ることによっ

237

第 2 部　多文化共生と教育

て、地域日本語教室全体の運営や活動に能動的に関わりはじめ、その関わり
から教室全体の課題を改善していくプロセスになっていく。ここで大切なの
は、外国人だけではなく、日本人にもそのプロセスが起きることである。

と言う。今後コミュニティフレンドに必要なのは、多文化の子どもと保護者、
学生ボランティア、スタッフが一緒に「場を作っていくプロセス」を生み出
していくことだろう。宮崎・河北（2012）の課題は、学生ボランティアの居
場所感を高めることだったが、その後、学生、参加者を意識的にエンパワー
した結果、彼らの居場所感と意識に変化が見られるようになった（石塚・河
北 2013、河北 2018）。

　外国籍市民をエンパワーするということは、彼らを隣人として共に社会を
創ることにほかならない。コミュニティフレンドは、多文化家庭、学校、地
域が協働する「場」となりうる。その際大きな役割を担うのが多文化コーディ
ネーターで、「地域日本語教室コミュニティフレンドの活動を改善推進し、
多文化共生社会づくりを目指す場としての教室活動を可能にする」（河北
2018）という。

　1987 年以来、地域の多文化家庭と築いてきた信頼関係もまたコロナ禍に
よって打撃を受け一旦は支援も途絶えてしまった。徐々に活動は戻りつつあ
るが、3 年の間にコミュニティフレンドに参加する多文化家庭の大半が世代
交代し、新たな「場」作りと関係作りが始まっている。

5　おわりに

　本章では、多文化家庭・学校・地域の連携について考察した。将来地域で
エンパワーされた多文化の子どもと保護者が、今度は学校や社会で力を発揮
できるように、協働するプロセスと「場」を再生産していくことが大切だろ
う。この章では外国籍市民へのエンパワメントに焦点を絞ったが、地域の日
本人を「多文化社会」に対応できるグローバルな人材としてエンパワーする
ことも同時に考えていくべき課題であろう。

第10章　多文化家庭、学校、地域の連携とエンパワメント

= **Column** =

「居場所」とエンパワメント
―ボランティア学生の振り返りから―

宮崎幸江

　J大学のサービスラーニングに参加する学生は、多文化の子どもや保護者との係わりを通して様々な気づきをする。彼らは、多文化の人々と寄り添いながら自分が何をするべきかを考え、実践するようになる。次の文章は、ある学生の振り返りである。

　私は小学校で外国の子どもの日本語支援をしている。私が担当しているのはブラジルから1年前に来日した小学6年生の男の子A君だ。クラスに入ったり、国際教室へ取り出してわからない教科を教えたりしている。この活動をしていて一番重要だと思ったことがある。それは彼らの「居場所」を作ること。日本で数年しか生活していない子どもは、母語と国の文化の違いから友達を作るのは困難だ。授業がわからないうえに友達もうまく作れないとなると、学校に自分の居場所がなくなり、学校へも行きたくなくなる。

　私の担当したA君はとてもシャイで、母語であってもあんまり成績の良い子ではなかった。彼はそのせいで友達ができずいつも一人ぼっちで、悲しいことにいじめにもあっていた。国際教室で、二人で話しているときに、A君が以前からいじめにあっていることを話してくれた。せっかく話してくれたのに、週に一回しか学校へ行かない私に何ができるのかすごく悩まされた。悩んでいる私に、A君は国際教室にいる時が一番楽しいと言ってくれた。A君にとって、当時国際教室が唯一の居場所だったのだろう。

　実は、A君は、コミュニティフレンド（地域日本語教室）にも参加している。私はそちらでも支援をしているが、A君はコミュニティフレンドに来ている時は、クラスにいる時とは、全く違ってとても楽しそうだ。A君にとって、国際教室やコミュニティフレンドの場が居場所なのだと思う。ボランティアとして、一緒に勉強するだけではなく、悩みを聞いてあげたり、楽しませてあげることもとても大切だと思った。

　この学生は、実は自身も日系ブラジル人で、日本とブラジル両方での生活経験がある。中学2年で日本に戻ってきて、外国人枠で神奈川県内の公立高校に進学し、卒業後J大学に入学してきた。アカデミックな日本語力となると、読解力やレポートなどを書くことに課題も残るため、今も努力を重ねている。A君にとって、学校で彼女が支援者になったことはもちろん救いであっただ

第2部　多文化共生と教育

ろうが、学生自身がエンパワメントを受ける側からエンパワメントする側へと立場が変わったことも大きな意味があるのではないだろうか。

第３部

執筆者との対話

対談（2013年秋）
多文化の子どものことばとアイデンティティ

川上　郁雄×宮崎　幸江
（第5章執筆者）　　（編者）

◆「移動する子ども」の研究をはじめたきっかけ

川上　私が子どもの日本語教育に関心を持ったのは、1980年代後半に、インドシナ難民として来日したベトナム人の子どもたちと接触したときです。当時、私は博士課程の大学院生だったんですが、ベトナム難民家族の日本定住過程の人類学的調査をしようと考えて、ベトナム人の家庭を訪問したりしていました。家庭訪問すると、ベトナム人の子どもたちがたくさんいて、その子どもたちにベトナム語で話しかけても、そんな言葉は知らないと拒否されました。ベトナム語を知っているはずなのに、どうして知らないと言うのかと疑問に思いました。それで色々考えてみると、自分たちの出自とか、家族とかそういったことをあまり社会に出したくないのかな、じゃあ、そういう風に思わせているものってなんだろうっていう疑問が生まれました。それで、子どもたちのことばの問題や生活の問題に関心を持ったんです。それがきっかけで、神戸の長田区にあるカトリック教会でシスターたちが運営していたベトナム難民家族の子どもたちのための学習支援活動にボランティアとして参加しました。そのころ、子どもたちはすでにベトナム語より日本語の方が強くなっていましたが、学校では教科学習の遅れが目立っていて、シスターたちがそれをとても心配していましたね。その中で、親のこともわかりましたし、親が子どもにベトナム語を教えるベトナム語教室のことも知りました。その活動を通じて、子どもたちがどういう風にベトナム語を覚えたり、日本語を覚えたりしているのかとか、またアイデンティティのことも考えるようになりましたね。

宮崎　第1部で取り上げられている事例の中には、インドシナ系の家族も含まれています。先生がおっしゃるように、難民として来日した社会的な背景とか、定住の過程を理解した上で、子どもたちに接することが必要だと思いますね。とはいっても、日本は難民の受け入れは少ないですし、教育現場でも経験も知識もないままに受け入れてきた感があります。

第3部　執筆者との対話

　ところで、90年頃に比べて、難民の子どもに限らず「日本語指導が必要な子どもたち」の環境はどう変わりましたか。

川上　日本政府が正式にインドシナ難民を受け入れるようになり、80年代に学校に入学する難民の子どもたちもいましたが、人数は多くなかったですし、公的なサポートはほとんどなかったと思います。ですから、学校訪問すると、担任の先生が放課後に教えてらっしゃるんですよ。先生方も何とかしてあげたいけれど、何も支援がなく、放課後に先生方が難民の子どもたちに日本語を教えておられましたね。でも、1990年に入管法が改正されてから、文部省は日本語教育が必要な子どもの数を数えるようになりました。それから、徐々に変化して、初期指導だけではなくて教科指導の支援も必要だと認識されたんです。授業についてこられない子どもたちのためのカリキュラムをということで、JSLカリキュラムが作られたんです。で、私も平成13年（2001）から参加したんですけど、どうも日本語指導が必要だっていう私たちの認識と、現場の認識には差があってJSLカリキュラムが思うように普及しなかったですね。学校現場では、2年から3年も経つと、子どもたちは日常会話能力が身に付くようになるので、もう日本語指導が必要ではないと判断されがちです。そこで、平成18年（2006）に文部科学省が「日本語指導が必要な外国人児童生徒」の定義を、「日本語で日常生活が十分にできない者」に加えて、「日常会話はできても、学年相当の学習言語が不足し、学習活動への参加に支障が生じている者で、日本語指導が必要な者」としたので、このカテゴリーに含まれる子どもが数えられるようになって、結果的に子どもの数が増えたわけです。もちろん、それ以前から、このカテゴリーに含まれながら、「日本語指導が必要」と判断されなかった子どももたくさんいたはずですから、単純に数が増えたとはいえないと思いますが、このことは、教育関係者や行政に与えた影響は大きかったと思います。つまり、「支援」を必要とする子どもが多くいるという認識が大きくなったと思います。

　来年度（2014年度）からは、学校現場では、日本語指導が必要な子どもたちへの「日本語指導」が「特別な教育課程」として位置づけられるように学校教育法が改定されましたので、これも、大きな変化となると思います。

◆進路と学力の問題

宮崎　じゃあ、現在の日本語指導が必要な児童生徒数が増えた背景にはそのような事情があるのですね。先ほど3年くらい経つと「日本語指導が必要」とは数えられなくなっているとのことでしたけど、長く支援を受けている子ど

244

対談　多文化の子どものことばとアイデンティティ

も中にはいますよね。

川上　それは目立った子だと思います。先生方が危機感を持ってらっしゃる子だろうと思いますが、実際には授業に出ても黒板の字が読めない子どもとかいるはずなんだけど、そこまで目が届かないんですね。

宮崎　親御さんが取り出さないように希望されることもありますよね。

川上　そうですね。本人も、中学生くらいになると「もういいよ」と。取り出さないでくれとか。

宮崎　客観的に「多文化の子ども」のことばの力を測定する、指標というかアセスメントが必要ですね。以前、日本生まれの子どもの事例で、高校受験する直前まで、公立高校に行く実力がないことを親が認識してなかったということがありました。その子の場合は、学習言語の方が小学校の高学年以降だんだんと追いつかなくなっていったのかなと思うんですけど。先生が教育委員会と連携している地方自治体では、子どもたちの進路のデータはとってあるんですか。

川上　そうですね。三重県鈴鹿市教育委員会は私の所属する早稲田大学大学院日本語教育研究科と協定を結んでいて、6年前から、子どもたちの日本語能力の判定結果を全部取ってあるんですよ。日本生まれの子どもの結果も全員保管しています。6年間に進学した数も全部数えているんですね。これらの子どもの高校進学率は今ほぼ100％です。日本語が第二言語の子どもは市内の公立学校に約700名いますが、それらの子どもたちの日本語能力を、JSLバンドスケールを使って把握しています。そのうち、2割から3割くらいの子どもたちが取り出し指導を受けていて、残りは在籍クラスで授業を受けていますが、それらの子どもたちがどのように成長し、高校進学できたのかを追跡調査しているわけなんですよ。

宮崎　全日制と定時制の比率はどうですか。

川上　何か特別な事情がない限り、高校に進学するように指導していて、2年前もほぼ100％が高校進学をしたんですけど、まだ定時制も多かったんですね。でも去年は、ほぼ全員が生徒の希望する全日制に進学しました。

宮崎　全体のデータだけではなくて、多文化の子どもの進学のデータを市でまとめておいて、親にも提示していく必要があると思いますね。ところで、川上先生は、「移動する子ども」という分析概念を提案されていますね。

川上　この20年間で、日本の学校現場にも、地域社会に、多様な背景を持つ子どもたちが目立ってきていると思います。それは、国際結婚家族の子どもたちや、いわゆる帰国生や、またその子どもたちが大人になって家庭をもっ

第3部　執筆者との対話

て生活しているという現状が各地で見られるようになったと思います。さらに話は飛びますが、海外の日本人学校や日本語補習授業校、日本語教室といったところで日本語を学ぶ子どもたちも多様な背景を持つ子どもたちで、その数が増えています。つまり、グローバリゼーション、地球規模の人口移動の結果、多様な子どもたちが生まれてきている状況がますます強くなっていると思います。私は、「移動する子ども」というのは、言語間、空間、言語の学び場の間を移動する子どもであり、そのコアにある概念は「幼少期より複数言語環境で成長した経験と記憶」ではないかと思うようになりました。それが、子どもたちを理解するうえで、重要な分析概念になると思いました。

◆「移動する子ども」の言語能力の捉え方

宮崎　私の学生の中にも、最近は多様な言語文化背景を持つ学生が増えてきています。2年前から新入生に言語環境調査を行ってまして、家庭で使用される言語や海外在住・在学経験などについてかなり詳細に調べています。大学からの留学生はいないんですが、4〜5%は家庭に日本語以外の言語環境がある学生です。日本人の両親を持つ帰国子女も加えると10%を超える学生が「移動する子ども」のカテゴリーに入るかもしれません。最近は子どもの時に渡日したニューカマーの学生も毎年数名はいます。そんな中で、日本語の力をどう捉えるかが問題になっています。ネイティブなんだけれど、アカデミックな日本語の読み書きではまだ課題がある学生もいます。先生は言語能力の捉え方についてどのようにお考えですか。

川上　基本は、自分の言いたいことをきちんと言える力だと思います。それは、話し言葉も書き言葉も同様です。単に国語のテストの結果だけではないと思います。まず、ことばの力についての見方を捉え直さなければならないと思います。例えば、鈴鹿市では今キャリア教育に力を入れています。小学校で色々な仕事があることを示し、学年あるいは認知発達に応じて、一貫してキャリアに意識を向けるような教育をやっていこうとしています。ただ、その場合でも基本はことばの教育で、やはり自分の言いたいことをきちんとまとめて人に伝える、人の言ったことをきちんと受け止めることができる、あるいは議論することができるとか、そういった基本的なコミュニケーション能力というのがベースだと思うんですね。それをキャリア教育に統合させて、認知発達レベルあるいは学年に応じたカリキュラムを作っていく。それを今、ともに研究しています。

宮崎　それはカリキュラム上のどこの枠ですか。総合ですか。

対談　多文化の子どものことばとアイデンティティ

川上　教科というより、全カリキュラムに埋め込んで行うことを考えています。教育委員会の指導のもとで、こういうJSLの子どもはもちろん、全ての子どもたちに、統合しながらやっていくと。そういう中で、さっきおっしゃったような基礎的な学力も合わせて伸ばしていくということが必要になっていくと思います。もう一つは教育の中で、あるいは家庭もそうなんですけど、自分の背景に向き合うことが私は重要と思います。もちろん進学することも大事なんだけれども、自分の持っているいろんな能力なり経験っていうものを自分がどういう風に使って生きていくのかっていうところに向き合わなければならない。それは本人に「あなたの問題だからあなたが考えなさいよ」と言うのじゃなくて、親とか教員とか、いろんなボランティア団体の人とかも一緒に考えていくような、そういうサポートが必要なんじゃないかなと思います。

◆ 「移動する子ども」の過去と向かい合う

宮崎　おっしゃる通りだと思います。本当に。キャリア教育の中で言語と自分の持っているものに向きあうということが、「移動する子ども」には特に必要だし、日本人の子どもにも同じように必要だと思います。

川上　「移動する子ども」の話をしていると、「私もいろんな学校行きました」とか日本人の親も移動した経験があるんですね。そういう意味で、国内国外かかわらず、自分が今までいろんな体験をしてきたことに向き合って、自分の生き方にそのことをどのように結び付けていくのか、どうやって進学するのか勉強していくのかといったことが子どもたちには重要かと思います。そういうクラスメイトの中で、私は日本だけだったけど、あなたはいろんなところを回ってきたのねと、それをお互いに認め合いながら、共に学んでいくような教育をやっていく必要があると思います。

宮崎　とても素晴らしいですね。「移動する子ども」が持つバックグラウンドとか経験が「教育素材」として使われることには批判的でいらっしゃいましたけれど、その点はいかがですか。

川上　例えば、子どもの国の食べ物を持ってきて、一緒に食べるような実践があると思いますが、何か物とその子を結び付けてしまって、子どもをその国の代表のように扱う。それは本質主義ですよね。今は移動する時代で、多様な背景を持つ人が共に暮らしているわけで、その流動する視点を大切にしていかなければならないと思います。

宮崎　そうですね。自分だけ取り上げられるんじゃなくて、さっきの昔住んだ

第3部　執筆者との対話

ところの話のように、みんなで経験や知っている食べ物について話し合うのならいいんでしょうけれど。

川上　「外国につながる子」という表現がありますが、そのように呼んで、その子どもたちを、日本人の子どものための「教材」として利用するような実践は考え直す必要があると思いますね。

◆文化の捉え方

川上　多文化共生っていう「多文化」が、実は本当は非常に問題ですね。つまり、日本文化、中国文化、ブラジル文化っていうのがあるんだ、だから仲良くしましょうっていう捉え方になりがちで、そのような本質主義的な捉え方を、多文化共生という言い方は再生産させていると思います。その結果、私は日本人、あなたはブラジル人といった、固定化された見方になってしまう。だからここが非常に危ういところで、今は非常にナショナリズムがスポットを浴びていて、国と国の関係が緊迫してくると、中国人対日本人、韓国人対日本人という、日本人というところが非常に強くなっていると思うんですね。国をどう作るかっていうことと、一人ひとりがどう生きていくかっていうことは必ずしも一致しない。なぜなら、この子どもたちがいつまでも日本にいるとは限らない。この子どもたちがどこかへ行くかもしれないですよね。だからどこかへ行くから教育はしなくていいとかということにはならないわけで、むしろ、人間を作っていくということをどの子に対してもやっていかなくてはならないですよね。それが必ずしも国という枠でくくれない、多様な子どもたちが今いるということを考えるべきだろうと思います。海外で育った経験のある子どもの中には、日本になじめない、何か居心地が悪い気持ちを持っている子がいて、その子にも「あなた日本人なんでしょ」って言うとそれがプレッシャーになるんですね。また逆に、例えば、「あなた、帰国生でしょ。なのに、なんで英語できないの」と言われたりする。

宮崎　そこでステレオタイプされちゃうんですね。

川上　だから今のポストモダンの時代で大事なのは、何々人とカテゴリー化されないっていうか、カテゴリーとカテゴリーの間にいる人たちが今増えてるっていう事実があって、そこを私たちがどう掬い取るのかっていうことだと思うんですよね。

◆「移動する子ども」の動態性と名付けの問題

宮崎　カテゴリー化できない人々が増えているという意味で、先生がおっしゃ

対談　多文化の子どものことばとアイデンティティ

る名付けの問題が出てくると思うんですけれど、子どもの国籍とか、親の社会的属性、移民とかで見るか、それからいつ来たかとか、どういう来日の経緯かというような、名付けですね。何か用語は必要なんでしょうけれども、問題もあると私も思います。

　　川上先生は言語、空間、言語教育カテゴリー間を移動するという意味で、「移動する子ども」を分析概念として提唱しておられるわけなんですが、これはベトナムの人々の「越境」から発展してきた概念なんでしょうか。

川上　そうですね。ベトナム難民の研究をまとめて「越境する家族」というタイトルの本を書きました。そのときは国境を越えるというイメージだったんですが、今、私の中では「移動」という動態性の概念として練りあがっています。人間の生活、それからアイデンティティも含めて動態性があるところをどうやって捉えるかということが大切と考えています。「移動」は20世紀から21世紀にかけて重要なテーマだと思います。というのは、最近テレビを見ていてもいろんな肌の色をした人がコメンテーターとして出ているじゃないですか。今後は、ますますそういう人たちが当たり前にメンバーシップを取っていく社会、それからどこの国に行ってもいいということが認められる社会になっていくはずなんですね。これからも移動は激しく、それから国と国の経済的な結びつきも強いとなってくると、やっぱり移動して、いいところ、自分の気持ちのいい場所へ行こうとする。移動する子どもの家族は分散家族になるケースが多い。大人になるとみんな分散する。

宮崎　そうですね。分散する力がある場合はですね。

川上　でもナムさん（5章コラム、p.145）だって、結局自分で稼いでベトナム行って帰ってきたりっていうように、移動し、分散していくんだろうって思います。今はそれをテクノロジーが支えている。スカイプだとか、メールだとかで、家族がつながっている。家族の中に動態性があり、移動性があって、もうカテゴリーにくくれない。カテゴライズするっていうのは、ある意味で固定化するっていうことです。これは人間の認知の方法としては仕方がないことです。一番簡単なのは東と西とか、二分法です。私たち対彼らとか。でももう二分法で見ることはできない。カテゴリーから漏れていく人たちがいるからです。

　　これは何が問題かというと、人を不安にさせます。これが一番問題です。逆にそこに所属している人は固定化され、強化されていく。それが強化されていくと他者を排除していく。だから思考がその中間にいる人たちを救えなくなってくるんです。

249

第3部　執筆者との対話

宮崎　流動性みたいなものを認められなくなるということですか。

川上　そうです。認められなくなっていく。だから今ヨーロッパで起こっているのはそれだと思います。今ますます移民や難民を排除する方向に来ています。移民や難民を管理する一つの方法が言語教育です。ホスト国の言語がある程度できないと排除する。これからの時代は、グローバル化して人口移動が起こると、国の安全保障をどう確保するかということが各国で問題になってくる。そうすると移動を阻むようになる。なぜなら自分たちの国民が大事なので、移動したい人、あるいは移動せざるを得ない人たちを管理するようになる。

宮崎　労働人口とか、経済を支える意味での移動っていうのは、なくなりはしないですよね。経済が成り立たないわけですから。

川上　ええ。新自由主義経済の世界では、安い労働力は不可欠です。高い労働力を使っていたら、破綻するわけです。ですから、安い労働力をいれなくちゃいけない。そのためにはどこかからか持ってこなければいけない、あるいは自分のところで格差を作らなくてはいけない、文句言わずに働く人を作らないといけない。非常に社会の成り立ちが危なくなっていくのかと思います。

宮崎　その中で、色々な価値観を持った人たちが、社会の中にすごく身近に、「隠れて」いるんですよね。ことばができなかったとしても、新しいものを創造していく力とかを持ってたりするかもしれない。だから、そういう人々が下から社会を変えていくんじゃないかなという期待があるんですけど、どう思われますか。

川上　そうですね。期待はありますね。そのために教育の役割があると思います。学校教育も社会教育もやっていかければならないんだろうと思います。

宮崎　異文化を受け入れるって本当は難しいことですよね。外国人のコメンテーターが増えたのだって、彼らは日本語ができるから受け入れてもらってるだけで、何も彼らの存在自体を受け入れてるのかっていうと、それは疑問なんじゃないでしょうか。

◆誰のための多文化共生かが問題

川上　だからそういう意味で国家のために資源になる人を受け入れ、資源にならない人は排除していくっていう動きになりがちです。結局、誰にとっての多文化共生なのかっていうことですよね。だから、社会の中でメインストリームの人にとっての多文化共生っていう感じで、観光客が増えたらいいというように。そういうイメージのために周辺の人たちが利用されていくのはどう

対談　多文化の子どものことばとアイデンティティ

かと。本当の意味での多文化共生を考えるなら、そこで大事なのは実践だと思います。地域社会においても、最初はこんな人たちかなと思っていたのが、付き合ってみたら同じだなと、こういう人たちと一緒にこれからの時代を作っていくんだなという、体験とか実感がすごく大事だと思います。そこが草の根の活動の意義だと思うんです。行政でうちは多文化共生をやっていきますというトップダウンでは実感ができないと思います。地域の中で人と人が会って、ああこういう人がいるんだとか、秋祭りを一緒にやったとか、出店があってどこどこの食べ物を食べたらおいしかったとか、普通の人だったとか、そういう実体験を重ねていくっていうことが大切だと思うんです。

◆エンパワメントについて

宮崎　多文化の子どものエンパワメントということを考えた時、ことばとアイデンティティ、どちらの方に重きが置かれるべきだと思われますか。

川上　ことばとアイデンティティは非常に密接に関係していると思います。例えば、日本語指導の初期指導においても、「これはペンです。これは鉛筆です」っていうような練習をするとき、「これは私のペットです」「これは私のおかあさんです」といって自分のことを話し、それを他者が受け止めてくれる。そして「ああ、そうなの」って認めてくれた時に初めてコミュニケーションが取れたって実感がもてますよね。そういうことがすごく重要だと思います。

宮崎　自分を表す手段としてことばを使うということですね。

川上　自己表現として。で、自己表現した自分が他者に受け止められる。「あ、こういう私の表現でいいんだ」とか、こう言えば私の考えが認められるんだってことが繰り返されていく中に、自分のアイデンティティが再構成されていく。例えば、新しい国に来た子どもが、他者とコミュニケーションする中で、自分っていうものをもう一回構成し直していく。ここで生きていくための私、日本語を使う私っていう風に変わっていく。それを他者が認めていくっていう中で、エンパワーされていくんだと思うんです。

宮崎　ことばを使った関係づくりを通してですね。3章（p. 49～）でも子どもたちが、日常生活の中で日本語で自分を表現しながらアイデンティティを交渉していってましたね。

川上　だから、言語教育っていうのはアイデンティティ構築、アイデンティティ交渉、アイデンティティの再構成に非常に密接にかかわっている。切り離せないと思いますね。

251

第3部　執筆者との対話

宮崎　複数言語にどう向き合うかっていうことが重要で、それを子どもと周りの家族、先生、友人が一緒に考えていくことがエンパワメントだと。まさしくその通りだと思うんですけど、要はエンパワメントの担い手というのは子どもと接する全ての人ということになりますよね。ことばを通してということなんですけど、先ほど文化の捉え方は難しいとおっしゃってましたが、国際結婚の家庭や海外子女にも言葉とアイデンティティの問題は関係あって、在日の人だって入ると思うんですね。そうすると、複数言語と向き合うという風にすると、日本語が母語になっている人たち、家庭言語も日本語という場合ですね、文化はあるけれども言語はないという場合もある。そう考えていくと、「移動する子ども」のエンパワメントとはつまるところ、アイデンティティとどうかかわってくかということではないかと思うんですが、どうでしょうか。

川上　その時に私が大事だと思っているのは、コミュニケーション能力だと思うんですね。その人が他者とやり取りをしながら社会の中で生きていく。どんな職業でも必ず他者とやり取りをしていく訳じゃないですか、だからその時に自分っていうものを押し殺すんじゃなくて、自分が気持ちいいっていうコミュニケーションの在り方、仕方っていうのが必要だと思うんです。だからコミュニケーションは非常に重要で、私はアイデンティティとことばは一体化していると思います。もし、アイデンティティだけになってしまうと、あなたは何人なの、あなたは何をする人なの、あなたは何をするために生まれてきた人なのという話になってしまいますよね。そうすると、自分だけという風に閉じ込もる可能性もあります。でもアイデンティティというのは、社会関係の中で生まれるものなので、社会関係というのはやっぱり言葉で生まれるものですよね。そういう意味でことばの教育が重要だなと思うんですね。

宮崎　教員として、日頃学生とどのように接するかという点でも、エンパワメントという視点は大切だと思います。どうやってその人のいいところを伸ばしていくかっていうことに似ていると思うんですけど。私のクラスを取っている多文化環境で育った学生が、「日本語教育」とか「バイリンガル教育」の授業で学ぶうちに、だんだん変わってくるんですね。それが、先生が先ほどからおっしゃっている自分の経験と向き合うということなんだろうなと思うんです。そういう意味で、何人とかっていうことではなくて、「移動する子ども」だった複数の言語の中で生活した経験とか記憶っていうものを振り返る機会が重要なんですね。アイデンティティを再構築する過程に寄り添う

対談　多文化の子どものことばとアイデンティティ

　　ことがエンパワメントなんですね。それは大人になっても終わるものではなくて、ずっと「移動する」人たちの場合は継続しているということですよね。

川上　そうですね。そういう人たちがいずれ親になっていくんですよね。その時に同じような接し方をしていく。もし、自分にそういう経験があれば、「あなたたちにはこういう言葉や経験があって、これを将来どういう風に使って」というような話を親がしていく。今も継承語教育っていうのがあって、海外でも日本人の親が子どもに「日本語を覚えなさい、覚えなさい」って言っていますが、そこももしかしたら今みたいな議論があったら変わるかもしれない。重要なのは、ことばの捉え方ですよね。

宮崎　そうですね。ことばの捉え方が変わると、日本の公立小学校の中にいる子どもの言語能力の捉え方っていうのも自ずと変わってくるでしょうね。一方で、大学生になってから、母語話者との日本語のレベルの違いというのを突き付けられると、それも厳しいんですよね。

川上　その時に、子どもに向かって、あなたは失敗例だったのよって言うのか、ヨーロッパのように、自分の中にある複言語を使って生きていくのよって言うのかが大切なんじゃないでしょうか。複数言語を持っている経験に向き合って、自分の生き方を考えていく。で、必要だと思えば、そこから勉強し直す。そういうような環境が必要ですね。

宮崎　そうですね。ネイティブの持っている感覚っていうのは、一生のものだから少しずつ積み上げればいい、みんな速度は違うんだからっていうと、彼女らは現実に向き合える気がします。

川上　経験を自分の中でどう捉えるかっていうことですね。

宮崎　そうです。だから、小・中だけじゃなくて高校の先生方にも、ことばとアイデンティティのことや言語能力の捉え方を知ってもらって、長期的な視野で指導してもらうことが必要ですね。

川上　そうですね。それは私たちの仕事だと思います。何を目標にして教育をしていくのかっていう、私たち自身の問題でもありますよね。幼少期より複数言語環境で成長した子どもにとっては、日本語教育か母語教育かではなく、複数言語教育が必要なのだと思います。その場合の複数言語教育とは、いわゆる均衡バイリンガルを目指す教育ではなく、子どもの持つ複数言語と向き合う教育です。なぜなら、子どもが最もことばを学ぶときは、子どもにとって「意味のある」場面で、子どもにとって「意味のある」内容を、子どもにとって「意味のある」相手にことばを使用するときですから。

宮崎　多文化の子どもたちは日本を変えていくと思いますか。

第3部　執筆者との対話

川上　可能性は大いにあると思います。ただ、大人たちの認識に、「多文化の子ども vs 日本の子ども」という捉え方があるのであれば、それの捉え方自体を脱構築する必要があるでしょうね。

宮崎　最後に脱構築という観点から、日本の教育や社会はどう変わるべきだと思われますか。

川上　これまで述べたように、社会を捉える認識枠組みを変えることですね。例えば、これらの子どもたちの教育についていえば、一人ひとりの子どもを、国境や国民国家の枠組みで捉えることを放棄することです。これらの子どもを、日本社会への定住型か、滞在型かといった捉え方ではなく、一人ひとりの人間として育成する観点が必要だという意味です。そのためには、また前に述べたように、「特別な教育課程」が始まったとしても、誰が教えるのかがすぐに問題になるでしょうから、多様な子どもたちを教えることができる専門性のある教員養成も課題となるでしょう。これも、教員養成に関する認識枠組みを変えることにつながります。さらには、地域の外国人居住者を「労働者」「新参者」「外国人」「日本語学習者」と捉える「外部性」や、日本人を「定住者」「日本語母語話者」と捉える「ネイティブネス」や「日本人性」の認識枠組みを批判的に見直していくことが必要かと思います。

宮崎　どうもありがとうございました。

座談会　多文化共生に必要な「文化力」を国際理解教育で育てる

座談会（2013年秋）

多文化共生に必要な「文化力」を国際理解教育で育てる

座談会参加者　山西　優二（第8章執筆者）

杉村　美紀（第7章執筆者）

杉村　美佳（第9章執筆者）

宮崎　幸江（司会・編者）

◆問題提起

宮崎　日本には、今多様な言語文化背景を持った子どもが増加しています。そういう子どもたちの持つことばの力をどう捉え、彼らの多文化アイデンティティ形成をどう支えていくことができるのかを考えるのがこの本のテーマです。家庭と学校で異なる言語を使用する、あるいは他の国々での生活体験を持つ多文化の子どもたちは、ことばや文化のはざまで生活している訳ですが、今現在住んでいる日本の文化や学校教育は彼らの成長に大きな影響力があります。第1部では、多文化の子どもたちのことばとアイデンティティについて、様々な角度から考察しました。彼らのことばの力やハイブリッドなアイデンティティを社会の中で活かしていくには、日本人の意識と教育の在り方が変容しなければならないと思います。今回の座談会では、"多文化共生と教育"という第2部のテーマのもとにそれぞれのご専門の立場からのご論考をいただいた執筆者にお集まりいただきました。

　私からの問題提起は、どうすれば、国際理解教育が多文化共生をつくる教育となりうるかということにさせていただきたいと思います。

◆国際理解教育の「文化理解」の問題点

宮崎　山西先生は、第8章で「文化力形成」という観点から文化とことばについて述べてくださっていますが、国際理解教育における文化に着目された理由をお聞かせくださいますか。

山西　12年くらい前に、文化理解の文化を国際理解教育はどう捉えてきたんだろうという素朴な疑問を持ったんです。つまり、多くの教育実践では、文化っていうものが既存のものとしてそこにあって、それぞれの文化の特性な

255

第3部　執筆者との対話

どを理解しようとしています。ただその文化理解をよく眺めてみると、文化を固定的に静的にしか捉えていないこと、また文化を国・地域・民族といった特定の枠組みでしか捉えていないこと、そして文化を単に理解の対象としてしか捉えていないことに気づかされたんです。この状況を越えない限り、いつになっても文化を扱う教育の質が深まっていかないというのが私の問題意識でした。

宮崎　文化を理解の対象としてしか見ないということが問題なんですね。では、文化を動的なものと捉える場合の文化とはどのようなものですか。

山西　文化というのは、私たち人間が、自然と関わり、社会と関わる中で、協働して生きていくためにつくり出してきた、生活様式、行動様式、価値といったものです。そういったものが文化であるならば、私たちは、文化を陳列されているようなものとして理解するのではなく、まさに生きたものとして、生活の中で活用し、時に捉え直し、また新たにつくり出していかなきゃならない。12年前に世界各地を歩いていたら、アラスカやオセアニアなどの少数民族の文化がすごく動的で、生活の中で、社会の中で、自分たちの文化っていうものを再生し、実にそれらをさらに生き生きさせようとしているなと感じたんです。それなのに教育の世界では、文化が生きていないなあと感じました。文化を動的に考えだしたのはそれがきっかけですね。

宮崎　つまり、「文化力」とは、すでにある文化を変えていく力ということでしょうか。

山西　文化が生まれてくる背景や、人間はなぜ文化をつくり出してきたのかっていう部分をしっかり捉えておくことは大切だし、今世界で文化というのはどういう状況になっているのか、時には文化の中にもすごく優劣性が出てたりとか、差別性が生み出されたりとか、そういったことも見ていかなくちゃいけないし、そして、自分たちが文化創造の主体として、平和で共生可能な文化づくりに関わっていったらよいのかということも大切です。そういったものを含めて私は「文化力」と言ったらどうだろうかと考えています。

◆文化と権力構造の問題

宮崎　今、国際理解教育の中での文化を静的に捉えることへの問題意識が発端で、文化を再考するきっかけになったとおっしゃったんですが、それは教育の問題なのか、日本社会の問題なのか、そのあたりはどのように考えますか。

杉村（紀）　動的に文化を捉えるという視点、私もまったく同感です。拙稿の中で書かせていただいたんですが、外国人の人たちの考え方、例えば日系ブ

座談会　多文化共生に必要な「文化力」を国際理解教育で育てる

ラジル人の方々を例にとっても、考え方は様々だし、それぞれが持ってる文化も異なります。また、今ここ日本に住んでいる時と、ブラジルに帰った時でも異なるでしょうし、さらには日本とブラジルの間を往来する人がいたり、また第三国に移り住んでいこうと考えている人もいます。文化というものがそれぞれが置かれた環境で変わっていくということが、この本の企画に参加させていただいて一番考えさせられた部分ですね。他方、日本社会について見れば、政策的には固定的な見方が中心であると言わざるを得ないのかなと思います。また実践レベルでも、国際理解教育の授業である文化を取り上げる場合、どうしてもその文化をステレオタイプ的な見方で取り上げがちです。例えば中国の文化を取り上げるという場合、「何かを知る」という意味では中国人留学生にお願いして服装や食べ物について話を聞くというのもひとつの大切な実践ではありますが、それにとどまらず、中国の中にも、様々な文化や考え方があり、それがまた時代とともに動いていくところまで視野にいれて考えることも重要だと思います。現場の先生方が動的な文化を入れるように仕組んでいくべきなのかもしれませんし、また、一般の日本のコミュニティがそのような考え方を受け入れることができるかどうかという点も重要なポイントになると思います。

山西　おそらくこういう文化の動性は、価値判断とすごく関わってくると思います。例えば、マジョリティの文化とかマイノリティの文化っていうのはすごく力学関係、権力関係の中にあるわけです。そしてそういった関係の中で人間は価値判断をして文化を選択し、また創造しているわけです。ところが学校教育では、文化を静的に客観的に捉え、「世界には多様な文化があります。皆さん理解しましょう」とやっておくことで、そこに価値判断を入れなくて済んでしまいます。教員にとっては楽かもしれません。しかし、実際に文化の問題を考えると、そこに権力関係があり、それなりの価値判断が必要になります。一方、学校教育は、価値判断を入れて授業をすることに距離を置きがちです。ですから、マジョリティの文化、マイノリティの文化の間に権力構造があっても、それに関しては、あえて触れないとなると、文化そのものの扱いがどうしても相対的になって、表面的な扱いにとどめておくしかない。そして実際の問題は全然解決できない。マジョリティ文化はそれで済んでしまうのかもしれませんが、地域社会にみる文化的言語的問題を解決するという視点から見ると、これは困ったものですよね。

257

第3部　執筆者との対話

◆静的な「文化理解」と多文化の子どものアイデンティティ

宮崎　日本の教育で、文化を理解の対象としても学ぶことは、多文化の子どもにとって意味があるんでしょうか。

山西　外国につながる子どもの問題で考えると、彼らのアイデンティティが揺れている、いわゆる自分の母文化と日本の文化の中で揺れている。その時に「多様な文化があります。皆さん理解しましょう」といった相対的なアプローチでは、アイデンティティの揺れに十分に対応できないことは明らかです。文化を相対的に理解すること自体に意味がないわけではありませんが、そのことで個々の問題が解決し、多文化共生が可能になるとするわけにはいかないと思いますね。

宮崎　じゃあ、先生にとってやりやすいということではなくて、子どもたちにとって意味のある国際理解教育を作るにはどうすればいいんでしょうか。杉村先生は、小中学校での国際理解教育の取り組みと先生方の意識を調査されていましたが、何かお気づきになったことはありますか。

杉村（佳）　神奈川県西部の小中学校でも児童生徒の多国籍化・多文化化が進んでいて、小学校の国際理解教育の実施率は比較的高く、国際理解教育の目標を多文化共生に向けた態度の涵養に置く教師が多く見られました。ですが国際理解教育の実践内容を詳しく見てみますと、山西先生が指摘されたように、「文化理解」を目標としている授業がほとんどで、地域や世界の問題の解決を志向する「問題解決」や、未来づくりへの参加を促す「未来創造」を、学習目標や学習方法に用いた事例は見られませんでした。国際移動を繰り返す子どもが増えている多文化共生社会においては、ますます問題解決型のアプローチが重要になってくると思います。

◆文化とことばの関係

宮崎　ちょっと話を変えて、文化の中でのことばの役割についてどう考えますか。山西先生は、文化とことばを並列する形、「文化・ことば」（第8章）と書いていらっしゃいますが、その意図についてお聞かせくださいますか。

山西　私のことばの捉え方は言語学的ではなく、教育学、国際理解教育の立場からのものです。その立場から、私はことばを、「道具としてのことば」と「対象としてのことば」というふうに、当然関連しつつもあえて二つに分けて捉えているところがあるんです。今まで、学校教育の中でもことばっていうと、コミュニケーションのツール（道具）ですという言い方が多かった。確かにことばはコミュニケーションの道具ですが、一方、ことばを対象として捉え

てみると、ことばそのものの中に、つまり語彙や文法、表現方法などの中に、実に多様な文化が内在していることに気づかされ、ことばそのものが文化理解の対象になることにも気づかされます。また、ことばに内在する音や身体性に着目すると、知的な文化理解にとどまらず、より感性的な文化理解にもつながっていきます。

宮崎 そう考えると、日本語を道具として暮らす多文化の子どもにとって、日本語に内在する文化が、彼らの人間形成とかアイデンティティ形成にも大きな影響を与えるということでしょうか。

山西 そうですね、また彼らが日本語に内在する文化性を自分の中に入れるってことは、彼らの母語に内在する文化性と日本語に内在する文化性が、単なる道具レベルではなくて、自分の中の思考の方法、文化的アイデンティティのあり様の問題として密接に関連し合っていくと考えられます。

◆ことば・文化・アイデンティティ

宮崎 そうですね。川上先生と第1部について対談をした時に、1人の人間のエンパワメントを考えていくと、ことばのサポートとアイデンティティへの働きかけと、どっちが最終的に大切なんだろうということを考えたんですね。川上先生のお考えでは、どちらも重要でアイデンティティとことばは切り離せないだろうということでした。文化とことばも切り離せないとしたら、文化とアイデンティティに共通する部分があると考えられませんか。ことばを通して文化を体験することがその子のアイデンティティを作っていく。複数の言語や文化との接触によって形成される彼らのアイデンティティはハイブリットなもので、しかも動的でこれからも変容を続けるものじゃないかと思うんですが。

山西 だから、多様性の中で時には自分の文化を含めて、相対化させながら次のステップを描いたり、それらの関係の中で新しいものをつくり出したりするプロセスっていうのはすごく人間にとって大切なプロセスなので、それはすごく力になると思いますね。

宮崎 そういう意味では、多文化の子どもは意識しようとしまいと、日常生活で文化的に豊かな世界に暮らしているので、文化力は高いと言えるかもしれませんね。文化力が足りないのはモノリンガルの子どもたちの方ですが、それを教育でどう変えられるんでしょうか。

山西 例えば、小学校に外国語活動が入ることが決まった時以降、私がずっと言い続けてきたのは、外国語活動をする中でいかに日本語を捉え直すのかと

259

第3部　執筆者との対話

いうことでした。例えば、外国語活動と国語とをどれだけ関連させられるか
ということについて、学校の先生はあまり意識してないですよね。本当は子
どもたちにとってみると、自分の言語、今まで学んできた日本語ってなんな
んだろうっていうことを文化的にも捉え直す機会が入ってきてるのに、そう
いう視点ではあまり見られていないですよね。

宮崎　それは教科としてできることなんですかね。

山西　まあそれは、今後国語というものをことばの学習の中でどう位置付けて
いくのかっていうこととも関連していくでしょうが、教科と教科をつなぐっ
ていうことは本来の学校教育ではすごい大切だし、まあそれをあえて総合学
習みたいな形でつなぐっていうやり方もあるし、外国語活動の中に日本語も
組み入れ、多言語を扱ってもいいわけですよね。もっと柔軟にやっていくと、
国語・外国語の中に、日本手話とか、方言とかをも取り入れて、既存の国語・
英語じゃない多言語の学びをそこで作っていけるはずなのに、今はそこへは
向かってないわけですよね。ますます英語志向が強くなり、2020年には小
学校に英語教科が生まれるという話まで出ているわけですよね。

杉村（佳）　私も今、大学で児童英語教育を教えていて、「外国語活動」の時間
なのに、なぜ英語だけなのだろうかと疑問に思うことがあります。もっと多
様な学びができる可能性があると思います。また、教育現場には実際に移動
を繰り返す子どもが増えていて、美紀先生のおっしゃるように、母語教育の
言語も必要に応じて取捨選択するとなると、母語の保障も母文化の保障もで
きていない中で、移動を繰り返す子どもにどのように対応していけばいいの
でしょうか。

◆多文化の子どもの「ことばの力」

宮崎　私は何らかの母語支援があったとしても、母語が保持できるとは考えて
いないんです。ただ、子どもたちの母語への関心や注目があることによって、
母語を使用する場ができたら、アイデンティティへの肯定的な影響は大きい
と思っています。あと10年か20年したら世代が変わって、日本生まれの子
どもが親になります。そうすると、彼らはたぶん日本語で子育てをするでしょ
うから、その時には完全に母語は消えているかもしれません。だから、これ
から大切なのは多文化の子どもや大人のことばの力というものを、単に母語
話者と比べるのではなく、複数の言語の能力や経験を含めて彼らの言語能力
と捉えるように、教育や社会が変わるべきじゃないかと思うんです。

山西　基本的に複言語の考え方が徐々に広がっていくだろうとは思っていま

す。ただ日本でのその過程が、EUのような形でいくはずはないので、日本での多様な母語、生活言語、他の言語が交錯し合う関係の中で、徐々に複言語的な発想が定着していくのではないでしょうかね。

宮崎 複言語能力を持つ人たちのことばの捉え方ですが、日本で育った人たちと同じ能力を多文化の人たちに求めてはやっぱり厳しい。私は最近その現実をひしひしと感じてます。小学校6年生の秋に来日した子どもが、来日3年以内という枠で高校受験できないために、結果的に通信制の高校に進学したと聞いて、理不尽に思いました。また、最近は私の学生の中にも、多文化の学生がいるんですが、書き言葉でネイティブの学生と同じレベルというのはやはりハードルが高いです。今の時代にことばの力の捉え方、アイデンティティの捉え方といったところで、日本人の文化力の方を上げていかなければ解決できないと思っています。

山西 教育に関わっている人が、ことば・文化・アイデンティティの関係を一度しっかり捉え直さないと、国際理解教育や言語教育が安易に実践されていくことは、怖いことだなあって思いますね。

杉村（紀） 本当にそうですね。その意味で私は教職課程でもっとこの問題を取り上げ、教員となる学生さんたちに、多文化共生と教育の役割をともに考える機会を設けるべきだと思います。

◆学びは学校の外にもある

山西 最近学生に、学習、学び、教育の違いは何かって、よく聞くんです。特に教職とか学校教育に入ろうとしている学生に、教育と学習と学びの関連を自分なりに整理すると何が見えてくるか、聞いてみるんですね。そうすると、彼らの多くは教育があって学習がある、学習とか学びは教育という働きかけの結果、生まれるものだと考えてるみたいですね。私は確かに、教育的な働きかけの結果、学習が生まれることは確かにそうなんだけれど、人間は教育的な働きかけがないと学ばないかっていうと、そうではないということを話すわけです。人生には多様な学びがある中で、教育そして学校教育がどのような働きかけを通してどのような学習・学びをつくり出そうとしているのかをていねいに捉え直しておくことは必要であると思います。学びを大きく捉えることをせずに、学習者の学びは自分たちがやってる教育次第だと思っている学校の先生って意外に多いんですよ。ことばや文化に関する学びも同じで、枠、ことばという枠、文化という枠、学校という枠をはずさないと、学びの世界が広がっていかないことがあると思います。

第3部　執筆者との対話

宮崎　私は、多文化を持つ人たちと接するということが自分の枠を外すことにつながると思います。というのは、私もこの研究をするようになって、考え方やモノの見方、ことばについてもそうですし、文化についてもなんですが、どんどん変わっていくのがわかるんです。そういう意味で多文化の子どもは、日本の子どもたちにとっても重要な存在だと思うんですが。でも一方で、そういう子どもたちを教育素材と見ることへの批判があったので、山西先生の足元の問題から始めるために多文化の問題を授業で取り上げてもいいというご意見にちょっと驚いたんです。

◆問題解決アプローチから始める

山西　ご存じのように、国際理解教育はもともと戦争への反省から始まって、二度と戦争を繰り返さないためにどうすればいいかということで生まれた教育です。国際理解教育には、二つのアプローチがあると指摘されてきました。ひとつは文化理解アプローチで、もうひとつは問題解決アプローチです。両者の実践を見ると、文化理解から始めると多くの場合その先が見えなくなります。文化の捉え方が狭いから、文化理解をやってしまうと、多様な文化は理解したんだけど、そのあと何したらいいのかってことになって、そこで学習が止まってしまうんです。それは文化理解の見方が狭いからなんですね。そうではなくて、問題解決から入ると学習の広がりという視点からはすごく楽なんです。つまり、問題を考えていくプロセスの中に多様な文化性があるので、問題を解決するには、既存の文化を理解し、それらを時に超えていかなくちゃいけない。つまり、問題解決を軸に据えると、必然性の中で、多様な教育、多様な学びが重層的に関連していくように思います。

杉村（佳）　問題解決型のテーマとして、多文化の子どももいるような学校で具体的にどんなテーマがふさわしいのでしょうか。

山西　私は、日本の学校の中に外国につながる子どもたちがたくさんいる地域があって、そういうところで具体的に、ことばの問題とか、学校になじめない問題とか、不就学の問題とかがあるということを取り上げたらいいと思うんです。そして、子どもたち、親たち、教師たち、地域住民たちが、みんなで問題解決の方策を考えるんです。どうしてかっていうと、多文化共生っていうもの、共生につながる文化は、問題解決のプロセスでしか作れない。地域社会の中で、マジョリティ、マイノリティだとか、多文化を持っている人がいる時に、知恵を出し合って、この問題をどう解決していくかっていう時に、既存の文化を若干超えたり、変容させて新しいものが生み出され、それ

がまた集団によって積み重ねられていく。それの繰り返しが重要で、相対的な理解をしたら新しい文化が生まれるわけではないのですから。

宮崎 つまり当事者、多文化を持った人々が入ってなければいけないんですね。

山西 当然、協働のプロセスの中で新しいものが生み出されていく。そのダイナミズムを、地域社会の中につくっておく。それが多文化共生のプロセスだと思うんです。多文化共生もそういう捉え方、問題を解決して新たな価値観を生み出し、文化を変容させていく。文化は本来そのようなプロセスで生まれたものだから、そのようにしていけば自然と共生の文化は生み出されていくのではないでしょうか。

宮崎 多文化共生というのは、これまでにある文化の上に新たな文化を創造していくということなんですね。国際理解教育の問題解決アプローチで、身近な社会の問題を取り上げ、その解決を子どもたち自身が見出していくというプロセスが、新たな文化を創造する文化力につながるということなんですね。みなさま、どうもありがとうございました。

参考文献

浅沼茂（2011）「カリキュラム・エンパワーメントと教授言語の問題」江原裕美
（編）『国際移動と教育―東アジアと欧米諸国の国際移民をめぐる現状と課題』
明石書店　123-138.

阿比留久美（2012）「「居場所」の批判的検討」田中治彦・萩原建次郎（編著）『若
者の居場所と参加―ユースワークが築く新たな社会』東洋館出版社　35-51.

天城勲（監訳）（1997）『学習：秘められた宝―ユネスコ「21世紀教育国際委員
会」報告書―』ぎょうせい

荒井美幸（2005）「外国人集住都市の小学校における国際理解教育と児童の国際
理解―群馬県大泉町立小学校を事例として」日本比較文化学会編『比較文化
研究』　67.

アンダーソン，B.（1997）（白石さや・白石隆訳）『増補　想像の共同体―ナショ
ナリズムの起源と流行―』NTT出版

石井恵理子（2009）「年少者日本語教育の構築に向けて」川上他（編）『「移動す
る子どもたち」のことばの教育を創造する―ESL教育とJSL教育の共振』
ココ出版　142-163.

石井恵理子（2011）「共生社会形成をめざす日本語教育の課題」馬渕仁（編）『「多
文化共生」は可能か―教育における挑戦』勁草書房　85-105.

石塚昌保・河北祐子（2013）「地域日本語教室で居場所感を得るために必要なこ
と―「多文化社会型居場所感尺度」の活用―」『日本語教育』155号81-93.

石原辰雄（1978）『コチア小学校の五十年―ブラジル日系児童教育の実際―』（私
家版）

乾美紀（2008）「高校進学と入試」志水宏吉（編）（2008）『高校を生きるニュー
カマー―大阪府立高校に見る教育支援』明石書店　29-43.

移民80周年編纂委員会（1996）『ブラジル日本八十年史』トッパンプレス

ヴェルヘルスト，ティエリ（1997）「国際セミナー『グローバル化する開発と，
文化の挑戦』」片岡幸彦編『人類・開発・NGO―「脱開発」は私たちの未来
を描けるか―』新評論

ヴェルヘルスト，ティエリ（1997）「対話『文化は開発問題にどう応えるのか』」
片岡幸彦編『人類・開発・NGO―「脱開発」は私たちの未来を描けるか―』
新評論

江原裕美（編）（2011）『国際移動と教育―東アジアと欧米諸国の国際移民をめぐ

る現状と課題』明石書店

OECD（編著）斎藤里美（監訳）（2007）『移民の子どもと学力―社会的背景が学習にどんな影響をあたえるのか』明石書店

大久保祐子（2008）「日本語教育における母語指導に関する言説についての一考察―中国帰国者と在日ベトナム人を対象とした日本語教室の実践を事例として」佐藤信司・ドーア根理子（共編）『文化，ことば，教育―日本語・日本の教育の「標準」を越えて』明石書店　239-266.

大野H（2008）「移民と呼ばない日本」朝日新聞

太田晴雄（2000）『ニューカマーの子どもと日本の学校』国際書院

桶谷仁美（1999）「アディティブ・バイリンガルの可能性―二言語習得とアイデンティティの関係をめぐって」吉田彌壽夫先生古稀記念論集編集委員会（編）『日本語の地平線：吉田彌壽夫先生古稀記念論集』くろしお出版　47-58.

尾崎仁美・上野淳子（2001）「過去の成功・失敗経験が現在や未来の及ぼす影響―成功・失敗経験の多様な意味―」『大阪大学大学院人間科学研究科紀要』第 27 巻，63-87.

金井香里（2012）『ニューカマーの子どものいる教室―教師の認知と思考―』勁草書房

カミンズ，ジム（中島和子訳）（2011）『言語マイノリティを支える教育』慶応義塾大学出版会

川上郁雄（2001）『越境する家族―在日ベトナム系住民の生活世界』明石書店

川上郁雄（編著）（2006）『「移動する子どもたち」と日本語教育：日本語を母語としない子どもへのことばの教育を考える』明石書店

川上郁雄（編著）（2009a）『「移動する子どもたち」の考える力とリテラシー：主体性の年少者日本語教育学』明石書店

川上郁雄（編著）（2009b）『海の向こうの「移動する子どもたち」と日本語教育：動態性の年少者日本語教育学』明石書店

川上郁雄（編）（2010a）『私も「移動する子ども」だった―異なる言語の間で育った子どもたちのライフストーリー』くろしお出版

川上郁雄（2010 b）「「移動する子どもたち」のことばの教育学とは何か」『ジャーナル「移動する子どもたち」―ことばの教育を創発する―』　1-21.

川上郁雄（2011）『「移動する子どもたち」のことばの教育学』くろしお出版

川上郁雄（2012）『移民の子どもたちの言語教育―オーストラリアの英語学校で学ぶ子どもたち』オセアニア出版社

川上郁雄・石井恵理子・池上摩希子・齋藤ひろみ・野山広（編）（2009）『「移動

する子どもたち」のことばの教育を創造する―ESL 教育と JSL 教育の共振』
ココ出版

河北祐子（2018）「コミュニティーフレンドにおけるコーディネーターの役割―
多文化共生社会創造に向けて学生と地域をつなぐ―」『上智大学短期大学部
紀要』39 号，41-64.

木村護郎クリストフ（2006）「『共生』への視点としての言語圏：多言語的公共圏
に向けて」植田晃次・山下仁（編著）『「共生」の内実：批判的社会言語学か
らの問いかけ』三元社　11-27.

久野マリ子（2007）「日系ブラジル人の日本語：日系一世の日本語事情」『國學院
雑誌』108 巻，11 号.

国際理解教育学会（編）（2010）『グローバル時代の国際理解教育―実践と理論を
つなぐ―』明石書店

齋藤ひろみ(2009a)「学習参加のためのことばの力」を育む―文部科学省開発「JSL
カリキュラム」の方法論とその実践事例から」川上郁雄・石井恵理子・池上
摩希子・齋藤ひろみ・野山広（編）『「移動する子どもたち」のことばの教育
を創造する―ESL 教育と JSL 教育の共振』ココ出版 184-226.

齋藤ひろみ（2009b）「文化間移動をする子どもたちへの教育の方法」『文化間移
動をする子どもたちの学び：教育コミュニティの創造に向けて』くろしお出
版　35-52.

齋藤ひろみ・佐藤郡衛（2009）『文化間移動をする子どもたちの学び―教育コミュ
ニティの創造に向けて』ひつじ書房

齋藤ひろみ・見世千賀子（2005）「特定課題研究　外国人児童生徒教育と国際理
解教育―文化交差による多元的な学びの創造に向けて」異文化間教育学会紀
要編集委員会編『異文化間教育』通号　21.

佐久間孝正（2006）『外国人の子どもの不就学：異文化に開かれた教育とは』勁
草書房

佐久間孝正（2011）『外国人の子どもの教育問題』勁草書房

佐々木倫子（2003）「三世代で消えない JHL とは？―日系移民の日本語継承」『母
語・継承語・バイリンガル教育研究会』プレ創刊号

佐藤郡衛（2001）『国際理解教育―多文化共生社会の学校づくり』明石出版

佐藤郡衛（2009）「転機にたつ外国人の子どもの教育―生活者、社会の構成員と
いう視点から―」齋藤ひろみ・佐藤郡衛（編）『文化間移動をする子どもた
ちの学び―教育コミュニティの創造に向けて』ひつじ書房　3-18.

佐藤郡衛（2010）『異文化間教育―文化移動と子どもの教育』明石出版

佐藤一子・増山均編（1995）『子どもの文化権と文化的参加―ファンタジー空間の創造―』第一書林

柴田あずさ（2007）「ブラジル日系青年にとっての継承日本語教育」『佐賀大学留学生センター紀要』6号，29-42.

嶋津百代（2003）「クラスルーム・アイデンティティの共構築―教室インターアクションにおける教師と学生のアクトとスタンス―」『日本語教育』119号，11-20.

志水宏吉（2002）「学校世界の多文化化」―日本の学校はどう変わるか」宮島喬・加納弘勝編『国際社会2変容する日本社会と文化』東京大学出版会　77.

志水宏吉・清水睦美（2001）『ニューカマーと教育―学校文化とエスニシティの葛藤をめぐって』明石書店

清水睦美（2006，2009）『ニューカマーの子どもたち―学校と家族の間の日常世界―』勁草書房

清水睦美・児島明（編著）（2006）『外国人生徒のためのカリキュラム―学校文化の変革の可能性を探る―』嵯峨野書院

庄司博史（2010）「『資産としての母語』教育の展開の可能性」『ことばと社会』12号，7-47.

杉村美佳（2013）「多国籍化する小中学校における国際理解教育の現状と課題―神奈川県西部の教師アンケート調査結果の分析を中心に―」『上智大学短期大学部紀要』第33号　1-12.

杉村美紀（2009）「日本における中華学校の変容と国際化のもとでの多文化教育の意義」『日本の外国人学校における多文化・多言語教育の現状と課題：中華学校の事例を中心として』　7-17.

杉村美紀（2011）「日本の中華学校における母語教育の今日的意義」『ことばと社会』13号，172-189.

関口知子・中島葉子（2010）「越境時代の多文化教育―21世紀の教育と市民性を問う―」五島敦子・関口知子『未来をつくる教育ESD―持続可能な多文化社会をめざして―』明石書店

総務省（2006）奈良多文化共生に関する研究会『多文化共生に関する研究会報告書～地域における多文化共生の推進に向けて～』

田尻英三・田中宏・吉野正・山西優二・山田泉（2004）『外国人の定住と日本語教育［増補版］』ひつじ書房

土居健郎（1971）『「甘え」の構造』弘文堂

坪谷美欧子・小林宏美（2013）『人権と多文化共生の高校―外国につながる生徒

たちと鶴見総合高校の実践』明石書店

図書教材研究センター（1994）国際教育研究プロジェクト『国際理解教育・環境教育などの現状と課題』ナカニシ，ドン・トシアキ（2012）（吉田裕美訳）「トランスナショナルな日系人：移住・帰還・再統合」森本豊富・根川幸男編著『トランスナショナルな「日系人」の教育・言語・文化：過去から未来に向って』明石書店　23-36.

永井滋郎（1989）『国際理解教育—地球的な協力のために—』第一学習社

中島和子（2001）『バイリンガル教育の方法—12歳までに親と教師ができること（増補改訂版）』アルク

中島和子（2010）『マルチリンガル教育への招待—言語資源としての外国人・日本人年少者』ひつじ書房

日本移民80年史編纂委員会（1991）『ブラジル日本移民八十年史』移民80年祭典委員会

拝野寿美子（2010）『ブラジル人学校の子どもたち：「日本かブラジルか」を超えて』ナカニシヤ出版

伯国日本語学校連合会編（1966）『幾山河』

半田知雄（1970）『移民の生活の歴史—ブラジル日系の歩んだ道』サンパウロ人文科学研究所

一青妙（2012）『私の箱子』講談社

平野健一郎（2013）「国際文化学の新展開：国際文化関係史研究の意義と展望」『インターカルチュラル』11号，164-168.

フレイレ，パウロ（1979）（小沢有作・楠原彰・柿沼秀雄・伊藤周訳）『被抑圧者の教育学』亜紀書房

法務省（2009）「平成21年現在における外国人登録者統計について」http://www.moj.go.jp/nyuukokukanri/kouhou/nyuukokukanri 04 _ 00005 . html

馬淵仁（2010，初出2009）「文化の捉え方をめぐって：活路はあるのか？」馬淵仁『クリティーク　多文化，異文化：文化の捉え方を超克する』東信堂

馬淵仁（2011）『「多文化共生」は可能か—教育における挑戦』勁草書房

丸山英樹（2010）「国際的に認知される言語の多様性と欧州の言語教育政策の背景」日本国際理解教育学会『国際理解教育』Vol. 16，明石書店

三田千代子（2009）『「出稼ぎ」から「デカセギ」へ—ブラジル移民100年に見る人と文化のダイナミズム』不二出版

三田千代子（編著）（2011）『グローバル化の中で生きるとは—日系ブラジル人の

269

トランスナショナルな暮らし』上智大学出版

宮尾進（2002）『ボーダレスになる日系人』サンパウロ人文科学研究所

宮崎幸江（2022）「サービスラーニングによる地域貢献—正課カリキュラム化までの経緯と課題」『上智大学短期大学部紀要』43 号，69-90.

宮崎幸江・河北祐子（2012）「地域の資源としてのボランティア日本語教室—多文化型『居場所づくり尺度』の観点から—」『上智短期大学紀要』第 32 号，51-65.

宮島喬・太田晴雄（2005）『外国人の子どもと日本の教育—不就学問題と多文化共生の課題』東京大学出版会

宮田幸枝（1995）「第二言語としての日本語教育とナショナルアイデンティティの問題をめぐって」『日本の社会教育』39 号，83-93.

むさしの参加型学習実践研究会（2005）『やってみよう「参加型学習」！日本語教室のための 4 つの手法～理念と実践～』スリーエーネットワーク

森茂岳雄（2011）「多文化共生をめざすカリキュラムの開発と実践」馬淵仁編著『「多文化共生」は可能か—教育における挑戦—』勁草書房　22-42.

森本豊富・根川幸男（2012）『トランスナショナルな「日系人」の教育・言語・文化—過去から未来に向かって—』明石書店

森脇礼之（1998）「日本語教育の変遷(1)」人文研　雑誌　2，71-85.

森脇礼之（1999）「日本語教育の変遷(2)」人文研　雑誌　4，43-75.

文部科学省（2010）「帰国・外国人児童生徒教育等に関する施策概要」
http://www.mext.go.jp/a_menu/shotou/clarinet/003/001.htm

文部科学省初等中等教育局国際教育課(2011)『外国人児童生徒の受入れの手引き』

山田泉（2004）「多文化・多言語主義と子どもの発達」田尻英三・田中宏・吉野正・山西優二・山田泉『外国人の定住と日本語教育［増補版］』ひつじ書房　129-162.

山西優二（2002）「国際理解教育とは—そのねらいとその方法—」『学校と地域がつくる国際理解教育—教員ワークショップ報告書 2002—』武蔵野市国際交流協会

山西優二（2007）「国際理解教育の視点から見た多文化共生とは」北海道国際交流・協力総合センター編『Hoppoken』139，06-18.

リービ英雄（2007）『越境の声』岩波書店

ル・ゴフ，J.(1999)（立川孝一訳）『歴史と記憶』法政大学出版局

レイブ，J. & ウェンガー，E.(1993)（佐伯胖訳）『状況に埋め込まれた学習—正統的周辺参加—』産業図書

参考文献

ロング，ダニエル（1998）「日本における言語接触とバイリンガリズム：アイデンティティと言語使用」『日本語学』9号，108-117.

Ada, A.F. (1988) The Pajaro Valley experience: Working with Spanish-speaking parents to develop children's reading and writing skills in the home through the use of hildren's literature. In T. Skutnabb-Kangas & J. Cummins (Eds.), *Minority education: From shame to struggle.* Clevedon, UK: Multilingual Matters. 223-238.

Almeida, José Ricardo Pires de (2000). História da instrução pública no Brasil. 1500-1889. São Paulo: Ed. da PUC; Brasília: MEC/INEP. Edição original em francês de 1889.

Anderson, B. (1991) *Imagined Communities: Reflections on the Origin and Spread of Nationalism,* revised edition, London: Verso Editions and NLB.

Ardal, S., Donald, M.W., Meuter, R., Muldrew, S., & Luce, M. (1990) *Brain semantic incongruity in bilinguals.* Brain and Language. 39, 187-205.

Atkinson, D. (2007) Alignment and interaction in a sociocognitive approach to second language acquisition. *The Modern Language Journal,* 91. ii. 169-188.

Banks, J.A. (1981) *Multicultural Education: Theory and Practice,* Allyn and Bacon.

Bayley, R. & Schecter, S.R. (2003) *Language socialization in bilingual and multilingual societies.* Clevedon, UK: Multilingual Matters.

Beltrão, Iwakami Kaizô e Sugahara, Sonoe (2006) Permanentemente temporário: *dekasseguis* brasileiros no Japão. In Revista Brasileira de Estudos Populacionais, (pp. 61-85) São Paulo, volume 32.

Benedict, R. (1946/1989) *The chrysanthemum and the sword: patterns of Japanese culture.* Boston, MA: Houghton Mifflin.

Ben-Zeev, S. (1977) The influence of bilingualism on cognitive strategy and cognitive development. *Child Development.* 48, 1009-1018.

Bialystok, E. (2001) *Bilingualism in development: Language, literacy and cognition.* Cambridge, UK: Cambridge University Press.

Blackledge, A. & Pavlenko, A. (2001) Negotiation of identities in multilingual context. *International Journal of Bilingualism.* 5.3, 243-259.

Bourdieu, P. (1991) *Language and symbolic power.* Oxford, UK: Polity.

Bourdieu, P. (1995) Stratégies de reproction et modes de domination In Actes de la Recherche en Ciencies Sociales N. 5. Paris, Édition de Minuit. 3-12.

271

Bourdieu, P. (2007) *A economia das trocas simbólicas*. São Paulo: Perspectiva.

Cardoso, R.C.L. (1972) Estrutura familiar e mobilidade social: estudo dos japoneses no estado de São Paulo. Tese de doutorado. Universidade de São Paulo.

Carspecken, P.F. (1996) *Critical Ethnography in Educational Research: A Theoretical and Practical Guide*. New York, NY: Routledge.

Chomsky, N. (1987) The manufacture of consent. In J. Peck (Ed.), *The Chomsky reader*. New York: Pantheon Books. 121-136.

Cook, V. (2002) Background to the second language user perspective. In V. Cook (ed.). *Portraits of the L2 user Clevedon*. UK: Multilingual Matters. 1-28.

Corson, D. (1985) *The lexical bar*. New York, NY: Pergamon.

Crystal, D. (1997) *English as a global language*. Cambridge. UK: Cambridge University Press.

Cummins, J. (1976) The influence of bilingualism on cognitive growth: A synthesis of research findings and explanatory hypotheses. *Working Papers on Bilingualism*. 9, 1-43.

Cummins, J. (1981) The role of primary language development in promoting educational success for language minority students. In California State Department of Education (ed.). *Schooling and language minority students: A theoretical framework*. Los Angeles, CA: Evaluation, Dissemination and Assessment Center California State University. 3-49.

Cummins, J. (1989) *Empowering minority students*. Sacramento, CA: CABE.

Cummins, J. (2000) *Language, power and pedagogy: Bilingual children in the crossfire*. Clevedon, UK: Multilingual Matters.

Cummins, J. (2001) *Negotiating identities: Education for empowerment in a diverse society* (2nd ed.). Ontario, CA: CABE.

Davies, B. & R. Harré (1990) Positioning: The discursive production of selves. *Journal for the Theory of Social Behavior.* 20 (1), 43-63.

Delpit, L. (1988) The silenced dialogue: Power and pedagogy in educating other people's children. Harvard Educational Review, 58, 280-298.

Delpit, L. (1995) *Other People's Children: Cultural Conflict in the Classroom*. New York, NY: The New Press.

Demartini, Z.B.F. (1998) *Escolas Japonesas em São Paulo: elementos para a história da educação brasileira*. In Evento comemorativo dos 90 anos da imigração Japonesa no Brasil, 1998, (pp. 3-22), São Paulo. São Paulo: Faculdade de

Educação/USP.

Doi, E.T. (2006) O ensino do japonês como língua da imigração. *Estudos ingüísticos XXXV*, Campinas, pp. 66-75.

Dopke, S. (1992) *One parent one language: An interactional approach.* Amsterdam: John Benjamins.

Engeström, Y. (1999) Activity theory and individual and social transformation. In Y. Engeström, R. Miettinen, R-L. Punamäki (eds.) *Perspectives on activity theory Cambridge.* UK: Cambridge University Press. 19-38..

Ennes, M.A. (2001) *A construção de uma identidade inacabada: nipo-brasileiros no interior do Estado de São Paulo.* Ed. Unesp.

Fishman, J.A. (1991) *Reversing language shift.* Clevedon, UK: Multilingual Matters.

Fishman, J.A. (2001) Why is it so hard to save a threatened language? In J.A. Fishman (ed.). *Can threatened languages be saved?: Reversing language shift, revisited..* Clevedon, UK: Multilingual Matters. 1-22.

Fordham, S. (1990) Racelessness as a factor in Black students' school success: Pragmatic strategy or Pyrrhic victory? In N.M. Hidalgo, C.L. McDowell, & E.V. Siddle (Eds), *Facing racism in education* (Reprint series No. 21 ed). Harvard Educational Review. 232-262.

Freire, P. (1970) *Pedagogy of the oppressed.* New York: Continuum (M.B. Ramos, Trans.).

Grosjean, F. (1989) Neurolinguists, beware! The bilingual is not two monolinguals in one person. *Brain and Language.* 36, 3-15.

Grosjean, F. (2008) *Studying bilinguals.* Oxford, UK: Oxford University Press.

Gumperz, J. (1982) *Discourse strategies.* Cambridge: Cambridge University Press.

Hakuta, K. (1986) *Mirror of language:* The debate on bilingualism. NY: Basic Books.

Haneda, M. (2005) Investing in foreign-language writing: A study of two multicultural learners. *Journal of Language, Identity, and Education.* 4 (4), 269-290.

Hoffman, C. (1991/1998) *An Introduction to bilingualism.* London; NY: Longman.

Honey, J. (1983) *The language trap: Race, class and the "standard English" issue in British schools.* Kenton, UK: National Council for Education Standards.

Honey, J. (1997) *Language is power: The story of standard English and its enemies.* London: Faber and Faber.

Kanno, Y. (2003) Imagined Communities, School Visions, and the Education of

Bilingual Students in Japan. *Journal of Language, Identity & Education.* 2 (4), 285-300.

Kanno, Y. & Norton, B. (2003). Imagined Communities and Educational Possibilities: Introduction, *Journal of Language, Identity & Education.* 2 (4), 241-249.

Kanno, Y. (2004) Sending mixed messages: Language minority education at a Japanese public elementary school. In A. Pavlenko & A. Blackledge (eds.), *Negotiation of identities in multilingual context.* Clevedon, Buffalo: Multilingual Matters. 316-338.

Kramsch, C. (1993) *Context and culture in language teaching.* Oxford University Press.

Landry, R. & R. Allard (1991) Can schools promote additive bilingualism in minority group children? In L. Malavé & G. Duquette (eds.). *Language, Culture and Cognition: A Collection of Studies in First and Second Language Acquisition.* Clevedon, UK: Multilingual Matters. 198-231.

Lee, S.S. (2000) Dys-appearing Tongues and Bodily Memories: The Aging of First-Generation Resident Koreans in Japan. *Ethos,* 28 - 2, American Anthropological Association. 198-223.

Le Page, R. & A. Tabouret-Keller (1985) *Acts of identity: Creole-based approaches to language and ethnicity.* Cambridge, UK: Cambridge University Press.

Lin, A.M.Y. (ed.) (2008) *Problematizing identity: Everyday struggles in language, culture, and education.* NY: Lawrence Erlbaum Associates.

Menard-Warwick, J. (2005) Both a fiction and an existential fact: Theorizing identity in second language acquisition and literacy studies. *Linguistics and Education.* 16, 253-274.

Menard-Warwick, J. (2008) "Because she made the beds. Every day.": Social positioning, classroom discourse, and language learning. *Applied Linguistics.* 29 (2), 267-289.

Menard-Warwick, J. (2009) *Gendered identities and immigrant language learning.* Clevedon, UK: Multilingual Matters.

Moll, L.C., C. Amanti, D. Neff, & N. Gonzalez (1992) Funds of Knowledge for teaching: Using qualitative approach to connect homes and classrooms. *Theory into Practice.* 31 (2), 132-141.

Moorehead, R. (2011) Remedial language education and citizenship: Examining the JSL classroom as an ethnic project. In N. Gottlieb (ed.). *Language and Citizenship in Japan.* 98-116. London: Routledge.

Morales, L.M. (2009) Cem Anos de Imigração Japonesa no Brasil: o Ensino de Japonês como Língua Estrangeira. *Tese de doutoramento*. Departamento de Linguística, Faculdade de Filosofia, Letras e Ciências Humanas. Universidade de São Paulo.

Morgan, B. (1998) *The ESL classroom: Teaching, creating practice and community development*. Toronto, Canada: University of Toronto Press.

Morita, K. (2002) Negotiating identity politics: Exploring Brazilian children's experiences at a Japanese school. Unpublished doctoral dissertation, University of Pennyvania, Philadelphia.

Norton Peirce, B. (1993) *Language learning, social identity, and immigrant women*. Unpublished doctoral dissertation. Ontario Institute for Studies in Education/University of Toronto, Canada.

Norton Peirce, B. (1995) Social identity, investment and language learning. *TESOL Quarterly*. 29 (1), 9-31.

Norton Peirce, B. (2000) *Identity and language learning: Gender, ethnicity and educational change*, Harlow, England: Pearson Education.

Ochs, E. (1993) Constructing social identity: A language socialization perspective. *Research on Language and Social Interaction*. 26 (3), 287-306.

Ogbu, J. (1978) *Minority Education and Caste*. New York: Academic Press.

Ogbu, J. (1992) Understanding cultural diversity and learning. *Educational Researcher* . 21 (8), 5-14 and 24.

Ogulnick, K. (1998) *Onna rashiku* [Like a woman]: *The diary of a language learner in Japan*. Albany: State University of New York Press.

Okita, T. (2002) *Invisible work: Bilingualism, language choice, and childrearing in intermarried families*. Amsterdam ; PA: Benjamins Pub. Co.

Pavlenko, A. & Blackledge, A. (2004 a) Introduction: New Theoretical Approach to the Study of Negotiation of Identities in Multicultural Contexts. In Pavlenko, A. & Blackledge, A. eds. *Negotiation of Identities in Multicultural Contexts*. Clevedon: Multilingual Matters Ltd. 1-33.

Pavlenko, A. & Blackledge, A. (eds.) (2004b) *Negotiation of Identities in Multilingual Contexts*. Clevedon; Buffalo: Multilingual Matters Ltd.

Pearson, B.Z., S.C.Fernández, & D.K. Oller (1993) Lexical develoment in bilingual infants and toddlers: Comparison to monolingual norms. *Language Learning*. 43, 93-120.

Pease-Alvarez, L. (2003) Transforming perspectives on bilingual language socialization. In R. Bayley & S.R. Schecter (eds.), *Language socialization in bilingual and multilingual societies*. Clevedon, UK: Multilingual Matters. 9-24.

Phillipson, R. (1992) *Linguistic imperialism*. Oxford, UK: Oxford University Press.

Phillipson, R. (2009) *Linguistic imperialism continued*. New York, NY: Routledge.

Reischauer, E.O. (1977) *The Japanese*. Cambridge, MA: Belknap Press.

Ricciardelli, L. (1992) Bilingualism and cognitive development in relation to threshold theory. *Journal of Psycholinguistic Research*. 21, 301-316.

Ricciardelli, L. (1993) An investigation of the cognitive development of Italian-English bilinguals and Italian monolinguals from Rome. *Journal of Multilingual and Multicultural Development*. 14 (4), 345-346.

Saito, H. (1961) Os japoneses no Brasil - estudo de mobilidade e fixação. Fundação Escola de Sociologia e Política de São Paulo. *Editora Sociologia e Polilítica*. São Paulo.

Sakamoto, M. (2000) *Raising bilingual and trilingual children: Japanese immigrant parents' child-rearing experiences*. Unpublished doctoral dissertation, University of Toronto, Toronto.

Sakamoto, M. (2006) Balancing L1 maintenance and L2 learning: Experiential narratives of Japanese immigrant families in Canada. In K. Kondo-Brown (ed.) *Heritage language development: Focus on East Asian immigrants*. Amsterdam: John Benjamin Blackwell. 33-56.

Sakamoto, M. (2012). Moving Towards Effective English Language Teaching in Japan: Issues and Challenges (2012) Special Issue: *Journal of Multilingual and Multicultural Development*. 33 (4).

Sakurai, C. (1995) A fase romântica da política: os primeiros deputados nikkeis do Brasil. In Fausto, Boris (ed.) *Imigração. e política em São Paulo*. São Paulo, Editora Sumaré: FAPESP. 127-177.

Shibata, H. (2009) *Da casa de pau-a-pique a filhos doutores: trajetórias escolares de gerações de descendentes japoneses (dos anos 1950 aos anos 1990), tese de doutorado, Faculdade de Educação*, Universidade de São Paulo.

Siegal, M. (1996) The role of learner subjectivity in second language sociolinguistic competency: Western woman learning Japanese. *Applied Lingustics*. 17 (3), 356-382.

Skutnabb-Kangas, T. (1984) *Bilingualism or not: The education of minorities*. Clevedon, UK: Multilingual Matters.

Sugimura, M. & M. Sakamoto, M. (2009) Chinese Schools and Globalization: Current Situation in Japan and Malaysia. (日本の外国人学校における多文化・多言語教育の現状と課題)『上智大学共同研究報告書』

Suzuki T. (1969) *The Japanese Immigrant in Brazil.* Native Part Japan, University Press.

Thomas, W.P. & V. Collier (1997) *School effectiveness for language minority students.* Washington, DC: National Clearinghouse for Bilingual Education.

Thomas, W.P. & V. Collier (2002) *A national study of school effectiveness for language minority students' long-term academic achievement.* Santa Cruz, CA: Center for Research on Education, Diversity & Excellence, University of California.

Watson-Gegeo, K.A. (1988) Ethnography in ESL: Defining the essentials. *TESOL Quarterly.* 22 (4), 575-592.

Weedon, C. (1987) *Feminist practice and poststructuralist theory.* Oxford: Blackwell.

Wong Fillmore, L. (1991) When learning a second language means losing the first. *Early Childhood Research Quarterly.* 6, 323-346.

Wong Fillmore, L. (2000) Loss of family language: Should educators be concerned? *Theory Into Practice.,* 39 (4), 203-210.

あとがき

　2015 年頃から、学生の引率や研究でペルーとブラジルを複数回訪れる機会に恵まれたことで、自分自身の世界観が変化したように感じる。それは、南米の日系人社会を垣間見たり、デカセギ経験のある人々や日本で育った若者との出会いを通し、グローバルなネットワークを持って、居住地と祖国を往還する人々の存在が、よりリアリティを持って感じられるようになってきたからだ。

　例えば、小学生の頃から J 大学のサービスラーニングで支援してきた M ちゃん（18 歳、ペルーリマ在住）が昨年 N2 に合格した。彼女は 2 歳で来日し小学校卒業まで 10 年間日本に滞在しペルーに帰国した。一昨年高校を卒業し、半年余り日本に遊びにきており何度か会う機会があった。ペルーで数年前に会った時は、日本語が弱くなっているような印象を受けたものだが、今回の日本滞在中、日本語の流暢さを取り戻しただけでなく、表現力や丁寧さなどが増して小学生の時とは比べ物にならないほど日本語が上達した。ペルーに戻ってからも日本語能力試験の勉強を続け今回の快挙となった。

　M ちゃんは、帰国当初スペイン語では大変な苦労をしたそうだ。しかし、努力の結果高校を卒業する頃にはクラスでも成績が上位になったという。一方、日本語を使う機会は少なくなったが、インターネットなどで日本語に触れ続けていたようだ。M ちゃんは、日本語とスペイン語のバイリンガル、バイカルチュラルな大人へと成長しつつあり、将来日本で進学したいという夢を持っている。

　ペルーなどで日本育ちの若者と話をすると、彼らはたいてい「こっち（ペルー）に来た時は…」という話し方をする。筆者からすると「こっちに帰った」ではないかと思うのだが、日本の生活が長い子世代にとってペルーは親族が住む国であっても「帰ってきた」という意識はないということだろうか。この言葉の選択自体が彼らのアイデンティティ交渉の表れであろう。M ちゃんをはじめ、彼らのようなハイブリッドなアイデンティティを持つ日本育ちの子どもたちが、世界中に根をはっていったら一体どんな世界ができるか楽

あとがき

しみだ。

　本書は 2009 年から 2011 年に行った上智短期大学学内共同研究の研究成果がもとになっている。学内共同研究のメンバーである、坂本光代氏（1章、2章、6章）、宮本百合子氏（3章）、杉村美佳氏（9章）の執筆協力と研究への貢献に改めて御礼申し上げる。特に坂本光代氏には、多文化家庭の調査から本書出版の計画にいたるまで絶え間ない助言と励ましをいただいた。さらに、多文化の子どもと教育について、より包括的に概観できる書とするために、「移動する子ども」学を提唱される川上郁雄先生（5章）、ブラジルの日本語教育のご専門のモラレス松原礼子先生（4章）、比較教育学の杉村美紀先生（7章）、国際理解教育の山西優二先生（8章）と、各専門領域の最前線で活躍する研究者の皆様に執筆に加わっていただけたことは大変幸運であったと思う。調査から出版までに頂戴した、多くの方々のご協力とご支援に深く感謝申し上げる。

　本書が、日本に住む多文化の子どものことばとアイデンティティ、及び彼らを取り巻く教育環境の改善に少しでも役に立ち、超高齢化が進む日本において、ともに地域社会を支える構成員として成長できるよう日本社会もともに変化していくことを切に願っている。

2023 年 3 月　編者

編者・執筆者紹介 (掲載順)

宮崎幸江 (みやざき　さちえ) (編者／2章、10章、10章コラム、第3部)
上智大学短期大学部英語科教授、Ph. D. in Linguistics
専門：言語学、バイリンガリズム、日本語教育学
主要業績：「日本育ちのリマ帰国生の日本語会話力：JSL 対話型アセスメント
　（DLA）を用いた分析」(2019 年、『母語・継承語・バイリンガル教育（MHB）
　研究』15 号)、「大学における言語文化的多様性─日本育ちの外国につなが
　る大学生」(2021 年、坂本光代編『多様性を再考する─マジョリティに向け
　た多文化教育』、上智大学出版)、「サービスラーニングによる地域貢献─正
　課カリキュラム化までの経緯と課題」(2022 年、『上智大学短期大学部紀要』、
　43 号)

坂本光代 (さかもと　みつよ) (1章、2章、6章)
上智大学外国語学部英語学科教授、Ph. D. in Applied Linguistics
専門：応用言語学、バイリンガリズム、社会文化理論と言語習得
主要業績：Balancing L1 maintenance and L2 learning. In K. Kondo-Brown (ed.)
　Heritage Language Development.(2006 年、John Benjamins)、「カナダにおけ
　る外国籍児童生徒の就学への対応：在トロント日系新移住者を事例として」
　江原裕美（編著）『国際移動と教育』第三部第三章 (2011 年、明石書店)、M.
　Sakamoto & S. K. Taylor (eds.). Overcoming micro (school-based) and
　macro (societal) level constraints in the development of bilingualism and
　multilingualism. (共編著、2009 年、*International Journal of Bilingual Educa-
　tion and Bilingualism, vol. 12*)

カルタビアーノ宮本百合子 (Yuriko Miyamoto Caltabiano) (3章、3章コラム)
カリフォルニア大学バークレー校東アジア言語文化学部講師、Ph. D. in Linguis-
tics
専門：日本語教育学、バイリンガリズム、文化人類学
主要業績：「外国につながる子どもに対する家庭教師ボランティアの役割」(共著、
　2009 年、上智短期大学紀要 29 号)、Children's negotiation of multicultural
　identities and multiple languages in Japan: An ethnographic study of a
　Cambodian boy. (2009 年、*Japan Journal of Multilingualism and Multicultural-*

280

ism）、Children's Negotiation of Multicultural Identities and Multiple Languages in Japan: An Ethnographic Study of Cambodian, Peruvian, and Vietnamese Families. Unpublished.（2009 年）

モラレス松原礼子（Leiko Matsubara Morales）（4 章、4 章コラム）
サンパウロ大学哲学・文学・人間科学部東洋学科日本語日本文学講座准教授、Ph. D. in Linguistics
専門：日本語教育、バイリンガリズム、日本語文法
主要業績：「ブラジルにおける戦後の日本語学校と日本語教育」森本豊富・根川幸男（編著）『トランスナショナルな「日系人」の教育・言語・文化』（2012年、明石書店）、『日本語教育入門書』（共著、2011 年、国際交流基金）、『日本語文法のトピック』（共著、2011 年、国際交流基金）他

川上郁雄（かわかみ　いくお）（5 章、5 章コラム）
早稲田大学大学院日本語教育研究科教授、博士（文学）
専門：日本語教育学、文化人類学
主要業績：『「移動する子ども」という記憶と力—ことばとアイデンティティ』（編著、2013 年、くろしお出版）、『「移動する子どもたち」のことばの教育学』（単著、2011 年、くろしお出版）、『私も「移動する子ども」だった—異なる言語の間で育った子どもたちのライフストーリー』（編著、2010 年、くろしお出版）、『移民の子どもたちの言語教育—オーストラリアの英語学校で学ぶ子どもたち』（単著、2012 年、オセアニア出版社）他

杉村美紀（すぎむら　みき）（7 章）
上智大学総合人間科学部教育学科教授、博士（教育学）
専門：比較教育学、国際教育学
主要業績：「日本の中華学校における母語教育の今日的意義」（2011 年、『ことばと社会』13 号）、『比較教育研究—何をどう比較するか』（共訳書、2011 年、上智大学出版）、『多文化共生社会における ESD・市民教育』（共編著、2014年、上智大学出版）、Roles of Languages in Multicultural Education in the Context of Internationalization（2015 年、*Educational Studies in Japan: Intenational Yearboo*k, vol. 9）

山西優二（やまにし　ゆうじ）（8章）
早稲田大学文学学術院教授
専門：国際教育、開発教育、共生社会論
主要業績：『わかちあいの教育―地球時代の「新しい」教育の原理を求めて―』（編
　　著、1996年、近代文芸社）、『外国人の定住と日本語教育』（共著、2007年、
　　ひつじ書房）、『地域から描くこれからの開発教育』（編著、2008年、新評論）
　　他

杉村美佳（すぎむら　みか）（9章）
上智大学短期大学部英語科准教授、教育学博士
専門：比較教育学、教育史
主要業績：『明治初期における一斉教授法受容過程の研究』（2010年、風間書房）、
　　アメリカ教育学会編『現代アメリカ教育ハンドブック』（共著、2010年、東
　　信堂）、「多国籍化する小中学校における国際理解教育の現状と課題―神奈川
　　県西部の教師アンケート調査結果の分析を中心に―」（2013年、上智大学短
　　期大学部紀要33号）他

松田デレク（Derek Kenji Pinillos Matsuda）（コラム1章、2章、3章、6章）
群馬大学国際センター講師
専門：教育社会学、国際教育学
主要業績：People who move among cultures and languages: Japanese descen-
　　dants in the U.S. from Peru（単著、2023年、*Scientia Moralitas Conference*
　　2023）、「『移動する子ども』と文化的アイデンティティ―ペルーにルーツを
　　持つ日系米国人の記憶より―」（単著、2022年、『学苑』969号）、「『ペルー
　　系ニューカマー第二世代保護者』の教育戦略：『第一世代保護者』との比較
　　と外国人児童生徒の教育支援への示唆」（単著、2019年、『国際教育評論』
　　15号）

索　　引

BICS　　9, 11, 19, 25, 27, 156
CALP　　9, 11, 19, 25, 27, 156, 159
CUP　　8
JSL　　27
L1　　5, 6, 8-13, 24, 27
L2　　5, 6, 8, 9, 11-13, 24, 25, 27, 156, 160, 161

ア　行

アイデンティティ　　5, 12, 23, 24, 45, 46, 49, 73, 75, 100, 107, 149, 150, 152-154, 158, 160, 226
アイデンティティ・クライシス　　125
アイデンティティ形成　　119, 135
アイデンティティ交渉　　49, 59, 61, 62, 67, 70, 83, 84, 120, 141
アイデンティティ構築　　141, 142
アイデンティティの複合的形成　　128
アイデンティティ強化　　234
浅沼　　222
アメリカンスクール　　178
荒井　　208
アングロサクソン系（語彙）　　11
安心感　　232
意識化　　162-164
いじめ　　38-40
依存　　10
位置づけ　　49, 56, 60, 70, 83, 84
イデオロギー　　51, 52, 55, 60, 84, 87
移動させられている子ども　　126
移動させられる子ども　　137

移動する子ども　　43, 44, 118, 119, 126, 130, 135, 137-139, 141-143
「移動する子ども」の3要素　　126
居場所　　225, 235
移民言語　　91
インターアクティブな位置づけ（インターアクティブ・ポジショニング）　　60, 61, 63-65, 67, 70, 78
インドシナ　　52
インド人学校　　178
インドネシア人学校　　178
エスノグラフィー　　57, 61, 86
越境　　179
エンパワー（empower）　　153, 161, 206, 213, 219-221, 226-228, 234
エンパワメント　　158, 161, 162, 166, 205-207, 222, 225, 232, 234, 238
エンパワメント教育　　153
オールドカマー　　55, 168, 170
親子（間）の絆　　5, 12, 17, 45

カ　行

海外子女　　5
改革教育（transformative pedagogy）　　154
改革的／異文化間教育　　153
外国語　　89
外国人学校　　177
外国人児童生徒　　19, 119
外国人児童生徒の受入れの手引き　　176, 177
外国人集住都市会議　　173
外国人労働者問題関係省庁連絡会議

174

外国籍児童生徒　　205, 208-213, 216, 219, 221

外国籍児童生徒数　　206

外国籍児童生徒に対する意識　　207

学習意欲を高める　　232

学習動機　　124

各種学校・準学校法人化　　177

学力　　205, 211, 221

学力言語能力（CALP）　　9, 25

学歴　　104

加算的言語習得　　5

家族史　　129

学校　　227, 228

学校基本調査　　169

学校文化　　226

金井　　208

カミンズ　　206, 209, 212, 217, 220, 221

カレッジフレンド　　230-234

関係性　　200-202

韓国学校　　177

カンボジア　　49, 52, 77, 78, 84

記憶　　127, 140, 142

記憶と経験　　136

帰国子女　　51, 55

希望的想像力（hopeful imagination）　　121, 124

義務教育　　172

脅威（語）　　155

教師　　207, 209, 210, 214, 215, 220, 228

教師の意識　　206, 210, 213

教師の外国籍児童生徒に対する意識　　205

教師の認識　　217, 222

教授用語　　178

共通基底能力　　→ CUP

協働　　227, 228

協働的な力　　230

協力的権力関係　　149, 153, 158, 163, 164

協力的力関係（collaborative relations of power）　　149, 152, 160

くくり方の暴力　　143

クリティカル文化的リテラシー　　59

グレコ・ラテン系（語彙）　　11

継起バイリンガル　　106

経験　　127, 142

経験と記憶　　127

継承語　　89, 99, 104

継承語教育（heritage language program）　　27

血統主義　　87

言語シフト（language shift）　　156

言語資本　　3, 12

言語選択　　89

言語相互依存(仮)説　　8, 11

言語に対する「投資」（investment）　　12

言語能力　　142

言語能力意識　　127, 134, 142, 143

言語の社会化理論　　60, 62

言語不適合仮説（linguistic mismatch hypothesis）　　7, 151

減算的言語習得　　5, 24

権力　　149

権力構造　　226

高圧的関係　　160

高圧的権力関係　　152

高圧的力関係（coercive relations of power）　　152

公正　　226

構成主義（constructivist）型　　154

コードスイッチング　　106

国際学校（インターナショナルスクー

索　引

ル）　178
国際教室　72, 76, 82, 210, 217
国際結婚　119
国際結婚家族　138
国際文化関係史　182
国際理解教育　196-200, 202, 205-
　210, 213-217, 220-222
国際理解教育に必要な資源・情報
　220
個人化　207
子どものアイデンティティ形成
　127
コミュニケーション不全　127
コミュニティフレンド　230-234
コロニア語　97, 106

サ　行

サービスラーニング　225, 230
最大エクスポージャー仮説　6, 7,
　151
齋藤　208
在日ブラジル　89, 107
敷居(仮)説（threshold hypothesis）
　3, 8, 13, 25
自己エスノグラフィー　129, 131
資産　100
次世代の育成　238
実践共同体　120, 121, 123, 124, 140,
　141
児童生徒の多国籍化（・多文化化）
　205, 206
自発的（voluntary）　151
資本（capital）　3, 12
志水　207
清水　207
社会的地位　104
十全的参加　121, 123, 124
周辺的参加　123

受験　17, 26, 41, 42, 47, 48, 157-159,
　161, 162
出生地主義　87
出入国管理及び難民認定法　169
状況に埋め込まれた学習（状況的学
　習）　120
初等中等教育における外国人児童生徒
　教育の充実のための検討会　174
新華僑　170
進学相談会　228
信頼関係　232
生活戦略　89
セミリンガル　4, 27
総合的な学習の時間　207, 209
想像の共同体　121, 123, 124, 141
総務省　174

タ　行

対象としてのことば　194, 199
第二言語学習　120
第二言語習得研究　120
多言語アイデンティティ　64, 79
多言語多文化アイデンティティ
　49, 53
多元能力（multicompetence）　6
脱文脈化　207
ダブルリミテッド・バイリンガル
　57
多文化アイデンティティ　52, 85,
　225, 226
多文化家庭　227
多文化教育コーディネーター　229
多文化教育理論　222
多文化共生　195, 196, 205, 209, 210,
　214, 217
多文化共生コミュニケーション能力
　234
多文化共生社会　207, 213, 221

285

多文化共生ネットワーク（ME-NET）
　228
多文化共生の推進に関する研究会
　174
多文化コーディネーター　230, 232,
　234
多文化主義　181, 182
多民族　51, 56, 85
単一民族　51, 53, 55, 61, 87
地域　228
地域日本語教室　227, 229
地域の資源　227
中華学校　177
中国残留婦人　58
中国人学校　162
朝鮮学校　177
貯蔵型　154, 164
貯蔵モデル　154
定住外国人施策推進室　174
定住外国人の子どもの教育等に関する
　基本方針　174
定住外国人の子どもの教育等に関する
　政策懇談会　174
伝達言語能力（BICS）　9, 25
ドイツ人学校　178
同化　43, 208
動機づけ　120, 124
道具　100
道具としてのことば　193, 194, 199
投資　120, 121, 124, 139, 141
同質化　207
同時バイリンガル　106
ドメイン　3, 4, 157
土曜学校　122
トランスナショナル　112
トランスナショナルな生活　111

ナ　行

名付けという権力行使　143
二言語相互依存説　3, 8
日系社会　102
日系人　89
日系人社会　93
日系人のアイデンティティ　89
日系ブラジル人　89
日本学校　93
日本語学校　96
日本語教育　91, 104, 175, 176
日本語教師　102
日本語支援　68, 221
日本語支援教室　69
日本語指導　175
日本語能力　205, 211, 212, 221
日本語力　216, 222
日本人会　96, 102
日本人性　121
ニューカマー　55, 168, 170, 206,
　207
認知・学力言語能力　→CALP
認知力必要度　10, 160
認知力必要度の高低（cognitively
　demanding/undemanding）　10
ネットワーク　227
能力と意識　127

ハ　行

バイカルチャー　111
排他的／同化的教育（Exclusionary/
　Assimilationist）　153
バイリンガリズム　46
　加算的――　9, 26, 156
　減算的――　156
バイリンガル　3-7, 9, 11, 12, 18, 19,
　23, 24, 27, 43, 44, 51, 53, 57, 84, 85,

111, 112

加算的（additive）—— 3, 5, 9, 45, 57

減算的（subtractive）—— 5, 45

受容型—— 17, 41

受容的（receptive）—— 5, 6

順次型（sequential）—— 4

生産的（productive）—— 5

同時型（simultaneous）—— 4

理想的（ideal）—— 4

バイリンガル教育　26, 41

バイリンガル子育て　17, 22, 23, 26, 28, 41, 45, 158

バイリンガルの定義　3, 4

場面依存　161

場面依存度　11, 160

場面への依存・非依存（context-embedded/context reduced）10

バリエーション　97, 100

バンクス　222

非依存　10

非自発的（involuntary）　151

評価　159, 160, 162

評価法　159, 160

氷山説　8

平等　226

不安感　141

不安定性　141

フェミニズム　120

複数言語環境　119, 124-128, 131, 134-137, 139-144

複数言語能力　127, 134

不就学　172, 173

不登校　172, 173

ブラジル人学校　178, 179

ブラジルの日系人　89

文化資本　104, 120, 136, 139, 141

文化侵略（cultural invasion）　150

文化相対主義　181

文化本質主義　181

文化理解　210, 217, 222

文化力　193, 202

文化力形成　198, 200

分析概念としての「移動する子ども」126

ベトナム　17, 18, 21, 22, 28-30, 32-38, 40, 41, 46, 49, 50, 84

ベトナム語　35, 37

ベトナム人　18, 20, 72

ペルー　14, 17, 18, 21-26, 41, 46, 47, 49, 50, 52, 65, 66, 156, 158, 159, 166

ペルー人　18, 20, 23, 62

ペルー人学校　178

母語　99, 104, 219

母語学習支援　221

母語教育　179

母国語能力　211, 212

母国の言語や文化　205, 222

保護者　227, 232, 234

母語保持　3, 11, 13, 26-28, 37, 41, 156-158, 162

母語・母文化　219

保持　5, 26

ポジショニング理論　60, 62

ポスト構造主義　56, 120

ポスト構造主義的アプローチ　120

ボランティア　205, 212, 220, 222, 229

マ　行

マイノリティ　210, 225, 226

マルチリンガル　53, 84, 85

見世　208

未来創造　217, 219, 222

民族学校　　12, 162, 178
メタ言語意識　　7
問題解決　　210, 217, 219, 222
文部科学省　　174

ヤ　行

山西　　210, 217
抑圧的な力関係　　149

ラ　行

リフレクシブ　　64, 70
リフレクシブ・ポジショニング
　　60, 61, 68
連携　　225
老華僑　　170

ワ　行

私の箱子　　129-131

日本に住む多文化の子どもと教育
ことばと文化のはざまで生きる〈増補版〉

2016年4月20日　第1版第1刷発行
2017年3月30日　　　　第2刷発行
2023年3月30日　　　　第3刷発行

編　者：宮　崎　幸　江

発行者：佐　久　間　　　勤
発　行：Sophia University Press
　　　　上 智 大 学 出 版
　　　　〒102-8554　東京都千代田区紀尾井町7-1
　　　　URL：https://www.sophia.ac.jp/

制作・発売　㈱ぎょうせい
〒136-8575　東京都江東区新木場1-18-11
URL：https://gyosei.jp
フリーコール　0120-953-431
〈検印省略〉

©Eds. Sachie Miyazaki, 2016
Printed in Japan
印刷・製本　ぎょうせいデジタル㈱
ISBN978-4-324-10141-4
(5300254-00-000)
［略号：（上智）多文化の子ども増補］

Sophia University Press

　上智大学は、その基本理念の一つとして、

「本学は、その特色を活かして、キリスト教とその文化

を研究する機会を提供する。これと同時に、思想の多様性

を認め、各種の思想の学問的研究を奨励する」と謳っている。

　大学は、この学問的成果を学術書として発表する「独自

の場」を保有することが望まれる。どのような学問的成果

を世に発信しうるかは、その大学の学問的水準・評価と深

く関わりを持つ。

　上智大学は、⑴　高度な水準にある学術書、⑵　キリス

ト教ヒューマニズムに関連する優れた作品、⑶　啓蒙的問

題提起の書、⑷　学問研究への導入となる特色ある教科書

等、個人の研究のみならず、共同の研究成果を刊行するこ

とによって、文化の創造に寄与し、大学の発展とその歴史

に貢献する。

Sophia University Press

One of the fundamental ideals of Sophia University is "to embody the university's special characteristics by offering opportunities to study Christianity and Christian culture. At the same time, recognizing the diversity of thought, the university encourages academic research on a wide variety of world views."

The Sophia Universitiy Press was established to provide an independent base for the publication of scholarly research. The publications of our press are a guide to the level of research at Sophia, and one of the factors in the public evaluation of our activities.

Sophia University Press publishes books that （1） meet high academic standards; （2） are related to our university's founding spirit of Christian humanism; （3） are on important issues of interest to a broad general public; and （4） textbooks and introductions to the various academic disciplines. We publish works by individual scholars as well as the results of collaborative research projects that contribute to general cultural development and the advancement of the university.

Culturally diverse children and education in Japan:
Between languages and cultures 〈enlarged edition〉

ⒸEds. Sachie Miyazaki, 2016

published by
Sophia University Press

production & sales agency ： GYOSEI Corporation, Tokyo
ISBN 978-4-324-10141-4
order ： https://gyosei.jp